Für die Lebenden Der Toten gedenken

Во имя живых Помнить о погибших

Für die Lebenden Der Toten gedenken
Во имя живых Помнить о погибших

Ein internationales Gemeinschaftsprojekt zur Erforschung des Schicksals
sowjetischer und deutscher Kriegsgefangener und Internierter

Совместный интернациональный проект по выяснению судеб
советских и немецких военнопленных и интернированных

Dresden 2003   Дрезден 2003

Herausgeber	Stiftung Sächsische Gedenkstätten zur Erinnerung an die Opfer politischer Gewaltherrschaft in Zusammenarbeit mit der Niedersächsischen Landeszentrale für politische Bildung und der Dokumentationsstätte Stalag 326 Senne
	Dülferstraße 1 D-01069 Dresden Telefon +49 3 51 4 69 55 40 Telefax +49 3 51 4 69 55 41 info@stsg.smwk.sachsen.de www.stsg.de
Redaktion	Norbert Haase, Alexander Haritonow, Klaus-Dieter Müller
Gestaltung	Studio Design Kerstin Hübsch, Radebeul
Übersetzung	Hannelore Georgi, Dresden Berit Haritonow, Dresden Anatolij Schaposchnikow, Dresden
Herstellung	Typostudio SchumacherGebler Dresden
ISBN	3-934382-06-1

© Stiftung Sächsische Gedenkstätten zur Erinnerung an die Opfer politischer Gewaltherrschaft, Dresden 2003
Printed in Germany

Издано	Объединением Саксонские мемориалы в память жертвам политического террора в сотрудничестве с Земельным центром по политическому просвещению Нижней Саксонии и с Документационным центром Шталаг 326 Зенне
	Дюльферштрассе 1 Германия 01069 Дрезден Телефон +49 3 51 4 69 55 40 Телефакс +49 3 51 4 69 55 41 info@stsg.smwk.sachsen.de www.stsg.de
Под редакцией	Норберта Хаазе, Александра Харитонова, Клаус-Дитера Мюллера
Оформление	Студия Дизайн Керстин Хюбш, Радебойль
Перевод	Ханнелоре Георги, Дрезден Берит Харитонов, Дрезден Анатолий Шапошников, Дрезден
Печать	Типостудия ШумахерГеблер, Дрезден
ISBN	3-934382-06-1

© Объединение Саксонские мемориалы в память жертвам политического террора, Дрезден 2003
Издано в Германии

Ein internationales Gemeinschaftsprojekt, gefördert aus Mitteln der Beauftragten
der Bundesregierung für Kultur und Medien (Bundesrepublik Deutschland) sowie im
Rahmen der Gemeinsamen Kommission für die Erforschung der jüngeren Geschichte
der deutsch-russischen Beziehungen aus Mitteln des Bundesministeriums des Innern
(Bundesrepublik Deutschland)

Совместный интернациональный проект, осуществляемый при финансовой
поддержке Уполномоченной по культуре и средствам массовой информации
правительства Германии, а также Министерства внутренних дел Германии в
рамках работы совместной немецко-русской комиссии по изучению новейшей
истории российско-германских отношений

Inhalt

Содержание

Die Würde des Menschen ist unantastbar

Достоинство человека неприкосновенно

„Die Würde des Menschen ist unantastbar". Der erste Satz des Grundgesetzes der Bundesrepublik Deutschland beschreibt das wichtigste Grundrecht unserer Gesellschaft, das weder eingeschränkt noch aufgehoben werden kann, das nicht für Gruppen oder Völker gilt, sondern für jede einzelne Person ohne Ansehen der Herkunft, des Alters oder des Geschlechts. Auf der Basis einer großen humanistischen Tradition, geboren aus den Schrecken eines mörderischen Krieges war es den Vätern unserer Verfassung Vergewisserung und Verpflichtung zugleich: Wer die Würde des Menschen anerkennt, sichert ihm zugleich die Freiheit.

Wohin eine Gesellschaft gelangt, in der die Würde des Menschen mit Füßen getreten wird, haben die Deutschen am eigenen Leib erfahren. In den Schützengräben, in Konzentrationslagern und Gaskammern starb sie stets zuerst. Millionenfache Entwürdigung, Millionen Opfer. Unter ihnen auch jene ungezählten Kriegsgefangenen aus der Sowjetunion, deren Schicksal erst jetzt erforscht werden kann. Allein die Akten der ehemaligen Wehrmachtauskunftstelle im Zentralarchiv des Verteidigungsministeriums der Russischen Förderation versammeln die Daten von 500 000 sowjetischen Soldaten, die ihre Kriegsgefangenschaft in Deutschland oft nicht überlebten. Ihr Schicksal zu erforschen gehört zu den wenigen Möglichkeiten, Opfern zumindest ein Stück ihrer Würde zurückzugeben.

Aus diesem Grunde hat die Bundesregierung nicht gezögert, zusammen mit den Ländern Niedersachsen, Nordrhein-Westfalen und Sachsen sowie dem Volksbund Deutsche Kriegsgräberfürsorge e.V. ein Projekt politisch wie finanziell zu unterstützen, das das Schicksal vieler sowjetischer Soldaten klären will. Deutsche und russische Historiker, deutsche und russische Archivare werten seit mehreren Jahren gemeinsam die Akten der ehemaligen Wehrmachtauskunftstelle aus und können mit dieser Publikation nun ihre ersten beeindruckenden Ergebnisse vorlegen. Ein bislang namenloser Teil der Geschichte erhält hierbei seine Akteure zurück.

„Достоинство человека неприкосновенно". С этих слов начинается текст конституции Федеративной Республики Германия. Они определяют важнейшее фундаментальное право нашего общества, не подлежащее ни ограничению, ни изменению и действущее не для целых групп людей или народов, а для каждого человека в отдельности, независимо от его происхождения, возраста или пола. Основываясь на великой гуманистической традиции и помня об ужасах убийственной войны, для отцов нашей конституции это было и убеждением и обязанностью: Кто признает достоинство человека, тот тем самым обеспечивает ему свободу.

Куда идет общество, в котором человеческое достоинство попирается ногами, немцы узнали на собственном опыте. В траншеях, в концлагерях, в газовых камерах – достоинство всегда умирало первым. Многомиллионное лишение достоинства, миллионы жертв. Среди них и те неисчислимые военнопленные из Советского Союза, судьбу которых только сейчас стало возможным исследовать. Одни только документы бывшей Справочной службы вермахта в Центральном архиве Министерства обороны Российской Федерации содержат данные на 500 000 советских военнопленных, многие из которых не пережили заключение в Германии. Исследование их судьбы – одна из немногих возможностей вернуть жертвам хотя бы часть их достоинства.

По этой причине Федеральное правительство, неоткладывая на будущее, вместе с землями Нижняя Саксония, Северный Рейн-Вестфалия и Саксония, а также с Народным Союзом Германии по уходу за военными могилами политически и материально сразу поддержало проведение проекта, целью которого является выяснения судеб советских солдат. Немецкие и русские историки и архивисты в течение уже ряда лет совместно проводят анализ документов Справочной службы вермахта и представляют в данной публикации свои первые впечатляющие результаты. До сих пор анонимной области истории возвращаются имена.

Nach Jahrzehnten der Ungewissheit erfahren Frauen, Kinder und Enkel, wo die Opfer bestattet sind, wo sie ein Ehrenmal finden können, wo sie ihren Familienangehörigen die letzte Ehre erweisen können. Auch ihrer Würde wird dieses Projekt ganz vorbildlich gerecht, und es spricht für die Bedeutung und die Professionalität des Forschungsprojektes, dass es bereits in Weißrussland und in der Ukraine engagierte Unterstützer gefunden hat. Es ist Teil der Versöhnung der heutigen Generationen und bildet eine gute Basis zur Gestaltung einer gemeinsamen Zukunft.

Ich danke der Stiftung Sächsische Gedenkstätten, den Archiven, den anderen Institutionen in den beteiligten Staaten und den Forschern, die an diesem Projekt mitwirkten und auch in Zukunft mitwirken werden. Zugleich wünsche ich mir aber auch, dass die gemeinsame Forschung dazu beitragen mag, die Schicksale von deutschen Kriegsgefangenen und Internierten in der ehemaligen Sowjetunion aufzuklären. Denn die Würde des Menschen ist auch unteilbar.

Christina Weiss
Staatsministerin beim Bundeskanzler
Beauftragte der Bundesregierung für Kultur und Medien

После многих десятилетий ожиданий и надежд жены, дети и внуки теперь узнают о том, где захоронены их родные, где им поставлен памятник, где можно отдать последнюю дань погибшим. Именно возвращению их достоинства проект способствует в образцовой форме. Значение и профессиональность проекта подчеркивается еще и тем, что он уже нашел активную поддержку и в Белорусии и на Украине. Он вносит вклад в дело примирения сегодняшних поколений и представляет собой одну из важных основ для совместного строительства будущего.

Я благодарю Объединение Саксонские мемориалы, архивы и прочие учреждения участвующих в проекте стран, а также всех исследователей, которые принимают и будут принимать участие в разработке данного проекта. Одновременно хотелось бы выразить желание, чтобы совместные исследования способствовали также и выяснению судеб немецких военнопленных и интернированных. Ведь достоинство человека, кроме того, и неделимо.

Кристина Вайсс
Государственный министр при Федеральном канцлере
Уполномоченная Федерального правительства по культуре и средствам массовой информации

Vom Massenschicksal zum individuellen Gedenken

От массовой судьбы к индивидуальной памяти

Eine deutsche Redewendung besagt, wenn Gras über eine Sache gewachsen sei, könne sie fortan vergessen werden und niemand möge weiter an sie denken. Von den Gräbern der in deutschem Gewahrsam während des Zweiten Weltkrieges verstorbenen sowjetischen Kriegsgefangenen musste man dies bislang annehmen. Die politischen Umwälzungen in Europa nach 1989, die in die deutsche Einheit und die Bildung unabhängiger Staaten auf dem Gebiet der ehemaligen Sowjetunion mündeten, haben selbst solche Gewissheiten ins Wanken gebracht. Angesichts des intensiven wissenschaftlichen Erfahrungsaustauschs von Gedenkstätten und Forschungseinrichtungen in Deutschland, der qualitativ völlig neuen Zugangsmöglichkeiten zu Archiven in Russland und Weißrussland und nicht zuletzt wegen der politischen Unterstützung der historischen Aufarbeitung der Folgen des Zweiten Weltkrieges auf zwischenstaatlicher Ebene lässt sich die hier angesprochene Vergessenheit sechs Jahrzehnte nach Kriegsende nunmehr überwinden.

Viele der Friedhofsanlagen und Kriegsgräberstätten in Deutschland, deren weite Rasenflächen bisher den anonymen Massentod sowjetischer Kriegsgefangener symbolisierten, können als Folge der heutigen Quellenzugänge in einer Weise erschlossen werden, die Angehörigen Informationen zu den konkreten Grablagen ihrer verschollen geglaubten Toten ermöglicht. Eine wesentliche humanitäre Folgewirkung des hier vorgestellten Projektes ist es, dass der individuellen Erinnerung Rechnung getragen werden kann. Darüber hinaus ist es möglich, in den historischen Ausstellungen derjenigen deutschen Gedenkstätten, die das Schicksal der sowjetischen Kriegsgefangenen dokumentieren, die einzelnen Gefangenenbiographien zum Ausgangspunkt der Gedenkstättenarbeit zu machen. Hier nimmt die Absicht, den zahllosen Toten ihre Identität und ein Stück ihrer Würde wieder zu geben, konkrete Gestalt an.

Немецкая поговорка гласит, что, если дело „заросло травой", о нем можно спокойно позабыть, нечего и некому больше об этом думать. Именно так до недавнего времени относились к могилам умерших в немецких руках во время Второй мировой войны советских военнопленных. Политические преобразования в Европе после 1989 года, вылившиеся в объединение Германии и в образование независимых государств на территории бывшего Советского Союза, поколебали даже таким истинам. Ввиду интенсивного научного обмена опытом между мемориалами и исследовательскими учреждениями в Германии, совершенно нового в качественном отношении доступа к архивам в России и Белоруссии и не в последнюю очередь благодаря политической поддержке на межгосударственных уровнях исторических исследований о последствиях Второй мировой войны теперь, через шесть десятилетий после окончания войны, открывается путь к преодолению выше упомянутого забвения.

Многие кладбища и военные захоронения в Германии, широкие газоны которых до сих пор символизировали массовую гибель советских военнопленных, вследствие нынешних возможностей доступа к источникам позволяют дать родственникам до сих пор считавшихся пропавшими безвести погибших информацию о конкретном местонахождении захоронения. Существенный гуманитарный результат представленного здесь проекта состоит в возвращении людям индивидуальной памяти. Кроме того, становится возможным сделать отправной точкой исторических выставок тех немецких мемориалов, которые документируют судьбу советских военнопленных, отдельные биографии заключенных. Здесь намерение вернуть бесчисленным погибшим имя, а также долю их достоинства принимает конкретную форму.

Außerdem erfährt das kollektive Bildgedächtnis in Deutschland, das bis in die Gegenwart durch Fotografien namenloser, abgerissener Gestalten hinter Stacheldraht geprägt war, dadurch eine Korrektur, dass der Einzelne Namen und Gesicht erhält, in einigen Fällen zumal das Gesicht aus der Vorkriegszeit. Die Gedenkstätte Ehrenhain Zeithain in Trägerschaft der Stiftung Sächsische Gedenkstätten liefert dafür in ihrer neuen Dauerausstellung ein eindrucksvolles Beispiel. Andere Gedenkstätten werden dem folgen.

Dieses Kooperationsprojekt der Stiftung, an dem unter anderem die Gedenkstätten Senne, Bergen-Belsen, Flossenbürg und Zeithain beteiligt sind, ermöglicht den vertraglich gesicherten Zugang zu den Archiven in der Russischen Föderation und der Republik Belarus, unterstützt durch die Bundesregierung sowie die Regierungen Russlands und Weißrusslands. Dass durch die weitere Öffnung der Archive nunmehr beide Seiten auch Fragen zu den deutschen Kriegsgefangenen und Internierten bearbeiten, trägt auch zur weiteren Erhellung der Konfliktbeziehung Deutschlands zur Sowjetunion im 20. Jahrhundert bei. Die gemeinsame Arbeit dieses internationalen wissenschaftlich-humanitären Projektes ist ein positives Zeichen für eine Wertorientierung, die auf dem Geist der Versöhnung aufbaut.

Norbert Haase
Geschäftsführer der Stiftung Sächsische Gedenkstätten
zur Erinnerung an die Opfer politischer Gewaltherrschaft

Кроме того, коллективная фотографическая память в Германии, которая до сих пор характеризовалась фотографиями безымянных, изнуренных тел за колючей проволокой, изменяется в том плане, что отдельный человек получает имя и лицо, причем в отдельных случаях даже облик довоенного времени. Мемориальный комплекс массовых захоронений Цайтхайн, находящийся в ведении Объединения Саксонские мемориалы, на своей новой постоянной выставке дает впечатляющий пример этому. Другие мемориалы будут следовать этому примеру.

Этот кооперационный проект Объединения, в котором помимо прочих участвуют мемориалы Зенне, Берген-Бельзен, Флоссенбюрг и Цайтхайн, при поддержке Федерального правительства Германии и правительств России и Белоруссии обеспечивает гарантированный на договорной основе доступ к архивам Российской Федерации и Республики Беларусь. Тот факт, что обе стороны благодаря дальнейшему открытию архивов занимаются и вопросами немецких военнопленных и интернированных, вносит дополнительный вклад в дело дальнейшего прояснения конфликтных отношений Германии и Советского Союза в XX-ом веке. Совместная работа над этим интернациональным научно-гуманитарным проектом является положительным знаком ценностной ориентации, опирающейся на духе примирения.

Норберт Хаазе
Заведующий Объединением Саксонские мемориалы
в память жертвам политического террора

Schweigende Zeugen der Tragödie des Krieges
Молчаливые свидетели трагедии войны

Die humanitäre Zusammenarbeit des Föderalen Sicherheitsdienstes der Russischen Föderation (FSB) mit der Stiftung Sächsische Gedenkstätten ist für uns ein Teil der zielgerichteten Arbeit, um das Gedenken an die Opfer des Zweiten Weltkriegs ewig zu bewahren. Die Archivdokumente des FSB, schweigende Zeugen der Tragödie des vergangenen Jahrhunderts, enthalten bis vor kurzem verschlossene Kapitel der Geschichte dieses Krieges. Seine harten Folgen spiegeln sich nicht nur in den zerbrochenen menschlichen Schicksalen. Informationen, die früher als Grundlage für die Einschränkung sozialer und politischer Rechte sowjetischer Bürger genutzt wurden, die aus der nationalsozialistischen Gefangenschaft in die Heimat zurückkehrten, bilden heute dokumentarische Quellen dafür, um das Gedenken an alle, die in Laufe der Kämpfe zu Opfern wurden, ewig zu bewahren und gestatten eine objektive Betrachtung der Ergebnisse des letzten Weltkriegs.
Die Angaben über die Schicksale früherer sowjetischer Kriegsgefangener sind auf Personalkarten enthalten, die von der Verwaltung der Kriegsgefangenenlager zur Übertragung in die Kartothek der früheren Wehrmachtauskunftstelle überführt wurden.
Nach dem Krieg wurde dieser Komplex von Dokumenten über verstorbene Kriegsgefangene in die Bestände über unwiederbringliche Verluste des Zentralarchivs des Verteidigungsministeriums der UdSSR eingegliedert.

Гуманитарное сотрудничество Федеральной службы безопасности Российской Федерации с Объединением Саксонские мемориалы изначально воспринималось нами как часть целенаправленной работы по увековечению памяти жертв Второй мировой войны.
Архивные документы Федеральной службы безопасности, молчаливые свидетели трагедии прошедшего века, хранят важную, до недавних пор практически закрытую историю войны. Ее тяжелое наследие отразилось не только на изломанных человеческих судьбах. Информация, служившая ранее возможным основанием для ограничения социальных и политических прав советских граждан, возвратившихся из фашистской неволи на Родину, становится сейчас документальным источником для увековечения памяти обо всех пострадавших в ходе боевых действий и способствует объективному осмыслению итогов последней мировой войны.
Сведения о судьбах бывших советских военнопленных содержатся в персональных карточках, заводившихся администрацией лагерей военнопленных для приобщения в картотеку бывшего информационного бюро вермахта. После войны этот комплекс карточек на умерших военнопленных (безвозвратные потери) был передан в фонды Центрального архива Министерства обороны СССР.

Die Personalkarteien von mehr als 700 000 sowjetischen Bürgern, die aus der Gefangenschaft zurückkehrten, wurden den Archiven des Ministeriums für Staatssicherheit der UdSSR übergeben. Diese Dokumente wurden nach der Beendigung der Überprüfung der Kriegsgefangenen in Filtrationslagern, Sammel-Durchgangslagern und Überprüfungspunkten zusammen mit den Filtrationsakten an die regionalen Verwaltungen des Staatssicherheitsministeriums, die für die Wohnorte der aus der Gefangenschaft zurückkehrenden Kriegsgefangenen zuständig waren, übersandt.
Zum gegenwärtigen Zeitpunkt werden Personalkarteien in einem Umfang von mehr als 380 000 Einheiten bei 24 regionalen Organen des FSB aufbewahrt.

Nach den Farben unterteilen sich die Karteikarten in vier Kategorien:

1. Weiße Karteikarten (Personalkarteikarte des Kriegsgefangenen) – mehr als 87 000 Einheiten.
2. Grüne (bei Versetzung des Kriegsgefangenen von einem in ein anderes Lager) – mehr als 255 000 Einheiten.
3. Rosa (Überweisung in ein Lazarett) – mehr als 33 000 Einheiten.
4. Blaue (Übergabe in die Hände der Gestapo, Abgabe an Konzentrationslager) – mehr als 1800 Einheiten.

Персональные карточки более чем на 700 тысяч советских граждан, вернувшихся из плена, были переданы в архивы Министерства государственной безопасности СССР. Эти документы после окончания проверки бывших военнопленных в фильтрационных лагерях, сборно-пересылочных и контрольно-пропускных пунктах вместе с фильтрационными делами рассылались в региональные управления МГБ по местам проживания возвращавшихся из плена военнослужащих.
В настоящее время персональные карточки в количестве более 380 тыс. единиц хранятся в 24 территориальных органах федеральной службы безопасности.

По цветности карточки делятся на четыре категории:

1. Белая (персональная карта военнопленного) – более 87 тысяч единиц.
2. Зеленая (перевод из одного лагеря военнопленных в другой) – более 255 тысяч единиц.
3. Розовая (пребывание в госпитале) – более 33 тысяч единиц.
4. Синяя (передача в руки гестапо, перевод в концентрационный лагерь) – более 1800 единиц.

Dabei können Bemerkungen über die Abgabe in ein Konzentrationslager oder in ein anderes Lager für Kriegsgefangene auch auf den Personalkarten gemacht worden sein. Das Besondere dieses großen Bestandes, der beim FSB aufbewahrt wird, ist der hohe Anteil verschiedener farbiger Karteikarten für eine Person, der es erlaubt, das Schicksal des Kriegsgefangenen genau zu rekonstruieren.

In dem Zeitraum, der vergangen ist, seit die Leiter der Verwaltung für Registrierung und Archivbestände und die Stiftung Sächsische Gedenkstätten ihr prinzipielles Einverständnis über die Durchführung des Projektes zur Bearbeitung der Karteikarten erklärt haben, wurde viel Arbeit geleistet. Im Mai 2002 wandte sich der Bundesminister des Innern der Bundesrepublik Deutschland, Otto Schily, mit dem Vorschlag an den FSB Russlands, gemeinsame Arbeiten mit der Stiftung Sächsische Gedenkstätten zur Schicksalsklärung sowjetischer Kriegsgefangener, die sich im Zweiten Weltkrieg auf dem Territorium Deutschlands befanden, durchzuführen. Das Projekt wurde ausdrücklich von der Leitung des FSB unterstützt, und die Archivare des FSB haben mit der praktischen Umsetzung begonnen.

При этом отметки о переводе в концлагерь или другой лагерь военнопленных могли быть сделаны и на персональной карточке находившегося в плену. Особенностью массива этих карточек, хранящихся в органах ФСБ России, является высокий процент разных по цвету карточек на одно лицо, что позволяет точнее установить судьбу военнопленного.

За время, прошедшее с того момента, когда руководители Управления регистрации и архивных фондов и Объединения Саксонские мемориалы выразили принципиальное согласие на осуществление данного проекта, сделано немало. В мае 2002 года Федеральный министр внутренних дел Германии О. Шили обратился к ФСБ России с предложением о проведении совместной работы с Объединением Саксонские мемориалы по установлению судеб советских военнопленных, содержавшихся в годы войны на территории Германии. Проект был всецело поддержан руководством Федеральной службы безопасности, и архивисты ФСБ приступили к практической работе.

Als nächster Schritt wurde im Januar 2003 eine Vereinbarung zwischen der russischen Firma „Elektronisches Archiv" und der Stiftung Sächsische Gedenkstätten unterzeichnet. Entsprechend den Vertragsbestimmungen hat unser langjähriger und verlässlicher Partner – das „Elektronische Archiv" – begonnen, die Karteikarten zu scannen, die die Verwaltungen für Registrierung und Archivbestände des FSB Russlands zur Verfügung stellen, und eine Datenbank mit Personalangaben zu sowjetischen Kriegsgefangenen zu erarbeiten. In dem halben Jahr, das seit der Unterzeichnung des Vertrages vergangen ist, wurden fast 40 000 Karteikarten bearbeitet.

Erste positive Ergebnisse in der Durchführung des Projekts sind bereits erreicht worden. Vor uns steht eine lange und anstrengende gemeinsame Arbeit, deren Resultate es gestatten, das Wesen der Kriegsgefangenschaft, aber auch die wirklichen Maßstäbe der Tragödie von Hunderttausenden Menschen tiefer zu erforschen, die die nationalsozialistische Gefangenschaft durchlebt haben.

Vasilij Christoforov
Leiter der Verwaltung für Registrierung und Archivbestände
des Föderalen Sicherheitsdienstes der Russischen Föderation

Следующим шагом стало подписание в январе 2003 года рабочего договора между российской корпорацией „Электронный архив" и Объединением Саксонские мемориалы. В соответствии с взятыми по договору обязательствами наш давний и надежный партнер – компания „Электронный архив" – проводит сканирование карточек, предоставляемых Управлением регистрации и архивных фондов ФСБ России, и формирует банк персональных данных на советских военнопленных. За полгода, прошедшие после заключения договора, ими было обработано почти сорок тысяч карточек.

Первые положительные результаты в реализации проекта уже достигнуты. Впереди длительная и кропотливая совместная работа, результаты которой позволят глубже изучить проблему военного плена, а также подлинные масштабы трагедии, пережитой сотнями тысяч людей, прошедшими фашистскую неволю.

Василий Христофоров
Начальник управления регистрации и архивных фондов
Федеральной службы безопасности Российской Федерации

Die Tragödie der Geschichte

Трагедия Истории

Krieg ist bekanntlich ein Unheil, das keine nationalen, religiösen oder anderen Schranken kennt. Gerade darum ist die Pflege der Gräber von Opfern des Krieges und politischer Gewalt eine zutiefst humanistische Aufgabe, die alle Menschen angeht. Opfergedenken und Gräberfürsorge bilden ein Unterpfand dafür, dass künftige Generationen derartige Schrecken nie wieder zulassen.

Der Zweite Weltkrieg hat eine blutige Spur in der Geschichte Weißrusslands hinterlassen. Tausende Menschen wurden in die Rote Armee einberufen und fielen bei der Verteidigung ihres Vaterlandes. Tausende kämpften in Partisanenbrigaden und -vereinigungen, Tausende wurden zur Zwangsarbeit ins Deutsche Reich verschleppt, Tausende starben an Hunger und Entbehrungen in den besetzten Gebieten. In den Jahren des Großen Vaterländischen Krieges verlor Weißrussland jeden vierten seiner Einwohner.

2 200 000 Tote auf weißrussischem Territorium im Kampf gegen die Besatzer – diese Zahl ging in alle Lehrbücher und Veröffentlichungen über den Großen Vaterländischen Krieg ein. Erstmals wurde sie 1945 genannt. Ein Bericht der „Staatlichen Sonderkommission zur Ermittlung und Untersuchung der Verbrechen deutschfaschistischer Eroberer auf weißrussischem Territorium" bezifferte die Gesamtzahl der Opfer unter der Bevölkerung und den Kriegsgefangenen mit 2 219 316 Personen.[1]

Heute muss diese Ziffer mit einer gewissen Skepsis betrachtet werden, da die statistischen Angaben aus dem Jahr 1945 bei der Berechnung der Opferzahl jene Personen nicht berücksichtigten, die aus verschiedenen Gründen im Ausland ums Leben gekommen sind. So wurden in den Jahren jenes schrecklichen Krieges über 400 000 Weißrussen nach Deutschland bzw. in mit ihm verbündete Staaten oder besetzte Gebiete verschleppt und dort der Zwangsarbeit unterworfen (Begriffsbestimmung des Internationalen Nürnberger Gerichtshofes). Darüber hinaus ist es den Wissenschaftlern, die die Folgen des Zweiten Weltkrieges untersuchen, bis heute nicht gelungen, die Zahl jener Weißrussen genau zu bestimmen, die in den Reihen der Roten Armee gekämpft haben und später

Войны, как известно, - зло, не знающее национальности, религиозных или каких-либо иных барьеров. А поэтому уход за могилами жертв войны и насилия – это общечеловеческая обязанность. Память о жертвах и забота о могилах – залог того, что в будущем люди не допустят повторения этих ужасов.

Вторая мировая война оставила кровавый след в истории Беларуси. Тысячи людей были мобилизованы в ряды Красной Армии и погибли, защищая Отечество, тысячи сражались в составе партизанских бригад и соединений, тысячи были вывезены на принудительные работы на территорию Рейха, тысячи погибли от голода и лишений на оккупированной территории. В годы Великой Отечественной войны Беларусь потеряла каждого четвертого.

2 млн. 200 тыс. погибших в борьбе с оккупантами на территории Беларуси – эта цифра вошла во все энциклопедии и книги о Великой Отечественной войне. Впервые она была упомянута в 1945 году. Согласно справке Чрезвычайной государственной комиссии по установлению и расследованию преступлений немецко-фашистских захватчиков на территории Беларуси было уничтожено населения и военнопленных 2 219 316 человек.[1]

Сегодня эту цифру следует принимать на веру с определенной оговоркой, поскольку статистически данные 1945 года не включают в общую цифру сведения о тех, кто по различным причинам погиб за пределами страны. Так, за годы той страшной войны более 400 тысяч белорусских граждан были насильственно вывезены в Германию, союзные с ней государства и на оккупированные территории и там привлечены к рабскому труду (определение Международного Нюрнбергского трибунала). Кроме того, исследователями последствий Второй мировой войны до сих пор точно не установлено количество жителей Беларуси, которые сражались в Красной Армии, пропали без вести или погибли в плену, а также число погибших в партизанских отрядах.

vermisst wurden oder in Kriegsgefangenschaft geraten sind bzw. jener, die als Mitglieder von Partisaneneinheiten ums Leben kamen. Viele Jahre fand die Thematik der „Ostarbeiter" und Kriegsgefangenen aus ideologischen Gründen nicht den ihr gebührenden Niederschlag in der wissenschaftlichen Literatur, der Publizistik und den Medien. Die Familien von „Ostarbeitern" und Kriegsgefangenen, ihre Witwen und Kinder trugen lange Zeit das Kreuz der Entehrung, das einem zweiten Tod gleichkam. Menschen, die wie durch ein Wunder die Schrecken der Lager überlebt hatten, wurden von ihrer Heimat mit Befremden und Misstrauen empfangen: Warum war er in Gefangenschaft geraten? Warum hat er sich nicht selbst erschossen? Warum ist er nicht geflohen? Warum hat er überlebt? Erst fünfzig Jahre nach Kriegsende bekamen die Betroffenen endlich das Recht, sich nicht mehr für ihre Vergangenheit schämen zu müssen, das Recht auf Achtung und Anerkennung ihrer menschlichen Würde.

Entsprechend einer Vereinbarung zwischen den Regierungen der Republik Belarus, der Russischen Föderation, der Ukraine und der Bundesrepublik Deutschland vom 30. März 1993 stellte die deutsche Regierung Gelder für Entschädigungszahlungen an die Opfer nationalsozialistischer Verfolgung während des Zweiten Weltkrieges zur Verfügung. Am 12. August 2000 trat in Deutschland das Gesetz über die Einrichtung einer „Stiftung Erinnerung, Verantwortung und Zukunft" in Kraft. Mit diesem Schritt haben sich die Regierung der Bundesrepublik und die deutsche Wirtschaft zu ihrer historischen und moralischen Verantwortung für die Ereignisse des schrecklichsten Krieges des 20. Jahrhunderts bekannt. Über die Stiftung „Verständnis und Versöhnung" der Republik Belarus (gegründet 1993) haben in den zurückliegenden zehn Jahren über 145 000 Bürger der Republik Belarus Entschädigungszahlungen für das an ihnen verübte Unrecht durch Nazi-Verfolgung erhalten.

Im Unterschied zur Gruppe der „Ostarbeiter", der nun nach fünfzig Jahren zumindest das Recht auf Ausgleich der moralischen Schäden zuerkannt wurde, hatte die andere Gruppe der „von der Geschichte Vergessenen" – sowjetische Kriegsgefangene und Vermisste – noch weniger Glück.

Долгие годы по идеологическим соображениям тема „остарбайтеров" и советских военнопленных не находила достойного отражения в научно-публицистической литературе и средствах массовой информации. Семьи „остарбайтеров" и военнопленных, их вдовы и дети долго несли крест бесчестья, похожего на вторую смерть. А чудом выживших в лагерях родина встречала отчуждением и подозрительностью: „Прочему попал в плен?", „Почему не застрелился?", „Почему не бежал?", „Почему выжил?". Лишь спустя почти пятьдесят лет после окончания Второй мировой войны эти люди получили право не стыдиться своего прошлого и право на уважение и признание человеческого достоинства.

Согласно договоренности между правительствами Республики Беларусь, Российской Федерации, Украины и Федеративной Республики Германия от 30 марта 1993 г. немецкое правительство выделило денежные средства на выплату компенсаций жертвам национал-социалистических преследований в годы Второй мировой войны. А 12 августа 2000 г. вступил в силу Закон ФРГ о создании фонда „Память, ответственность и будущее". Создав данный фонд, правительство Федеративной Республики Германия и германские предприятия продемонстрировали осознание своей исторической и моральной ответственности за события самой страшной войны XX века. Через Белорусский республиканский фонд „Взаимопонимание и примирение" (основан в 1993 г.) за прошедшее десятилетие более 145 тысяч граждан Республики Беларусь, потерпевших от национал-социалистских преследований, получили компенсационные выплаты.

Если „остайрбайтеры" спустя полвека получили право хотя бы на компенсацию морального ущерба, то второй категории „позабытых историей" - советским военнопленным и пропавшим без вести – повезло гораздо меньше.

Die UdSSR hatte 1929 die Genfer Konvention über die Behandlung von Kriegsgefangenen nicht mit unterzeichnet, zu Beginn des Krieges jedoch erklärt, dass sie die Grundprinzipien dieser Konvention achten werde. In zwei wichtigen Punkten jedoch weigerte sich die Sowjetunion, diese Prinzipien einzuhalten: das Recht der Gefangenen, Pakete zu empfangen und das Recht, mit ihren Angehörigen zu korrespondieren. Das gab Deutschland den formalen Vorwand, die Normen der Genfer Konvention bezüglich sowjetischer Kriegsgefangener nicht zu beachten, in Wirklichkeit waren die Grundsätze der Behandlung sowjetischer Kriegsgefangener aber schon lange vor Kriegsbeginn festgelegt worden.

Stalin betrachtete alle Kriegsgefangenen als Vaterlandsverräter. In dem von ihm unterzeichneten Befehl Nr. 270 vom 16. August 1941 bezeichnete er sie als Deserteure und Verräter. Die Familien von in Gefangenschaft geratenen Kommandeuren und Politstellvertretern wurden verhaftet und in die Verbannung geschickt, Familien von Soldaten wurden sämtliche Zuwendungen und Hilfen gestrichen, was sie zu Hunger und letztlich zu einem langsamen qualvollen Tod verurteilte. Das Schicksal der Überlebenden der deutschen Kriegsgefangenschaft war noch schlimmer. Viele von ihnen gerieten aus einem Konzentrationslager Hitlers bei der Rückkehr in ihre Heimat direkt in ein Speziallager Stalins.

Nachdem die gegnerische Aufklärung in den ersten Kriegsmonaten verstärkt unter dem Deckmantel von Personen, die aus Kriegsgefangenenlagern oder aus den besetzten Gebieten geflohen waren, ihre Agenten ins Hinterland der sowjetischen Truppen geschickt hatte, fasste das Staatliche Verteidigungskomitee der UdSSR noch im Dezember 1941 den Beschluss, in jeder Armee Sammelstellen einzurichten. In diesen Einrichtungen überprüften Operativkräfte der Sonderabteilungen alle Militärangehörigen, die aus der Kriegsgefangenschaft geflohen oder sich aus einem Kessel des Feindes befreit hatten. Im Ergebnis dieser so genannten Filtration waren alle Personen, die sich nicht als Spione, Diversanten, Funker, Mitarbeiter von deutschen Straforganen oder Mitglieder der Nazi-Partei erwiesen hatten, in Arbeitsbataillone zu versetzen, während Kranke und Invaliden nach Hause geschickt wurden.

В 1929 г. СССР не подписал Женевскую конвенцию об обращении с военнопленными, хотя и объявил в начале войны, что будет соблюдать ее основные положения. Однако Советский Союз отказался следовать двум важным пунктам – о предоставлении пленным права на получение посылок и об обмене списками пленных. Это дало Германии формальный повод не соблюдать нормы Женевской конвенции по отношению к советским военнопленным и фактически узаконило нормы содержания советских военнопленных, разработанные нацистами задолго до начала войны.

Сталин считал всех советских военнопленных изменниками. Подписанный им 16 августа 1941 года приказ № 270 назвал пленных дезертирами и предателями. Семьи попавших в плен командиров и политработников подлежали аресту и ссылке, а семьи солдат лишались пособий и помощи, что обрекало их на голод и мучительную, медленную смерть. Но судьба выживших в германском плену была еще ужаснее. Многие из них, после возвращения на родину, просто сменили гитлеровские концлагеря на сталинские спецлагеря.

Еще в декабре 1941 г. в связи с активной заброской разведкой противника в первые месяцы войны агентов в тылы советских войск под видом лиц, бежавших из плена или ушедших с оккупированной советской территории Государственным Комитетом Обороны было принято решение о создании в каждой армии сборно-пересыльных пунктов, на которых силами оперативного состава особых отделов осуществлялась проверка (так называемая фильтрация) военнослужащих, бежавших из плена или вышедших из окружения. По результатам фильтрации лиц, не являющихся шпионами, диверсантами, радистами, сотрудниками германских карательных органов, активными членами фашистской партии, полагалось переводить в рабочие батальоны, а больных и инвалидов – отправлять домой.

Schließlich wurden 1942/43 die ersten Kontroll- und Filtrationslager (die so genannten Speziallager) eingerichtet, wohin die SMERŠ[2] ausnahmslos alle sowjetischen Armeeangehörigen einwies, die aus der Kriegsgefangenschaft geflohen oder von der Roten Armee befreit worden waren. Rund um die Uhr befanden sie sich in der unmittelbaren Gewalt der Untersuchungsbeamten der SMERŠ und erst nach langen Monaten endloser Überprüfungen schickte man sie per Gerichtsbeschluss oder auf außergerichtlichem Wege in Lagerhaft. Viele wurden wegen Landesverrats zum Tode verurteilt. Angaben aus dem Jahre 1945 zufolge durchliefen diese Speziallager insgesamt 354 592 ehemalige Militärangehörige der Roten Armee, die aus einem Kessel entkommen oder aus Kriegsgefangenschaft befreit worden waren, darunter 50 441 Offiziere.[3] Aus ideologischen Gründen befanden sich die Filtrationsunterlagen über Bürger der Sowjetunion, die in Kriegsgefangenschaft geraten bzw. zur Zwangsarbeit verschleppt worden waren, bis zum Zerfall der UdSSR in den Archiven der Staatssicherheitsorgane mit dem Vermerk „Geheim". Erst Anfang der 90er Jahre konnten Organisationen und Privatpersonen, die ein berechtigtes Interesse an diesen Unterlagen hatten, Einsicht in diese Dokumente nehmen.

In den Archiven der Staatssicherheitsorgane der Republik Belarus lagern Filtrationsunterlagen über rund 280 000 Personen. Diese Archivalien können im Grunde in zwei große Gruppen unterteilt werden:
· Filtrationsakten und Karteikarten von Zivilisten aus Weißrussland, die in das Territorium des Deutschen Reiches zwangsverschleppt worden waren;
· deutsche Karteikarten über sowjetische Kriegsgefangene, deren Angehörige bis 1941 in Weißrussland gelebt hatten (Registraturakten der ehemaligen Wehrmachtauskunftstelle (WASt), die nach Kriegsende den Archiven der Staatssicherheitsorgane Weißrusslands zur Aufbewahrung übergeben worden waren).

Seit 1993 ging beim KGB-Archiv der Republik Belarus eine recht große Anzahl von Anfragen ein, in denen die Bürger darum ersuchen, die Tatsache der Kriegsgefangenschaft ihrer Verwandten zu bestä-

Наконец, в 1942–1943 гг. были организованы первые проверочно-фильтрационные лагеря (или – спецлагеря), куда „СМЕРШ"[2] направлял всех без исключения советских военнослужащих, бежавших из плена либо освобожденных Красной Армией. Они круглосуточно находились в исключительном распоряжении следователей „СМЕРШ", и после долгих месяцев проверки их направляли в лагеря по суду или во внесудебном порядке. Многих приговаривали к смертной казни „за измену Родине".

Согласно данным 1945 года всего прошло через спецлагеря бывших военнослужащих Красной Армии, вышедших из окружения и освобожденных из плена, 354 592 человека, в том числе офицеров – 50 441 человек.[3]
По идеологическим соображениям, вплоть до распада СССР фильтрационные материалы на граждан Советского Союза, попавших в плен или вывезенных на принудительные работы, хранились в архивах органов госбезопасности под грифом „Секретно". Лишь в начале 90-х гг. заинтересованные организации и частные лица смогли получить доступ к этим документам.

В архивах органов госбезопасности Республики Беларусь хранятся фильтрационные материалы приблизительно на 280 тысяч человек. Эти архивные материалы условно можно разделить на две группы:
· фильтрационные дела и карточки на гражданских лиц – уроженцев Беларуси, которые насильственным путем были вывезены на территорию германского Рейха на принудительные работы;
· немецкие карточки на советских военнопленных, родственники которых до 1941 года проживали на территории Беларуси (учетные документы бывшей Справочной службы вермахта – ВАСт, переданные на хранение в архивы органов госбезопасности Беларуси после войны).

С 1993 г. в архив КГБ Республики Беларусь поступает достаточно большое количество заявлений граждан с просьбой подтвердить пребывание в плену или сообщить сведения о родных и близких,

tigen bzw. Informationen über den Verbleib ihrer Angehörigen, die während des Krieges als vermisst gemeldet wurden, mitzuteilen. Allerdings haben viele der ehemaligen Kriegsgefangenen keine nahen Angehörigen mehr, so dass niemand ein berechtigtes Interesse an deren Unterlagen anmelden kann. Die archivierten Filtrationsunterlagen blieben auch lange Zeit für wissenschaftliche Untersuchungen zur Geschichte des Zweiten Weltkrieges unbekannt. Im Frühjahr 2002 wandten sich Vertreter der Stiftung Sächsische Gedenkstätten an das KGB-Archiv der Republik Belarus mit der Bitte, die Archivmaterialien über Schicksale von sowjetischen und deutschen Kriegsgefangenen und Internierten aus der Zeit des Zweiten Weltkrieges für ihre Forschungen über die Geschichte des Krieges und der Nachkriegszeit verwenden zu dürfen.

Am 29. April 2002 wurde ein Vertrag zwischen der Stiftung Sächsische Gedenkstätten und dem Archivdienst des Komitees für Staatssicherheit der Republik Belarus über die gemeinsame Aufarbeitung der Archivalien aus dem Zweiten Weltkrieg unterzeichnet. Auf der Grundlage dieses Vertrages beteiligt sich Weißrussland mit allen Rechten an einem internationalen Forschungsprojekt zur Schicksalsklärung von Kriegsgefangenen des Zweiten Weltkrieges und deren Grabstätten, das seit 1999 von der Regierung der Bundesrepublik Deutschland unterstützt wird.

Im vergangenen Jahr bearbeiteten weißrussische Wissenschaftler über 4 500 deutsche Karteikarten von etwa 3 000 Kriegsgefangenen aus Weißrussland. Die Arbeit an dem Projekt geht weiter, doch schon heute zeigt sich, welch immense Bedeutung sie nicht nur für die Angehörigen und Freunde der verstorbenen und der überlebenden Kriegsgefangenen haben wird, sondern auch für die Methodologie solcher wissenschaftlichen Untersuchungen. Darüber hinaus stellt der Aufbau einer einheitlichen computergestützten Datenbank mit Informationen aus russischen, weißrussischen und deutschen Archiven eine bisher noch nie da gewesene Errungenschaft der modernen Geschichtswissenschaft dar.

пропавших без вести в период второй мировой войны. Но у многих военнопленных не осталось близких родственников, следовательно, и судьба этих людей никого не интересовала. Архивные фильтрационные материалы долгое время оставались неизвестными для исследователей истории второй мировой войны. Весной 2002 г. в архив КГБ Республики Беларусь обратились представители Объединения Саксонские мемориалы с просьбой об использовании архивных данных, касающихся судеб советских и немецких военнопленных и интернированных периода второй мировой войны для проведения научно-исторических исследований по вопросам второй мировой войны и послевоенного периода.

29 апреля 2002 г. был подписан договор между Объединением Саксонские мемориалы и архивной службой Комитета государственной безопасности Республики Беларусь о совместном изучении архивных документов периода второй мировой войны. В результате, Беларусь стала полноправным участником международного исследовательского проекта по установлению судеб военнопленных второй мировой войны и мест их захоронений, который поддерживается федеральным правительством Германии с 1999 года.

За прошедший год белорусские исследователи обработали более 4,5 тысяч немецких карточек почти на три тысячи военнопленных-уроженцев Беларуси. Работа над проектом продолжается, и даже сейчас можно предположить, какое огромное значение она будет иметь не только для родных и близких умерших и выживших военнопленных, но и для методологии научных исследований. Кроме того, попытка объединить в единую компьютерную базу архивные данные из российских, белорусских и немецких архивов не знала до настоящего момента аналогов в современной исторической науке.

Es heißt, die Kriegsgefangenschaft sei eine ebenso traurige und unvermeidliche Nebenerscheinung eines Krieges wie Verwundung und Tod. Überall haben wir Mahnmale mit den Namen von im Kampf gefallenen Soldaten, aber es gibt keine Gedenkstätten für die Kriegsgefangenen, die sich aus Gründen, auf die sie zumeist keinerlei Einfluss gehabt haben, in Gefangenschaft des Feindes wiederfanden, in keiner Weise mit dem Feind zusammengearbeitet haben, an Hunger, Kälte und Misshandlungen starben.
Für die toten Soldaten des Zweiten Weltkrieges ist die Wiederherstellung der historischen Wahrheit nicht mehr wichtig. Wichtig ist sie für die Lebenden.

Nikolaj Klimovič
Leiter des Zentralarchivs
des Kommitees für Staatssicherheit der Republik Belarus

Считается, что плен - такая же печальная необходимость войны, как раны, как смерть. У нас повсюду есть памятники с именами погибших в бою солдат, но нет нигде памятников военнопленным, которые в силу чаще всего не зависимых от них причин оказались в плену у врага, не сотрудничали с ним, погибли от голода, холода, издевательств.
Умершим солдатам второй мировой войны восстановление исторической правды уже не нужно. Это нужно живым.

Николай Климович
Руководитель Центрального архива Комитета государственной безопасности Республики Беларусь

1 M.P. Kascjuk / I.M. Ignacenka / U.I. Vyšinski u.a. (Hrsg.), Abriss der Geschichte Weißrusslands in 2 Bd., Bd. 2 (Institut für Geschichte der Akademie der Wissenschaften Weißrusslands), Minsk 1995, S. 322–323 (weißruss.).

2 Mit der Verordnung des Rates der Volkskommissare der UdSSR vom 19. April 1943 wurden die Sonderabteilungen des NKWD (NKVD) der UdSSR umgestaltet und fungierten von da an als Spionageabwehrabteilungen „SMERŠ" (von „smert' špionam" – Tod den Spionen).

3 V.L. Telicyn, „SMERŠ": Operationen und Ausführende, Smolensk 2000, S. 315–316 (russ.).

1 Нарысы гісторыі Беларусі: У 2 ч. Ч. 2 / М. П. Касцюк, І. М. Ігнаценка, У. І. Вышынскі і інш.; Інстытут гісторыі Акадэміі Навук Беларусі, Мн.: Беларусь, 1995, с. 322–323.

2 Постановлением Совета Народных Комиссаров СССР от 19 апреля 1943 года особые отделы НКВД СССР были реорганизованы в отделы контрразведки „Смерш" („Смерть шпионам").

3 Телицын В.Л. „СМЕРШ": операции и исполнители, Смоленск: Русич, 2000, с. 315–316.

Die Geschichte hat ein Gesicht

У истории есть лицо

Klaus-Dieter Müller | Клаус-Дитер Мюллер

1. Einleitende Bemerkungen

Das Schicksal der sowjetischen Kriegsgefangenen gehörte in den Staaten der ehemaligen Sowjetunion bis in die jüngste Gegenwart hinein zu den vernachlässigten Themen in der Öffentlichkeit und der Geschichtsschreibung. Bis Mitte der 90er Jahre haftete der Kriegsgefangenschaft der eigenen Soldaten sogar der Makel des Vaterlandsverrates an.

Auch in Deutschland war das Schicksal sowjetischer Kriegsgefangener für Wissenschaft wie Öffentlichkeit lange Zeit kein Thema. In den unmittelbaren Nachkriegsjahren war das durch Entnazifizierungsverfahren oder die Nürnberger Kriegsverbrecherprozesse noch anders gewesen, als zum Beispiel immerhin der Chef des Kriegsgefangenenwesens, General Reinecke, für die unmenschliche Behandlung der sowjetischen Kriegsgefangenen zu lebenslänglicher Haft verurteilt wurde und die Presse darüber berichtete. Während so wenigstens einige der Kardinalverbrechen des Dritten Reiches in das Bewusstsein einer breiteren Öffentlichkeit gelangten, spielte das Schicksal sowjetischer Kriegsgefangener in den späteren Prozessen kaum mehr eine Rolle. Ebenso wie die Verbrechen an der Zivilbevölkerung in der Sowjetunion und in Polen geriet es in der bundesdeutschen Öffentlichkeit in den 50er Jahren in Vergessenheit. Dabei hatten eigentlich viele Deutsche während des Krieges entweder unmittelbar oder mittelbar Kontakt mit sowjetischen Kriegsgefangenen gehabt, denn ihre Zahl ging in die Millionen. Auf vielen auch kleinen Friedhöfen befinden sich zudem so genannte Russengräber. Der Kalte Krieg beförderte jedoch die Verdrängung und führte dazu, dass die verstorbenen sowjetischen Kriegsgefangenen vom öffentlichen Gedenken ausgeschlossen waren. Es kam in Einzelfällen wie im ehemaligen Kriegsgefangenenlager X B Sandbostel sogar zum Abbau von Denkmälern. Nach den Opfern des Holocaust bilden sowjetische Kriegsgefangene die zweitgrößte Opfergruppe der nationalsozialistischen Diktatur. Bereits sieben Monate vor der Wannsee-Konferenz vom 20. Januar 1942 gehörten die sowjetischen Kriegsgefangenen jüdischen Glaubens oder jüdischer Nationalität zu den ersten

1. Введение

Судьба советских военнопленных в государствах бывшего Советского Союза до недавнего времени являлась темой, слабо разработанной историографией и мало известной общественности. До середины 90-ых годов военный плен даже считался изменой Родине.

В Германии судьба советских военнопленных также долгое время не обсуждалась ни представителями науки, ни общественностью. В первые послевоенные годы все обстояло по-другому в связи с судебными процессами по денацификации или Нюрнбергским процессом по делу военных преступников, когда, например, начальник Управления по делам военнопленных генерал Райнеке за бесчеловечное обращение с советскими военнопленными был приговорен к пожизненному заключению и печать сообщила об этом. В то время хотя бы некоторые кардинальные преступления Третьего рейха доводились до сознания широкой общественности, в более поздних процессах судьба советских военнопленных почти не играла никакой роли. Как преступления над гражданским населением в Советском Союзе и Польше, так и тема судеб военнопленных в 50-ые годы для общественности ФРГ теряла актуальность. Между тем, многие немцы во время войны прямо или косвенно имели контакты с советскими военнопленными, так как их количество исчислялось миллионами. Кроме того, на многих кладбищах, даже на маленьких, имеются так называемые „могилы русских".

Холодная война содействовала тому, что тема плена вытеснялась из сознания людей, и привела к тому, что официальные торжества в память умерших советских военнопленных не проводились. В отдельных случаях, как в бывшем шталаге X B Зандбостель, даже убрали памятники.

Между тем, после жертв Холокоста советские военнопленные составляют вторую по численности группу жертв национал-социалистической диктатуры. Уже за семь недель до Берлинской конференции на озере Ваннзее 20 января 1942 г. советские военнопленные – евреи по национальности или исповедующие

Einzelgrab eines sowjetischen Kriegsgefangenen,
Friedhof der Gemeinde Trebsen/Sachsen.
Одиночная могила советского военнопленного,
кладбище деревни Требсен/Саксония

Gruppe sowjetischer Kriegsgefangener
(Zeithain/Sachsen 1941/42)
Группа советских военнопленных
(Цайтхайн, Саксония 1941/42)

Opfern des Holocaust, deren gezielte Ermordung durch nachweis-
bare Befehle und Richtlinien der Wehrmacht sowie des Reichs-
sicherheitshauptamtes angeordnet und durchgeführt wurde.
Dieser Sachverhalt wird nach wie vor in der Holocaust-Forschung
nur unzureichend zur Kenntnis genommen.
Die sowjetischen Kriegsgefangenen bilden einen großen Teil der
Verluste an Menschenleben, die die Sowjetunion als Folge des
Zweiten Weltkriegs zu beklagen hatte. Nach neueren Berechnun-
gen[1] verloren 26,6 Millionen Menschen ihr Leben. Etwa 11 Millionen Zivilisten sind danach in den von der Wehrmacht besetzten
Gebieten gezielt getötet worden oder durch Hunger und Krankheiten
verstorben. Mehr als 5 Millionen wurden zur Arbeit nach Deutschland verschleppt, von ihnen starben etwas mehr als 2 Millionen.
Die Angaben über sowjetische Kriegsgefangene schwanken allerdings noch erheblich, was auf Definitionsfragen und Erfassungs-
probleme zurückzuführen ist (etwa Mehrfachzählungen statt
Einzelfallerhebungen oder Additionsfehler, Einordnung von Gefangenen als Zivilisten oder Soldaten). Die deutsche Militärgeschichtsschreibung geht bis Mitte 1944 von insgesamt 5,7 Millionen
Kriegsgefangenen aus. Da die Zahl der 1945/46 in die Heimat
Repatriierten mit etwa 1,8 Millionen und die der vorher Entlassenen
recht genau feststeht, bleibt eine Zahl von etwa 3,3 Millionen
Umgekommenen. Dies entspricht circa 57 Prozent aller Kriegsgefangenen, während von den westalliierten Kriegsgefangenen in
deutscher Hand lediglich etwa 4 Prozent starben. Russische Historiker gehen von niedrigeren Zahlen aus und nennen etwa 4,5 Millionen in deutsche Kriegsgefangenschaft geratene eigene Soldaten.
Nach bisheriger Kenntnis sind zwischen 1,2 und 1,5 Millionen
sowjetische Kriegsgefangene von 1941 bis 1944 in das Reichsgebiet transportiert worden, mindestens 370 000 von ihnen kamen
dort um. Wir kennen die Orte der Kriegsgefangenenlager und Konzentrationslager, in denen sich Kriegsgefangene befanden – und
zum Teil starben oder in gezielten Aktionen ermordet wurden –,
allerdings war bisher nur wenig über ihr Einzelschicksal bekannt.
Wenn wir von den wenigen Studien aus den 50er und 60er Jahren
absehen, begannen die deutschen Wissenschaftler erst mit der

иудейскую веру – были первыми жертвами Холокоста, целена-
правленное убийство которых зафиксировано в приказах и
директивах вермахта, а также Имперского ведомства безопасности; на основании этих документов данная категория людей и
была уничтожена. Исследователи вопросов холокоста по-прежнему принимают к сведению данный факт лишь попутно.
Советские военнопленные составляют большую часть людских
потерь, понесенных Советским Союзом в годы Второй мировой
войны. Согласно более новым подсчетам[1] в этой войне потеряли
жизнь 26,6 млн. человек. Из них около 11 млн. гражданских лиц
на временно оккупированной вермахтом территории были целенаправленно убиты или умерли от голода и болезней. Более 5
млн. были насильно угнаны на работу в Германию, из них погибли немногим более 2 млн. человек.
Количественные данные о советских военнопленных, однако,
сильно колеблются, что объясняется проблемами определения
и учета этой категории лиц (так, учет одних и тех же лиц мог
проводиться несколько раз; встречались ошибки при сложении
цифр; заключенные были неправильно причислены к гражданским лицам или военным). Немецкая военная историография
исходит из того, что до середины 1944 г. 5,7 млн. советских
военнослужащих были взяты в плен. Так как довольно точно
установлено число лиц, репатриированных в 1945–46 гг. на Родину (1,8 млн.), а также лиц, освобожденных до этого, погибших
в итоге остается 3,3 млн. Это соответствует 57% всех советских
военнопленных, в то время как из военнопленных западных
союзников, находившихся в немецком плену, погибли примерно
4%. Российские историки, определяя общее количество советских военнопленных, называют меньшие цифры – около 4,5 млн.
В период с 1941 по 1944 гг. от 1,2 до 1,5 млн. советских военнопленных были перемещены на территорию Рейха, из них погибли не менее 370 000. Мы знаем места расположения лагерей
для военнопленных и концлагерей, в которых находились военнопленные – немало военнопленных в этих лагерях умерли или
целенаправленно были убиты – однако до сих пор об отдельных
судьбах было известно очень мало.

Einrichtung neuer Gedenkstätten[2] die Probleme sowjetischer Kriegsgefangener in deutscher Gefangenschaft intensiver zu untersuchen. So hieß es beispielsweise in der wichtigen Studie „Keine Kameraden"[3] von Christian Streit über die Behandlung sowjetischer Kriegsgefangener, vor allem 1941/42 sei ein großer Teil der sowjetischen Kriegsgefangenen aus ideologisch bedingter Gleichgültigkeit gegenüber ihrem Schicksal bzw. dezidierter Vernichtungsabsicht nicht registriert worden. Das habe zur Folge gehabt, dass diese Gefangenen in einem rechtsfreien Raum gelebt hätten und man daher bei ihrem Tod keinerlei Rechenschaft schuldig gewesen sei. Dementsprechend sei der Tod vieler Rotarmisten nicht vermerkt worden. Sie seien einfach in Massengräbern verscharrt worden, so dass im Gegensatz zu den Verstorbenen anderer Nationen im Nachhinein ein Nachweis über ihren Verbleib und ihre Grablage nicht möglich sei. Daher ruhe auf den sowjetischen Kriegsgräberstätten in Deutschland eine unbekannte und sehr hohe Anzahl von Toten.

Während die Aussagen über die Richtlinien des Kriegsgefangenenwesens für den Umgang mit den Kriegsgefangenen (erlassen durch das Oberkommando der Wehrmacht und das Oberkommando des Heeres) auch heute noch Gültigkeit beanspruchen können, lassen sich über ihr Einzelschicksal inzwischen aufgrund neuer personenbezogener Materialien (Karteikarten) sehr viel genauere Aussagen treffen. Sie erlauben es, die verstorbenen oder überlebenden sowjetischen Kriegsgefangenen aus der Anonymität zu holen und ihrer individuell zu gedenken.

Die Auswertung der Karteikarten führt daher zu dem Schluss, dass bis auf wenige Ausnahmen sämtliche sowjetischen Kriegsgefangenen nach ihrer Ankunft im Deutschen Reich registriert und diese Daten an die Wehrmachtauskunftstelle (WASt) in Berlin weitergemeldet wurden. Ob diese Aussage auch für die Gefangenen in den besetzten Gebieten gilt, muss sich noch erweisen.

Diese WASt-Unterlagen wurden 1945 von amerikanischen Truppen erbeutet und später gemeinsam mit anderen Archivbeständen der Roten Armee übergeben, ebenso wie andere erbeutete deutsche

Если не принимать во внимание немногочисленные исследования 50-ых и 60-ых гг., то проблему советских военнопленных в немецкой системе военнопленных ученые стали изучать более активно лишь в связи с созданием новых музеев-памятников[2]. Так, описывая обращение с советскими военнопленными, Кристиан Штрайт в своем фундаментальном исследовании „Товарищей нет"[3] утверждал, что особенно в 1941–42 гг. большая часть советских военнопленных не регистрировалась из-за укоренившего в идеологии равнодушия к их судьбе или из-за твердого намерения ликвидировать их. Это привело к тому, что на данных пленных не распространялись правовые нормы, и если они умерли, не надо было отчитываться об их смерти. Следовательно, смерть многих красноармейцев не была зафиксирована документально. Они просто были зарыты в общих могилах, так что, в отличие от умерших представителей других наций, спустя годы невозможно доказать, что с ними произошло и где они захоронены. Поэтому на советских военных кладбищах в Германии покоится неизвестное, но очень большое количество умерших.

Если выводы в части, касающейся общих установок аппарата по делам военнопленных (Верховного Командования вооруженных сил Германии и Верховного Командования сухопутных войск) относительно обращения с военнопленными, сегодня еще считаются правильными, то о судьбах отдельных военнопленных на основе новых документов личного характера можно прийти к более точным выводам.

Анализ карточек на военнопленных доказывает, что после прибытия в Германский рейх все советские военнопленные, за редким исключением, проходили регистрацию, а затем эти данные направлялись в Справочную службу вермахта о военных потерях и военнопленных (ВАСт). Распространялось ли это и на военнопленных на оккупированной территории, говорить пока еще рано.

Документы ВАСт в 1945 г. были захвачены американскими войсками, а позднее вместе с другими архивными материалами на советских военнопленных переданы Красной Армии. Наряду с

Bestände zu sowjetischen Kriegsgefangenen. Neben der WASt, den Wehrkreiskommandos und den Kriegsgefangenenlagern besaßen auch Arbeitsverwaltungen und Betriebe einen umfassenden Überblick über Kriegsgefangene, die bei ihnen im Arbeitseinsatz waren. Somit ist sowohl auf allen militärischen Ebenen als auch in der Zivilverwaltung umfangreiches Schriftgut entstanden.[4]

Auf der Grundlage dieser Materialien wäre es möglich gewesen, nicht nur eine Vielzahl von Toten zu identifizieren, sondern auch Hinweise auf Grablagen, Friedhöfe und Massengräber in Deutschland und Osteuropa zu überprüfen. Verstorbener Kriegsgefangener durfte jedoch nur als anonymer Masse, als „Helden des Kampfes gegen den Faschismus" gedacht werden, weshalb auch auf den sowjetischen Ehrenmalen keine Namen tatsächlich dort verstorbener Kriegsgefangener zu finden waren. Selbst im Tod waren sie damit gemäß Stalinschem Selbstverständnis und Befehl als angebliche Vaterlandsverräter nur Opfer zweiter Klasse. Viele der Kriegsgefangenen wurden pauschal als vermisst geführt.

Erst seit 1996 konnte die Tatsache der Registrierung sowjetischer Kriegsgefangener zum ersten Mal aktenmäßig belegt werden. Durch ein neues politisches Klima in Russland ermöglicht, in dessen Folge sich auch Archive teilweise öffneten, gelang es der deutschen Seite[5] nach intensiven Bemühungen, mit Genehmigung des russischen Generalstabs Zugang zu dem entsprechenden Bestand der WASt zu den sowjetischen Kriegsgefangenen im Zentralarchiv des Verteidigungsministeriums der Russischen Föderation in Podolsk (CA MO) zu erhalten.

Eine Erschließung dieses Bestandes bot nun die Möglichkeit, Licht in das Schicksal von Hunderttausenden sowjetischer Kriegsgefangener zu bringen und Angehörigen von Verstorbenen oder Vermissten Auskunft geben zu können, die bis dahin fast nie Informationen über die genaue Todesursache, den Zeitpunkt des Todes und die Grablage erhalten hatten. Zehntausende von Anfragen russischer Hinterbliebener an das Militärarchiv in Podolsk, wo die Unterlagen lagern, konnten bis zu diesem Zeitpunkt in der Regel nicht befriedigend beantwortet werden. Schon vor 1999 hatte es eine Vielzahl von deutschen Initiativen gegeben, um Informationen über sowjetische

ВАСт, командованиями военных округов и лагерями для военнопленных, управления труда и предприятия также имели обширное представление о тех военнопленных, которые трудились в сфере их распоряжения. Таким образом, на всех уровнях управления военными делами и в органах управления гражданскими делами накопилось огромное количество документов.[4]

Названные материалы и раньше давали возможность не только опознать многих умерших военнопленных, но и сверить указания на места их захоронения, кладбища и братские могилы в Германии и Восточной Европе. Однако чтить память умерших военнопленных разрешалось только в общей анонимной массе, как „героев борьбы против фашизма". Поэтому на советских памятниках не указывались имена тех, кто покоится там на самом деле. Даже погибнув, согласно сталинской идеологии и приказу они считались изменниками Родины и были лишь жертвами второго ранга. Многие из военнопленных в учетных документах значились как пропавшие безвести.

Только в 1996 г. благодаря новому политическому климату в России, способствующему тому, что частично был открыт доступ к архивным фондам, немецкая сторона[5] после неоднократного обсуждения и представления проекта в России получила разрешение Российского Генерального штаба армии на использование хранящихся в Центральном архиве Министерства обороны Российской Федерации в Подольске фондов ВАСт, касающихся советских военнопленных.

Исследование этих фондов позволяет теперь пролить свет на судьбы сотен тысяч советских военнопленных и выдать справки родственникам умерших или пропавших без вести, которые до настоящего времени почти никогда не получали информацию о конкретной причине смерти, времени наступления смерти и месте захоронения их близких. Десятки тысяч заявлений, поступивших от российских родственников покойных в подольский архив, где хранятся документы, до настоящего момента, как правило, оставались без удовлетворительного ответа.

Еще до 1999 г. немецкая сторона неоднократно выступала с инициативой о получении сведений на советских военнопленных из

Kriegsgefangene aus diesem Bestand zu erhalten. Diese Vorstöße verliefen allerdings bis dahin isoliert voneinander und waren letztlich nicht erfolgreich. Erst durch die Zusammenführung dieser Einzelinitiativen und die durch politische Körperschaften getragene Überzeugung, dass Deutschland sich intensiver dieser dunklen Punkte seiner Vergangenheit annehmen müsse, ist es zu einem Durchbruch gekommen.

Nach einer entsprechenden Initiative des Bundeslandes Niedersachsen nahm sich im Herbst 1999 schließlich der damalige Beauftragte der Bundesregierung für Kultur und Medien (BKM) sowie ab 2000 auch die „Gemeinsame Kommission für die Erforschung der jüngeren Geschichte der deutsch-russischen Beziehungen" beim Bundesministerium des Innern (BMI) dieser Thematik an. Als Ergebnis wurde ein grundsätzlicher Konsens über die Notwendigkeit zur Aufarbeitung dieser Unterlagen erzielt. Eine aus Wissenschaftlern der drei Bundesländer Sachsen, Niedersachsen und Nordrhein-Westfalen gebildete Expertengruppe wurde gebeten, die Durchführbarkeit dieses Projektes zu prüfen. Im Frühjahr 2000 wurde der Beschluss gefasst, zunächst ein Pilotprojekt zur Erfassung des Schicksals kriegsgefangener sowjetischer Offiziere zu initiieren, um erste Erfahrungen in der Zusammenarbeit mit russischen Institutionen anhand eines relativ kleinen Aktenbestands zu sammeln. Die Kosten dieses Projekts wurden von den schon genannten Bundesministerien sowie den beteiligten Bundesländern übornommen.

2. Das Pilotprojekt „Sowjetische Kriegsgefangene (Offiziere) im deutschen Reich 1941–1945"

Unter Federführung der Stiftung Sächsische Gedenkstätten konstituierte sich im Sommer 2000 eine gemeinsame deutsch-russische Arbeitsgruppe. Von russischer Seite waren daran die „Assoziation für internationale militärmemoriale Zusammenarbeit Voennye Memorialy" und das Militärarchiv Podolsk, von deutscher Seite die Bundesländer Sachsen, Niedersachsen und Nordrhein-Westfalen, die beiden genannten Bundesministerien und die Archive des

указанного массива документов. Однако все эти попытки осуществлялись изолированно друг от друга и, в конечном счете, не имели успеха. Лишь объединение усилий всех сторон и убежденность политических органов в том, что Германии следует более интенсивно изучать эти темные страницы своей истории, привели к прорыву в этом деле.

После очередной инициативы Земли Нижняя Саксония осенью 1999 г. состоялось совещание всех заинтересованных немецких учреждений. Бывший Уполномоченный Федерального правительства по вопросам культуры и СМИ (БКМ), а также „Совместная немецко-русская комиссия по изучению новейшей истории германо-российских отношений" при Федеральном министерстве внутренних дел (БМИ) с 2000 г. поддержали инициативу об исследовании судеб советских военнопленных. Была созвана группа специалистов, состоявшая из ученых трех федеральных земель Саксонии, Нижней Саксонии и Северного Рейна-Вестфалии, которая должна была дать рекомендации о возможности реализации такого проекта. Весной 2000 г. было принято предложение реализовать „пилотный" проект по учету судеб военнопленных советских офицеров, чтобы на базе относительно небольшого комплекса документов накопить первый опыт сотрудничества с российскими организациями. Расходы на обеспечение данного проекта взяли на себя названные выше федеральные министерства, а также причастные к этому федеральные земли.

2. Пилотный проект „Советские военнопленные (офицеры) в Германском рейхе 1941–1945 гг."

Под руководством Объединения Саксонские мемориалы летом 2000 г. была создана совместная германо-российская рабочая группа. С российской стороны участвовали Ассоциация международного военно-мемориального сотрудничества „Военные мемориалы" и Военный архив в Подольске, с немецкой стороны – федеральные земли Саксония, Нижняя Саксония и Северный Рейн-Вестфалия, названные выше федеральные министерства и федеральные архивы, а также Народный Союз Германии

Bundes sowie der Volksbund Deutsche Kriegsgräberfürsorge, die Deutsche Dienststelle (WASt) und der Suchdienst des Deutschen Roten Kreuzes beteiligt.

Nach Projektbeginn am 1. April 2000 konnte am 21. September 2000 ein erster Kooperationsvertrag mit der Assoziation Voennye Memorialy unterzeichnet werden, der Durchführung und Laufzeit des Projekts festlegte. Die Karteikarten des Offiziersbestandes sind nachfolgend auf dieser Grundlage sowohl mit ihren biographischen Daten erfasst wie auch insgesamt als Bilddateien (Images) gescannt worden. Als Ergebnis wurden insgesamt circa 55 000 Offiziersdatensätze sowie etwa 180 000 Images erarbeitet und der deutschen Seite bis Ende 2001 übergeben.

Hinzu kommt, dass hier zum ersten Mal Massendaten deutscher Provenienz in kyrillischer Schrift erfasst und verarbeitet werden mussten.[6] Die Ziele des Pilotprojektes bestanden

· in der Erfassung von etwa 55 000 Personenkarteikarten für in deutsche Kriegsgefangenschaft geratene Offiziere der Roten Armee in einer Datenbank einschließlich ihrer Digitalisierung
· in der möglichst umfassenden Verzeichnung und Erhebung relevanter personen- und sachbezogener Akten in osteuropäischen und deutschen Archiven zu diesem Personenkreis.

Das Projekt verfolgte gleichzeitig humanitäre wie wissenschaftliche Zwecke. Diese WASt-Unterlagen bieten auch umfangreiches und bisher unbekanntes Material für die historische Forschung. Neue wissenschaftliche Erkenntnisse – die in den folgenden Beiträgen in diesem Band vorgestellt werden – sollten in Bezug auf das deutsche Kriegsgefangenenwesen als einem zentralen Bereich der Wehrmacht insgesamt oder zum Anteil der Kriegsgefangenen unter den Opfern der NS-Vernichtungspolitik erzielt werden. Nicht zuletzt sind exakte biographische Daten für Gedenkstätten interessant, da sie die Individualisierung von Kollektivschicksalen ermöglichen.

по уходу за военными могилами, Немецкая служба (ВАСт) и служба розыска Немецкого Красного Креста.

Работа над проектом началась 1 апреля 2000 г., а 21 сентября 2000 г. был подписан первый договор о сотрудничестве с Ассоциацией „Военные мемориалы", в котором были определены условия и сроки реализации проекта. Впоследствии, на основании договора, биографические данные с карточек офицерского состава были занесены в компьютерную базу данных, а сами карточки были сканированы в виде графических файлов (Images). Таким образом, было создано около 55 000 записей на офицеров, а также 180 000 графических файлов, которые к концу 2001 г. были переданы немецкой стороне.

Кроме того, впервые пришлось осуществить регистрацию и обработку массовых данных немецкого происхождения кириллицей.[6] Целями начального проекта являлись:

· ввод данных примерно с 55 000 личных карточек на офицеров Красной Армии, попавших в немецкий плен, в компьютерную базу данных, дигитализация карточек (сканирование);
· по возможности полная регистрация и выявление тех личных и других архивных дел в восточноевропейских и немецких архивах, имеющих отношение к данному кругу лиц.

Проект преследовал одновременно и гуманитарные цели и научные. Материалы ВАСт представляют многочисленные и неизвестные до сих пор документы для исторических исследований. Предполагалось получить новые результаты – они представлены в статьях публикуемых в данном сборнике – относительно немецкого аппарата по делам военнопленных, как одной из центральных отраслей вермахта в целом, или относительно доли военнопленных среди жертв национал-социалистической политики истребления. И не в последнюю очередь точные биографические данные представляют интерес для мемориальных музеев, так как они позволяют индивидуализировать коллективные судьбы.

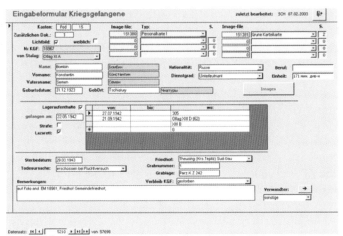

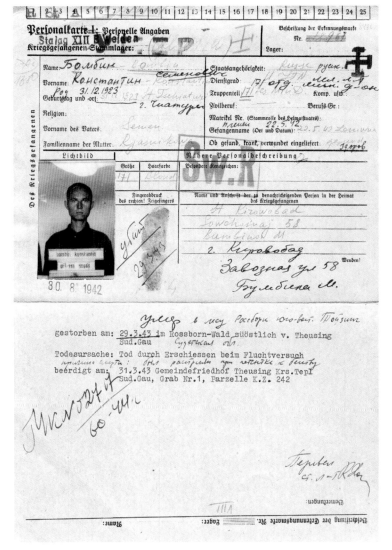

CD-ROM-Sammlung: 180 000 Images sowjetischer
Kriegsgefangener
коллекция компактных дисков: 180 000 изображений
советских военнопленных

Eingabemaske Datenbank Sowjetische Kriegsgefangene
(Offiziere)
Маска ввода банка данных на советских военнопленных
(офицеров)

Personalkarte des Kriegsgefangenen Konstantin Bombin
Персональная карточка военнопленного Константина
Бомбина

3. Das Folgeprojekt „Sowjetische Kriegsgefangene (Mannschaften und Unteroffiziere) in deutscher Hand"

Bereits bei der Vertragsunterzeichnung am 21. September 2000 wurde neben dem humanitären Aspekt die zwischenstaatliche Bedeutung des Projekts hervorgehoben. Der damalige deutsche Botschafter in Moskau, Jörg von Studnitz, hat dies für die deutsche Seite unterstrichen. Die stellvertretende russische Ministerpräsidentin, Valentina Matvienko, betonte in ihrem Grußwort:
„Im Verlauf des Vollzugs des Vertrages werden russische Familien zum ersten Mal über das Schicksal ihrer Verwandten aufgeklärt, aber auch über die Grabstelle. Ich bin überzeugt, dass der jetzige Vertrag der weiteren Stärkung der freundschaftlichen Beziehungen zwischen den Völkern Russlands und Deutschlands dienen wird."

Diese humanitären, inhaltlichen und politischen Dimensionen haben sich in der Folge noch verstärkt:
· Aufgrund der Projektergebnisse und der vertrauensvollen Zusammenarbeit beider Seiten erklärte sich die Bundesregierung nach einer offiziellen Anfrage der russischen Regierung im Sommer 2001 in Form eines Briefwechsels der Außenminister grundsätzlich zur Weiterförderung eines Projektes zur Schicksalsklärung der kriegsgefangenen Mannschaften und Unteroffiziere bereit.
· Es gab erste Kontakte zu anderen russischen Archiven mit großen bis dahin nicht bekannten Beständen zu sowjetischen Kriegsgefangenen.
· Auch weißrussische Bestände wurden in das Projekt einbezogen.
· Seit dem Jahr 2002 beteiligt sich auch die KZ-Gedenkstätte Flossenbürg aus dem Bundesland Bayern am Projekt.

Die Bedeutung des Gesamtprojektes als Ausweis einer gemeinsamen Anstrengung zur Überwindung der Folgen des Zweiten Weltkriegs manifestiert sich nicht nur in dem oben genannten Briefwechsel der Außenminister Russlands und Deutschlands, sondern auch in einer ersten Publikation, die im letzten Jahr fertig gestellt wurde. Herausgegeben vom Volksbund Deutsche Kriegs-

3. Очередной проект „Советские военнопленные (рядовой и сержантский состав) в немецких руках"

Уже при подписании договора 21 сентября 2000 г. наряду с гуманитарным аспектом было отмечено и межгосударственное значение проекта. С немецкой стороны это подчеркнул бывший посол Германии в Москве Йорг фон Штуднитц. Заместитель Председателя Правительства Российской Федерации Валентина Матвиенко отметила в своей приветственной речи: „В ходе реализации Договора тысячи российских семей впервые смогут узнать о судьбе погибших родственников, а также о месте их захоронения. Уверена, что настоящий Договор послужит дальнейшему укреплению дружеских связей между народами Российской Федерации и Федеративной Республикой Германии".

Данные аспекты – гуманитарный, политический, а также аспект содержания – в дальнейшем проявились еще сильнее:
· На основе полученных результатов и сотрудничества сторон, основанного на полном доверии, Федеральное правительство после официального обращения Правительства Российской Федерации летом 2001 г. в переписке министров иностранных дел выразило принципиальное согласие оказать содействие проекту по выявлению судеб рядового и сержантского состава, попавшего в немецкий плен.
· Были установлены первые контакты с другими российскими архивами, хранящими большие и до сих пор не исследованные массивы документов на советских военнопленных.
· Было признано необходимым провести переговоры о привлечении к работе и белорусских архивных фондов.
· С 2002 г. в работе над проектом участвует и мемориальный комплекс Флоссенбюрг (земля Бавария).

Значение общего проекта в целом, представляющего собой совместную работу по преодолению последствий Второй мировой войны, проявляется не только в указанной выше переписке министров иностранных дел России и Германии, но и в первой

Участникам церемонии
подписания Договора о создании
компьютерной базы данных
на советских военнопленных
по немецким документам

*Прошло более 55-ти лет со времени окончания самой
кровопролитной войны в истории человечества, в которой народы
России и Германии понесли тяжелые потери.*

*Преодолев наследие прошедшей войны, наши страны установили
добрососедские дружеские отношения, которые ныне динамично
развиваются.*

*Важной вехой в развитии таких отношений стало подписание в
декабре 1992 года Соглашения между Правительством Российской
Федерации и Правительством Федеративной Республики Германии
об уходе за военными могилами в Российской Федерации и
Федеративной Республики Германии, что является конкретным
выражением взаимопонимания и примирения между российским и
немецким народами, обоюдного желания предоставить погибшим
достойное последнее пристанище.*

*Вместе с тем, до настоящего времени остается неизвестной
судьба сотен тысяч советских военнопленных, погибших в немецком
плену.*

*Заключение Договора между Ассоциацией "Военные
мемориалы" и Фондом "Саксонские мемориалы" о создании
компьютерной базы данных о погибших в немецком плену, позволит
установить места захоронения на территории Германии более 600
тысяч советских военнопленных.*

*В ходе реализации Договора тысячи российских семей впервые
смогут узнать о судьбе погибших родственников, а также о месте их
захоронения.*

*Уверена, что настоящий Договор послужит дальнейшему
укреплению дружеских связей между народами Российской
Федерации и Федеративной Республики Германии.*

С уважением,

Заместитель Председателя
Правительства Российской Федерации   *В. Матвиенко*

21 сентября 2000 года

Übergabe des ersten Gedenkbuches durch den Präsidenten des Volksbundes,
Karl-Wilhelm Lange, in Anwesenheit von Bundeskanzler Gerhard Schröder an
Präsident Vladimir Putin am 10. April 2002 in Weimar/Thüringen
Вручение Книги Памяти Президентом Народного Союза Германии
Карлом-Вильгельмом Ланге Президенту РФ Владимиру Путину в присутствии
Федерального Канцлера Герхарда Шрёдера 10 апреля 2002г. в Веймаре/Тюрингия

Grußwort der stellvertretenden russischen Ministerpräsidentin Valentina Matvienko
zur Vertragsunterzeichnung am 21. September 2000
Приветственное слово Заместителя премьер-министра России Валентины Матвиенко
по поводу подписания договора 21 сентября 2000г.

gräberfürsorge, hat die Projektgruppe ein erstes Gedenkbuch verstorbener sowjetischer Kriegsgefangener, die auf dem bayerischen Friedhof Hammelburg bestattet sind, erarbeitet. Das Buch ist mit einem Vorwort von Bundeskanzler Schröder versehen, in dem dieser die besondere Verantwortung Deutschlands für die Überwindung der Folgen des Zweiten Weltkriegs betont. Das Gedenkbuch zeige „uns in einem kleinen Ausschnitt das menschliche Leid, das der vom nationalsozialistischen Deutschland begonnene Krieg über die Menschen in der Sowjetunion gebracht hat. Die Angehörigen von vermissten und verstorbenen Kriegsgefangenen haben einen Anspruch auf Gewissheit über die Vergangenheit.(…) Durch konkretes gemeinsames Erinnern können Gegensätze der Vergangenheit überwunden werden.(…) Deutschland begreift die düsteren Kapitel seiner Geschichte als Verpflichtung, mit Russland wie mit allen anderen Nachbarn auf der Grundlage gemeinsamer Werte die Beziehungen auszubauen und an einem Europa zu arbeiten, in dem Frieden auf Dauer gesichert ist." Das erste Gedenkbuchexemplar wurde am 10. April 2002 vom damaligen Präsidenten des Volksbundes Deutsche Kriegsgräberfürsorge Karl Wilhelm Lange an den russischen Präsidenten Vladimir Putin persönlich übergeben. Ende 2001 fanden in Russland die ersten Sondierungsgespräche mit dem staatlichen Archivdienst (ROSArchiv), dem FSB (dem früheren KGB) sowie dem Innenministerium statt. Die Gespräche mit dem Archivdienst des Generalstabs der Streitkräfte zur Bearbeitung der Podolsker Karteikarten über Mannschaften und Unteroffiziere wurden weitergeführt. Nach entsprechenden Bitten des Bundesinnenministers an die russische Seite konnten Ende 2002 die letzten Verhandlungen erfolgreich beendet und weitere Kooperationsvereinbarungen der Stiftung Sächsische Gedenkstätten mit den Archivdiensten abgeschlossen werden. Zur Bearbeitung sind nunmehr neben Karteimitteln zu etwa 500 000 verstorbenen Personen aus dem Archiv Podolsk auch etwa 350 000 Karteikarten aus den FSB-Archiven Russlands nach dem Muster des Pilotprojekts vorgesehen.

публикации, завершенной в прошлом году. Участники проекта выпустили первую „Книгу Памяти умерших советских военнопленных, захороненных на баварском кладбище Хаммельбург", которая была издана Народным Союзом Германии по уходу за военными могилами. В предисловии к данной книге Федеральный канцлер Шрёдер подчеркнул особую ответственность Германии за преодоление последствий войны. Он отметил, что Книга Памяти „показывает нам маленький отрезок тех человеческих страданий, которые начатая национал-социалистической Германией война нанесла людям в Советском Союзе. Родные и близкие пропавших без вести и умерших военнопленных имеют право получить достоверные сведения о прошлом. (…) Конкретные совместные воспоминания позволяют преодолеть противоречия прошлого. (…) Германия понимает темные страницы своей истории как обязанность расширить отношения как с другими соседями, так и с Россией на основе общих ценностей, а также как обязанность содействовать строительству такой Европы, в которой мир обеспечен надолго". Первый экземпляр Книги Памяти бывший Президент Народного Союза Германии по уходу за военными могилами Карл Вильгельм Ланге 10 апреля 2002 г. вручил Президенту Российской Федерации Владимиру Путину лично. В конце 2001 г. в России проводились первые предварительные переговоры с Государственной архивной службой (Росархив), ФСБ (бывший КГБ) и Министерством внутренних дел РФ. Продолжались переговоры с архивной службой Генерального штаба войск об обработке подольских карточек на рядовой и сержантский состав. После соответствующих обращений Федерального министра внутренних дел Германии к российской стороне в конце 2002 г. последние переговоры были успешно завершены, после чего подписаны соглашения о дальнейшем сотрудничестве Объединения „Саксонские мемориалы" с архивными службами. Теперь наряду с карточками на приблизительно 500 000 умерших лиц, хранящимися в архиве в Подольске, предусмотрена обработка по образцу первоначального проекта еще примерно 350 000 карточек из архивов ФСБ России.

Unterzeichnung zweier Kooperationsverträge in Minsk am 29. April 2002 in
Anwesenheit des Deutschen Botschafters
Dr. Helmut Frick (oben)
Подписание двух договоров о
сотрудничестве в Минске 29 апреля
2002г. в присутствии посла Германии
д-ра Хельмута Фрика (сверху)

Presseerklärung KGB der Republik Belarus
zum Abschluss der Kooperationsverträge
vom 29. April 2002 (rechts)
Официальное заявление КГБ Республики
Беларусь по поводу договоров о
сотрудничестве 29 апреля 2002г. (справа)

Nach ersten Sichtungen der WASt- und anderer Unterlagen in weißrussischen KGB-Archiven kam es im Winter 2002 zu konkreten Verhandlungen mit weißrussischen Stellen, die bereits am 29. April 2002 durch den Abschluss zweier Kooperationsverträge der Stiftung Sächsische Gedenkstätten mit dem Archivdienst des KGB sowie dem staatlichen Archivdienst erfolgreich beendet werden konnten. In einer Presseerklärung hob der KGB gerade den humanitären Aspekt hervor: „Der Krieg ist, wie wir wissen, ein Übel, das keine nationalen, religiösen und anderen Grenzen kennt. Gerade daher handelt es sich bei der Pflege von Gräbern der Opfer des Krieges und der Unterdrückung um eine zutiefst menschliche Verpflichtung, die im Genfer Kriegsgefangenenabkommen bekräftigt wird. Die Erinnerung an die Opfer und die Sorge um die Gräber ist ein Unterpfand dafür, dass zukünftig die Menschen keine Wiederholung der Schrecken des Krieges zulassen werden." In die Projektarbeit ist seitdem die Bearbeitung von Karteikarten sowie sonstiger personenbezogener Unterlagen über circa 60 000 ehemalige sowjetische Kriegsgefangene aus den KGB-Archiven einbezogen. Weitere kleinere Projektarbeiten laufen parallel.

Weiterhin ist durch die Einbeziehung früher entweder unbekannter oder unzugänglicher Bestände der Sicherheitsdienste beider Länder eine Verbreiterung der Fragestellung möglich. Es geht dabei um Erkenntnisse zum Nachkriegsschicksal überlebender Kriegsgefangener, die vielfach nach ihrer Befreiung – als angebliche Vaterlandsverräter – in die Mühlen der stalinistischen Justiz gerieten. Sie wurden damit Opfer zweier Diktaturen. Hier versprechen Karteikarten und Filtrationsakten, die zumindest partiell genutzt werden sollen, neue Erkenntnismöglichkeiten für die Erforschung und Dokumentation des gesamten Kriegsgefangenenschicksals. Weiterhin war sachlich und methodisch geboten, auch die neuen Erkenntnisse über die Kriegsgefangenenlager in den besetzten Gebieten, die sich – wie schon erwähnt – durch die Karteikarten sowie sonstige Archivalien ergaben, neu in das Forschungsthema aufzunehmen. Hinzu kommen inzwischen gewonnene Sammlungen zu sowjetischen Kriegsgefangenen aus norwegischen Archiven (78 000 sowjetische Kriegsgefangene), erste Gespräche über Laza-

После предварительного ознакомления с материалами ВАСт в архивах КГБ Республики Беларусь зимой 2002 г. состоялись конкретные переговоры с белорусскими учреждениями, которые успешно завершились 29 апреля 2002 г. заключением двух договоров о сотрудничестве Объединения „Саксонские мемориалы" с Центральным архивом КГБ, а также с Государственной архивной службой.

В своем пресс-релизе КГБ Республики Беларусь подчеркнул именно гуманитарный аспект проекта: „Войны, как известно, есть зло, не знающее национальных, религиозных или каких-либо иных барьеров. А потому уход за могилами жертв войн и насилия – это общественная обязанность, закрепленная к тому же Женевским Соглашением 1949 года. Память о жертвах и забота о могилах – залог того, что в будущем люди не допустят повторения ужасов войны". С тех пор в рамках проекта проводится обработка и хранящихся в архивах КГБ Республики Беларусь личных карточек и других документов примерно на 60 000 бывших советских военнопленных. Параллельно проводятся и другие, меньшие по объему, работы в рамках проекта.

Включение в проект комплексов ранее неизвестных или недоступных источников, прежде всего из архивов органов госбезопасности обоих стран позволяет расширить постановку вопроса. Ожидается получить новую информацию о послевоенной судьбе переживших плен военнослужащих, которые во многих случаях после освобождения, считаясь изменниками Родины, сталкивались с советской юстицией и, таким образом, стали жертвами двух диктатур. По данному вопросу карточки и фильтрационные дела, из которых намечается использовать хотя бы часть, обещают новые возможности познания в исследовании и документации судьбы военнопленных в целом.

По тематическим и методическим соображениям оказалось необходимым включить в исследуемую тематику и полученные из карточек и других источников новые сведения о лагерях для военнопленных на оккупированной территории. Кроме того, были получены собрания источников на советских военнопленных (78 000 лиц) из норвежских архивов, проведены первые

rettunterlagen aus dem Militärmedizinischen Museum St. Petersburg sowie insgesamt Kontakte zur ukrainischen Seite über die Möglichkeit der Kooperation.

Aufgrund dieses unabweisbaren Aufwuchses wurde für das Folgeprojekt ein umfassenderer Titel als für das Pilotprojekt gewählt. Die benötigten Finanzmittel für diese umfangreichen Aufgaben stellen auf deutscher Seite hauptsächlich BKM und BMI sowie die beteiligten Bundesländer zur Verfügung, die russischen und weißrussischen Partner beteiligen sich mit Eigenleistungen. Angesichts des Umfangs der Aufgaben und Arbeiten ist eine Beendigung des Projekts für das Ende des laufenden Jahrzehnts vorgesehen.

4. Das Projekt „Sowjetische und Deutsche Kriegsgefangene und Internierte. Forschungen zum Zweiten Weltkrieg und zur Nachkriegszeit"

Mitte 2002 erhielt das Projekt seine endgültige Bezeichnung, die von der „Gemeinsamen deutsch-russischen Kommission" beim BMI bekräftigt wurde. Im Grundsatz ist damit der Umfang der Arbeiten bestimmt. Das Parallelprojekt wird ebenfalls unter Federführung der Stiftung Sächsische Gedenkstätten durchgeführt und hat seine inländischen Kooperationspartner in den schon genannten Suchdiensten, seine ausländischen Partner in denselben Archivdiensten, mit denen das Pilotprojekt begonnen wurde.

Im Grunde genommen zählt der Umfang der in das Projekt einbezogenen Archivmaterialien nach Millionen, und in den nächsten Jahren wird es notwendig sein, die gewaltige Zahl von Archivunterlagen (u.a. etwa Personalakten, Friedhofslisten, Akten zur sowjetischen Kriegsgefangenenverwaltung GUPVI) über sowjetische und deutsche Kriegsgefangene und Internierte in digitalisierter Form mittels Datenbanken einzubeziehen, aber auch Antworten auf eine Reihe wissenschaftlicher Probleme zu finden.

переговоры об исследовании медицинских документов Санкт-Петербургского Военно-медицинского музея, а также установлены контакты с украинской стороной в целом о возможности сотрудничества.

Вследствие такого неоспоримого разрастания материала, для проекта, продолжающего первые исследования, было выбрано более общее название. Необходимые деньги для реализации поставленных задач с немецкой стороны вновь предоставляют БКМ и БМИ, а также участвующие в проекте федеральные земли. Российская и белорусская стороны вносят в этот проект свой вклад. Ввиду большого объема задач и работы предусматривается завершить проект в конце текущего десятилетия.

4. Проект „Советские и немецкие военнопленные и интернированные. Изучение вопросов истории Второй мировой войны и послевоенного периода"

В середине 2002г. проект получил окончательное название и, в основном, был определен объем работ. Это окончательное название проекта и объём работ были подтверждены немецко-российской комиссией историков при БМИ. По решению этой комиссии в проект включено и исследование судеб интернированных гражданских лиц. Работа над расширенным проектом также осуществляется под руководством Объединения Саксонские мемориалы, немецкими партнерами являются те же поисковые службы, а иностранными партнерами те же архивные службы, как и в первоначальном проекте. По сути дела, объем вовлеченных в проект архивных документов исчисляется миллионами, и в ближайшие годы из этого огромного количества архивных дел (таких как учетные дела, кладбищенские списки, источники о советском Управлении по делам военнопленных и интернированных ГУПВИ) необходимо будет ввести в компьютерную информационную систему данные и сведения о судьбе немецких и советских военнопленных и интернированных, а также найти ответы на ряд научных проблем.

5. Ausblick

Das Projekt wird unter der Schirmherrschaft der „Gemeinsamen deutsch-russischen Kommission" durchgeführt und besteht aus drei Teilen:

· „Sowjetische Kriegsgefangene (Offiziere) im Deutschen Reich 1941–1945" (Pilotprojekt, Bundesförderung durch BKM und BMI),
· „Sowjetische Kriegsgefangene (Mannschaften und Unteroffiziere) in deutscher Hand" (Folgeprojekt, Bundesförderung durch BKM und BMI) und
· „Deutsche Kriegsgefangene und Internierte in sowjetischer Hand" (Bundesförderung durch BMI).

Der vorliegende Band ist eine erste schriftliche Präsentation von Projektergebnissen. Einmal sind in den Aufsätzen wissenschaftliche Ergebnisse und Informationen zu Grundlagen der Kriegsgefangenen-geschichte niedergelegt (u.a. Auswertungen der Offiziers-Daten-bank und bearbeiteten Karteimittel, Friedhofsrekonstruktionen, Filtrationslager, Organisation des Kriegsgefangenenwesens), zum anderen sollen die neuen Möglichkeiten für die Gedenkstätten-arbeit nach der Erschließung der Materialien beleuchtet werden (Ausstellung Gedenkstätte Ehrenhain Zeithain). Nicht zuletzt wird bei der Schicksalsklärung verdeutlicht, welche immense humani-täre Dimension das Projekt für die Hinterbliebenen hat. Der Band schließt mit einer Übersicht über die in den nächsten Jahren zu bearbeitenden neuen Materialien über sowjetische kriegsgefangene Mannschaften und Unteroffiziere ab und gibt zudem einen ersten Ausblick auf das seit 2003 angelaufene Parallelprojekt zur Schick-salsklärung deutscher Kriegsgefangener und Zivilisten. Im Anhang wiedergegebene ausgewählte Presseberichte verdeutlichen auch das Interesse der Öffentlichkeit in den beteiligten Ländern.
Um die Lesbarkeit des Buches auch für ein breiteres Publikum zu verbessern, wurde weitgehend auf die Verwendung von Einzel-nachweisen verzichtet. Fußnoten sind nur dort eingefügt, wo diese Informationen unumgänglich sind. Ein Abkürzungsverzeichnis

5. Перспективы

Проект реализуется под эгидой „Совместной немецко-русской комиссии" и состоит из трех частей:

· Советские военнопленные (офицеры) в Германском рейхе 1941–1945 гг. (пилотный проект – при финансовой поддержке БКМ и БМИ),
· Советские военнопленные (рядовой и сержантский состав) в немецких руках (проект, продолжающий начальный и также при финансовой поддержке БКМ и БМИ) и
· Немецкие военнопленные и интернированные в советских руках (при финансовой поддержке БМИ).

Настоящий сборник представляет собой первую письменную презентацию результатов исследований. С одной стороны, в статьях изложены первые заключения и информация об основах аппарата по делам военнопленных (темы касаются результатов, полученных на основе компьютерной базы данных и обрабо-танных карточек на военнопленных, реконструкции кладбищ, фильтрационных лагерей, аппарата по делам военнопленных на примере Берген-Бельзена и др.), с другой стороны, хотелось осветить новые возможности для работы мемориальных музеев после вовлечения источников в научный оборот (выставка в му-зее Цайтхайн). И не в последнюю очередь при выявлении судеб становится ясным, какое огромное значение данный проект имеет для родственников и близких военнопленных. В конце сборника дается обзор тех новых материалов на советских воен-нопленных – рядовой и сержантский состав –, обработка кото-рых предстоит в ближайшие годы. Кроме того, описываются перспективы третьего направления проекта - об установлении судеб немецких военнопленных и гражданских лиц. Предста-вленные в приложении статьи из печати показывают интерес общественности участвующих в проекте стран.
Чтобы не усложнять чтение настоящей книги широкому кругу читателей, авторы в большинстве случаев отказались от сносок

Personalkarte III Iwan Starinskij (links)
Персональная карточка III Ивана Старинского (слева)

Personalkarte I Nikolaj Alekseew (rechts)
Персональная карточка I Николая Алексеева (справа)

erleichtert dem Leser die Auflösung der vielen in den Texten verwendeten Abkürzungen.

Das Gedenken an gefallene oder umgekommene Rotarmisten in Deutschland findet auch auf russischer Seite Anerkennung und führt zur Versöhnung über den Gräbern. Dies spiegelt sich in den Worten des russischen Präsidenten Putin wider, als er anlässlich der Gedenkfeiern zum 60. Jahrestag der Beendigung der Schlacht um Stalingrad am 2. Februar 2003 auch das Gedenken an Hunderttausende gefallene Wehrmachtangehörige einbezog:

„Der Krieg, der unter dem Deckmantel der nazistischen Ideologie und Propaganda losgetreten wurde, hat Millionen Menschen verschiedenster Nationalitäten das Leben gekostet, unter ihnen auch Deutsche, von denen Hunderttausende bei Stalingrad umgekommen sind. Dies ist ein tragischer Preis und auch eine schreckliche Lehre des Krieges. Wir sehen, wie das moderne Deutschland diese Seite seiner Geschichte bewertet und mit welcher Achtung man die Gedenkstätten der gefallenen sowjetischen Soldaten pflegt, die durch den Sieg über den Nationalsozialismus den Weg für ein demokratisches Deutschland frei gemacht haben."[7]

Mit diesem ambitionierten Projekt, das an die Wissenschaftler hohe Anforderungen stellt, ist ein Zeichen dafür gesetzt, dass deutsche Institutionen, dass Deutschland sich der Geschichte der deutschen und sowjetischen Gefangenschaft auf einer breiten, auch öffentlich wahrnehmbaren Grundlage annimmt. Einer der letzten weißen Flecken in der leidvollen Geschichte der deutsch-russischen bzw. deutsch-weißrussischen Beziehungen wird in gemeinsamer Arbeit der ehemaligen Gegner im Krieg aufgearbeitet und erforscht.

Die sowjetischen Kriegsgefangenen werden ihres anonymen Massenschicksals entrissen, sie erhalten ihren Namen, ihr Gesicht und ihre Würde zurück.

и ссылок. Сноски употребляются лишь там, где необходима дополнительная информация. Перечень аббревиатур облегчает читателю расшифровку многочисленных сокращений, употребляемых в текстах.

Осуществляемая Германией работа по сохранению памяти павших в годы Второй мировой войны красноармейцев находит признание и в России и в Республике Беларусь и может привести к примирению над могилами. Эту мысль выразил и Президент Российской Федерации Путин 2 февраля 2003 г. в своем выступлении на торжественном заседании, посвященном 60-летию Сталинградской битвы, в котором он упомянул и о памяти сотен тысяч павших военнослужащих вермахта: „Война, развязанная под прикрытием нацистской идеологии и пропаганды, унесла жизни миллионов людей. Причем самых разных национальностей. В том числе и немцев, сотни тысяч которых погибли под Сталинградом. И эта трагическая цена – тоже страшный урок войны. Мы видим, как оценивают эту страницу истории в современной Германии. И с каким уважением относятся к памяти павших советских воинов, сокрушивших нацизм и открывших дорогу к строительству демократической Германии."[7]

Настоящий проект, предъявляющий высокие требования к исследователям, показывает, что немецкие организации и ведомства, а также Германия в целом заботятся об истории немецкого и советского плена в широком общественном масштабе. Бывшие военные противники совместными усилиями исследуют одно из последних белых пятен в многострадальной истории германо-российских и германо-белорусских отношений. Превращая анонимную судьбу огромного количества советских военнопленных в индивидуальную, они возвращают им имя лицо и достоинство.

1 Zu den folgenden Zahlen siehe G.F. Krivošeev u.a., Russland und die UdSSR in den Kriegen des 20. Jahrhunderts. Verluste der Streitkräfte. Eine statistische Untersuchung, Moskau 2001 (russ.).

2 Karl Hüser / Reinhard Otto, Das Stammlager 326 (VI K), Bielefeld 1992; Werner Borgsen / Klaus Volland, Stalag X B Sandbostel. Zur Geschichte eines Kriegsgefangenen- und KZ-Auffanglagers in Norddeutschland 1939–1945, Bremen 1991; Jörg Osterloh, Ein ganz normales Lager. Das Kriegsgefangenen-Mannschaftsstammlager 304 (IV H) Zeithain bei Riesa / Sa. 1941 bis 1945, Leipzig 1997.

3 Christian Streit, Keine Kameraden. Die Wehrmacht und die sowjetischen Kriegsgefangenen 1941–1945, Bonn 1997.

4 Siehe hierzu Viktor Muchin, Das System der Gefangennahme, Erfassung, Versorgung und Weiterleitung sowjetischer und deutscher Kriegsgefangener in frontnahen Gebieten 1941–1945. Eine vergleichende Analyse, in: Klaus-Dieter Müller / Konstantin Nikischkin / Günther Wagenlehner (Hrsg.), Die Tragödie der Gefangenschaft in Deutschland und der Sowjetunion 1941–1956, Köln / Weimar 1998, S. 107–128, hier S. 110–113.

5 Rolf Keller / Reinhard Otto, Das Massensterben der sowjetischen Kriegsgefangenen und die Wehrmachtbürokratie. Unterlagen zur Registrierung der sowjetischen Kriegsgefangenen 1941–1945 in deutschen und russischen Institutionen, in: Militärgeschichtliche Mitteilungen 57, 1998, H.1, S. 149–180.

6 Die Angaben aus den deutschen Akten wurden im wesentlichen in russischer Sprache in die Datenbank aufgenommen und über Transliterationsprogramme der deutschen Seite übergeben. Die damit verbundenen möglichen Übertragungs- bzw. Eingabeprobleme gehören zu den großen technisch-inhaltlichen Herausforderungen dieses Projekts. Nachjustierungsarbeiten an der Datenbank in Deutschland sind eine der wesentlichen Arbeiten im Projekt.

7 http://president.kremlin.ru/text/appears/2003/02/29750.shtml.

1 Следующие цифры см.: Г.Ф. Кривошеев и др.: Россия и СССР в войнах XX века. Потери военных сил. Статистическое исследование. М., 2001.

2 Карл Хюзер / Райнхард Отто. Шталаг 26 (VI K), Билефельд 1992; Вернер Боргсен / Клаус Волланд. Шталаг X B Зандбостель. К истории лагеря военнопленных и приемочного концлагеря на севере Германии 1939–1945, Бремен 1991; Йорг Остерло. Совершенно обычный лагерь. Лагерь для военнопленных рядового состава 304 (IV H) Цайтхайн под Ризой / Саксония 1941–1945 гг., Лейпциг 1997 (на нем. языке).

3 Кристиан Штрайт. Товарищей нет. Вермахт и советские военнопленные в 1941-1945 гг., Бонн, 1997 г. (на нем. языке).

4 См.: Виктор Мухин. Система плена, учета, снабжения и переправки советских и немецких военнопленных в прифронтовых районах 1941–1945. Сравнительный анализ. В кн.: Клаус-Дитер Мюллер / Константин Никишкин / Гюнтер Вагенленер (Сост.). Трагедия плена в Германии и в Советском Союзе 1941–1956, Кёльн / Веймар 1998, с. 107–128, здесь с. 110–113.

5 Рольф Келлер / Райнхард Отто: Массовая гибель советских военнопленных и бюрократия вермахта. Материалы регистрации советских военнопленных 1941–1945 в немецких и российских учреждениях. В кн.: Военно-исторический вестник. № 57, 1998, вып. 1, с. 149–180.

6 Информация из немецких документов вводилась в базу данных, в основном, на русском языке, после чего она транслитерировалась специальными программами и передавалась немецкой стороне. Связанные с этим возможные проблемы при передаче или вводе данных являлись одним из нелегких вызовов технико-смыслового плана. Окончательная юстировка базы данных в Германии – одна из важнейших работ над проектом.

7 http://president.kremlin.ru/text/appears/2003/02/29750.shtml

Pilotprojekt Offizierskartei. Erste wissenschaftliche Ergebnisse

Пилотный проект по обработке картотеки офицеров. Первые научные результаты

Reinhard Otto | Райнхард Отто

Lange Zeit galten die Teile der Bestände der früheren Wehrmacht-auskunftstelle (WASt), die 1945 in die Sowjetunion transportiert worden waren, in Deutschland als verschollen. Nur ein sehr kleiner Teil dieser Bestände war in Deutschland in der Deutschen Dienst-stelle in Berlin (frühere Wehrmachtauskunftstelle, WASt) verblieben. Die jetzt im Rahmen des Projekts vorgenommene umfangreiche Nutzung der damals in das Zentralarchiv des Verteidigungsministe-riums in Podolsk (CAMO) überführten WASt-Bestände sowie die inzwischen auch zugänglichen Bestände aus den Geheimdienst-archiven des früheren KGB haben die Erforschung der Geschichte der sowjetischen Kriegsgefangenen in qualitativer und quantitativer Hinsicht auf eine völlig neue Basis gestellt.

Die WASt, eine nachgeordnete Einrichtung des Oberkommandos der Wehrmacht (OKW), wurde auf verschiedenen Meldewegen und -formularen über alle Veränderungen, die einen Kriegsgefangenen betrafen, informiert. Im Falle der Entlassung aus der Gefangen-schaft – die Gruppe umfasst die Verstorbenen, die an die Gestapo Abgegebenen sowie diejenigen, die auf die deutsche Seite über-wechselten – erhielt sie deren Personalunterlagen. Schon die Bear-beitung eines vergleichsweise kleinen Teils der WASt-Unterlagen aus Podolsk, die Erschließung der Offizierskartei (Umfang etwa 55 000 Personen), erbrachte wesentliche, von der bisherigen For-schung doch erheblich abweichende Ergebnisse, von denen einige im Folgenden vorgestellt werden.

1. Ebenso wie die Gefangenen anderer Nationen wurden auch die sowjetischen Kriegsgefangenen spätestens nach dem Eintreffen im Deutschen Reich ohne Ausnahme systematisch und präzise regis-triert. Nach bisheriger Forschungsmeinung ist das aus weltanschau-lichen Gründen wenigstens 1941 bei Zehntausenden unterblieben, um ein von vornherein einkalkuliertes Massensterben nicht doku-mentieren zu müssen. Wie jetzt festgestellt werden kann, erhielt jeder Soldat bei seinem Eintreffen im ersten Lager eine Erkennungs-marke dieses Lagers mit einer Nummer, die nur einmal ausgegeben wurde und die er bis zum Ende der Gefangenschaft behielt. Diese Nummer wurde auf einer Karteikarte, der Personalkarte I (PK I),

Длительное время многие фонды картотеки бывшей Справочной службы вермахта (ВАСт), которые в 1945 году были перевезены в СССР, считались в Германии потерянными. В самом ВАСт в Бер-лине сохранилась только малая часть его бывших документов. Сейчас, в рамках проводимого проекта, открылись возможности использования этих фондов, хранящихся в архиве Министерства обороны Российской Федерации в Подольске (ЦАМО), а также в архивах ФСБ отдельных областей бывшего Советского Союза. Эти, ставшие доступными, документы ВАСт поставили исследо-вания по истории советских военнопленных на совершенно иной качественный и количественный уровень.

ВАСт, как подчиненное Верховному командованию вермахта (ОКВ) учреждение, по различным каналам и с использованием различных формуляров было поставлено в известность обо всех изменениях, касающихся военнопленного. В случае выбывания человека из военного плена – смерть, передача в руки Гестапо или же переход на немецкую сторону – его персональное дело передавали в ВАСт. Проделанная работа со сравнительно малой частью документов ВАСт „Разработка офицерской картотеки" (в объеме около 55 000 человек) дала серьезные, отличающиеся существенно от предыдущих исследований, результаты. Часть из них и будет представлена ниже.

1. Систематическая и полная регистрация всех без исключения советских военнопленных, а также пленных других наций, самое позднее происходила по их прибытии в немецкий Рейх. Согласно некоторым научным теориям десятки тысяч этих лиц, по крайней мере в 1941 г., по политическим соображениям не проходили регистрацию якобы для того, чтобы скрыть заранее запланиро-ванную массовую гибель этих людей. Однако, как сейчас устано-влено, каждый солдат при поступлении в первый немецкий лагерь получал опознавательную марку этого лагеря с индиви-дуальным номером, под которым он проходил до конца плена. Этот номер вместе со всеми основными личными и военными данными записывался на карточке, на так называемой персональ-ной карточке № 1 (ПК 1). На оборотной стороне карточки произво-

zusammen mit allen wichtigen persönlichen und militärischen Daten eingetragen. Auf der Rückseite war Raum für alle notwendigen Informationen zur Gefangenschaft selbst: Hinweise auf Impfungen und Krankheiten inklusive Lazarettaufenthalte, das Verhalten in der Gefangenschaft einschließlich etwaiger Fluchtversuche und der dafür verhängten Strafen, eventuell bestimmte Charaktereigenschaften und Fähigkeiten, schließlich Versetzungen in andere Lager und die einzelnen Arbeitskommandos, denen der Gefangene zugewiesen wurde. Auch die Abgabe des Kriegsgefangenen an die Gestapo, der oft die Ermordung in einem Konzentrationslager folgte, wurde in vielen Fällen auf der PK I festgehalten, zumeist auch der Todesfall, eventuell sogar die genaue Grablage
Es ist unschwer zu erkennen, welche Fülle an Fragestellungen und Auswertungsmöglichkeiten Hunderttausende solcher Karten beinhalten, zumal oft noch diverse andere Unterlagen hinzukommen. Statistische Untersuchungen jeder Art, Fragen zur Behandlung, zum Gesundheitszustand, zu den Todesursachen, zum Arbeitseinsatz oder, auf einer übergeordneten Ebene, zur Organisation des Kriegsgefangenenwesens der deutschen Wehrmacht – das sind nur einige Bereiche, für deren Bearbeitung Historiker auf Jahre hinaus völlig neues Material zur Verfügung haben.
Über die Erkennungsmarkennummern sind, freilich mit einer gewissen Vorsicht, sogar erste Aussagen zur Gesamtzahl der ins Deutsche Reich gebrachten sowjetischen Kriegsgefangenen möglich; sie scheint im Bereich zwischen 800 000 und 1 000 000 Personen zu liegen, also eventuell doch niedriger als bisher angenommen.

2. Ebenso penibel wurden die Verstorbenen erfasst, wie das Beispiel von Alexander Stepanowitsch Dimarow* zeigt. Seine Gefangenenbiographie ergibt sich aus der Personalkarte. Als Kriegsgefangener wurde er im Stammlager (Stalag) III C Alt-Drewitz (Brandenburg) mit der Nummer 20 453 registriert, am 27. November 1942 in das Bergbaulager VI A Hemer versetzt und von dort zum Arbeitseinsatz nach Bochum auf die Zeche Constantin der Große. Wie Tausende andere erkrankte er auf Grund der unmenschlichen Lebensbedingungen nach einem halben Jahr an Lungentuberkulose, kam am

дились записи о самом плене: указания на прививки и болезни, включая госпитализации, поведение во время плена, попытки побега, если они имели место, и вынесенные за это наказания, иногда характерные особенности поведения человека и его способности, а также переводы из лагеря в лагерь или отдельные трудовые команды. Во многих случая и передача в руки гестапо, которая нередко повлекла за собой гибель в концлагере, была отмечена на ПК 1, а также часто обстоятельство гибели и даже точное местонахождение захоронения.
Не трудно заметить, какое количество возникает новых вопросов и новых возможностей при исследовании сотен тысяч этих карточек, к которым прибавляется еще и различный дополнительный материал. Статистические исследования разного рода: вопросы обращения с военнопленными, состояния здоровья, трудового использования или – на более высоком уровне обобщения – вопросы военного плена немецкого вермахта: вот только некоторые поля деятельности, для обработки которых историки теперь на многие годы вперед располагают совершенно новой источниковой базой.
Сейчас, на основе полученных военнопленными номеров – правда, с определенной долей осторожности – стали возможны первые подсчеты общего числа вывезенных в немецкий Рейх советских военнопленных. Это число видимо лежит в пределе между 800 000 и 1 миллионом человек.

2. То как аккуратно были зарегистрированы умершие, показывает пример Александра Степановича Димарова*. Его биография хорошо прослеживается по личной учетной карточке. Под номером 20 453 он был зарегистрирован как военнопленный в шталаге III C Альт-Древитц. 27 ноября 1942 г. переведен в шахтерский лагерь VI A Хемер, а затем на трудовые работы в шахту „Константин Великий" в Бохум. Как и тысячи других работающих там людей Димаров, ввиду бесчеловечных жизненных условий, через полгода заболел туберкулезом легких. 25 мая 1943 г. его вернули в госпиталь в Хемер. Предполагалось 16 июля 1943 г. перевести его в лагерь для умирающих в Витмаршен (Эмсланд),

25. Mai 1943 zurück nach Hemer ins Lazarett und sollte noch am
16. Juli in das Sterbelager Wietmarschen (Emsland) versetzt werden. Sein Zustand ließ das jedoch nicht mehr zu. Er verstarb am
23. Juli im Revier des Lagers Hemer und wurde einen Tag später
auf dem Friedhof Am Duloh in der Reihe II im Grab 30 beigesetzt.
Das wurde mit einem Stempel auf der Personalkarte dokumentiert.
Inzwischen lassen sich rund 1 200 Verstorbene, circa 25 Prozent
der auf diesem Friedhof Beigesetzten, durch die Projektunterlagen
nachweisen. Wäre der Friedhof nicht nach dem Krieg zu einem
Hain umgestaltet worden, ließe sich das Grab von Alexander Dimarow noch heute exakt bestimmen.
Eine solche Art der Buchführung schließt aus, dass, wie bisher angenommen wurde, Tote in fünf- oder sechsstelliger Größenordnung
innerhalb des Deutschen Reiches unbekannt verscharrt worden
wären. Es sind klare Aussagen zu den hier Verstorbenen möglich
und zwar sowohl was die einzelnen Personen als auch die Gesamtzahl angeht. Letztere liegt, wie sich inzwischen andeutet, wahrscheinlich im Bereich zwischen 360 000 und 400 000 Kriegsgefangenen, bei den großen so genannten Russenfriedhöfen offensichtlich erheblich niedriger als überliefert: für Bergen-Belsen zum
Beispiel nicht, wie auf dem Denkmal angegeben, bei 50 000, sondern bei circa 20 000, in Hemer II „Am Duloh" wohl bei etwa 5 000
statt bei 20 000, und in der Senne, wo man bisher von 65 000 Toten ausging, wurde am 10. März 1945, drei Wochen vor der Befreiung, der Sterbefallnachweis Nr. 14 684 ausgestellt. Damit sollen
die Verhältnisse in keiner Weise verharmlost werden, im Gegenteil:
Gerade diese Unterlagen machen eindringlicher als alles andere
das Massensterben der sowjetischen Kriegsgefangenen deutlich.

3. Wie weit das bisher Gesagte auch für die Gebiete östlich der
Reichsgrenze, also das Generalgouvernement und die besetzten
Gebiete der Sowjetunion, gilt, muss zwar noch offen bleiben, einige
Fakten jedoch legen die Vermutung nahe, dass auch dort erheblich
genauer Buch geführt wurde als bisher angenommen. Die Offizierskartei enthält Karteiunterlagen aus nahezu 100 Lagern, die es in
diesen Gebieten gegeben hat. Sie alle vergaben Erkennungsmarken

но состояние здоровья не позволило это: 23 июля 1943 г. он умер
в изоляторе лагеря Хемер и на следующий день был захоронен
на кладбище Ам Дулох, ряд II, могила № 30. Факт смерти был
засвидетельствован печатью на личной карточке. В ходе проекта уже найдены подтверждения о захоронении на этом кладбище 1 200 человек, что составляет около 25 процентов всех
захороненных там военнопленных. Если бы после войны на
террито-рии кладбища не был разбит бор, то еще сегодня
можно было бы указать точное место расположения могилы
Александра Димарова.
Такая форма отчетности исключает возможность того, чтобы,
как до сих пор зачастую считалось, в пределах немецкого Рейха
умершие широкомасштабно (пяти-шестизначное количество)
были закопаны анонимно. Документы позволяют сделать деталь-
ные выводы об умерших здесь как в отношении конкретных лиц,
так и в отношении их общего количества. Последнее по предварительным расчетам очевидно лежит в пределах от 360 000
до 400 000 военнопленных. Что касается крупных кладбищ для
русских, то число захороненых на них людей гораздо ниже, чем
предполагалось до сих пор: для Берген-Бельзена, например, не
50 000, как указано на монументе, а 20 000, для Хемера II „Ам
Дулох" около 5 000 вместо предполагаемых 20 000. И в Зенне,
где до сих пор исходили из общего количества 65 000 умерших,
это число не подтверждается, так как 10 марта 1945 г., т. е. за
три недели до освобождения, было оформлено свидетельство
о смерти за номером 14 684. Этими исследованиями ни в коем
случае не преследуется цель изобразить происшедшее в более
розовом цвете. Наоборот, именно эти архивные документы
намного яснее других проясняют массовую гибель советских
военнопленных.

3. В какой мере высказанное выше относится к территориям к
востоку от границ немецкого Рейха, т. е. к генеральной губернии
и к оккупированным территориям Советского Союза, остается
пока открытым. Но некоторые факты все же позволяют предполагать, что и там регистрация велась гораздо более четко,

Personalkarte
Alexander Stepanowitsch Dimarow
Персональная карточка
Александра Степановича Димарова

Grabkarte
Swjatoslaw Sergejewitsch Dmitriewskij
Кладбищенская карточка
Святослава Сергеевича Дмитриевского

und dokumentierten das durch die entsprechende Eintragung auf den Personalkarten, registrierten also demnach ihre Gefangenen vorschriftsmäßig. Allein für das Stalag 365 mit Standort in Wlodomierz/Westukraine enthält sie wenigstens 2 620 Karten, die höchste genannte Markennummer liegt jenseits von 40 000. Stalag 336 Kowno (Kauen) vergab mehr als 12 000 Nummern, davon sind mindestens 1 840 in der Kartei nachweisbar.

Gleiches gilt für die Sterbefälle. Für Wlodomierz lassen sich für den Zeitraum 1942/43 mindestens 2 300 Todesfälle belegen, die vorherigen Versetzungen der Verstorbenen aus verschiedenen Lagern in den besetzten Gebieten zum Stalag 365 sind ebenso minutiös dokumentiert wie Abgaben an den SD. Selbst zur Zeit des Massensterbens Anfang 1942 legte das Durchgangslager 182 in Saporoshje (Südukraine) für den verstorbenen 21jährigen Leutnant Swjatoslaw Sergejewitsch Dmitriewskij vorschriftsmäßig eine Grabkarte an, auf der seine Beisetzung in dieser Stadt auf dem Friedhof des 1. Mai dokumentiert ist. In der WASt in Berlin wurden – wegen der vielen zu bearbeitenden Todesfälle allerdings erst ein Jahr später – alle Unterlagen zu Dmitriewskij in einer Akte mit der Vorgangsnummer 1745/43 abgelegt.

Die bisherigen Sichtungen der Kartei der Unteroffiziere und Mannschaften im CAMO ergeben ein ähnliches Bild: Abgangslisten, auf denen Todesfälle gemeldet wurden, Sterbefallanzeigen mit einer genauen Totenzählung – im Stalag 305 Deblin in Ostpolen wird zu Beginn des November 1941 schon die Zahl 10 000 überschritten – Transportlisten, Lagerkarteien, die von der Roten Armee bei ihrem Vormarsch erbeutet wurden. Überall wird deutlich, dass man zumindest bürokratisch in irgendeiner Form den zunächst unendlich scheinenden Zustrom sowjetischer Gefangener zu bewältigen suchte. Weitere Aktenstudien sind notwendig, um diesen Befund in seiner Bedeutung wirklich einschätzen zu können.

4. Die WASt-Unterlagen belegen auch die Beteiligung der Wehrmacht an Verbrechen, wie der völkerrechtswidrigen Abgabe der Kriegsgefangenen an Einsatzgruppen der SS und an die Gestapo

чем считается до сих пор. Картотека на офицеров содержит материалы почти 100 лагерей, которые находились в этих районах. Во всех этих лагерях попавшие туда люди получали опознавательные марки и это документировалось соответствующими записями на их личных карточках. Значит, они были зарегистрированы по правилам существующим в самом Рейхе. Для одного только шталага № 365, размещавшегося во Владимире на Западной Украине, картотека охватыват не менее 2 620 карточек, наиболее высокий обнаруженный номер опознавательной марки чуть больше 40 000. Шталаг № 336 в Ковно выдал более 12 000 номеров, из которых не менее 1840 задокументировано в картотеке.

То же самое касается и смертных случаев. Обнаружены доказательства не менее чем на 2 300 умерших во Владимире за 1942/43 гг., причем также детально задокументированы более ранние переводы этих лиц из различных лагерей на оккупированных территориях в шталаг № 365, а также их передачи в руки службы безопасности. Даже во время массовой гибели военнопленных в начале 1942 г. пересылочный лагерь № 182 в г. Запорожье на юге Украины по всем правилам оформил могильную карточку на 21-летнего лейтенанта Святослава Сергеевича Дмитриевского, на которой указано его захоронение на Первомайском кладбище этого города. В ВАСт в Берлин все документы на Димитриевского были архивированы в деле под номером 1745/43, правда, из-за большого количества подлежащих обработке смертных случаев, только годом позже.

Проведенный до сих пор анализ находящейся в ЦАМО картотеки рядового и сержантского состава показывает похожую картину: списки убывших, в которых велась отчетность об умерших, свидетельства о смерти с указанием точного количества умерших – в шталаге № 305 Деблин в восточной Польше это число на начало ноября 1941 г. уже превышает 10 000 – транспортные списки, картотеки лагерей, захваченные Красной Армией в ходе наступления на запад. Все эти документы подтверждают, что вермахт пытался хотя бы бюрократически справляться с регистрацией кажущимся в начале бесконечным притоком советских

zum Zwecke ihrer Ermordung. Basis dafür waren enge Absprachen zwischen dem OKW und dem Reichssicherheitshauptamt. Da die Betreffenden zuvor aus der Kriegsgefangenschaft entlassen werden mussten, dieses aber in irgendeiner Form zu dokumentieren war, zeigen die Personalkarten der Abgegebenen Vermerke wie „überwiesen an Gestapo" oder „dem Einsatzkommando übergeben" oder einfach „S. D.", jedoch fast immer ohne Verweis auf das zu erwartende Schicksal. Zwar wurden die meisten diesbezüglichen Akten, zum Beispiel Verhörprotokolle, gegen Ende des Krieges vernichtet, die Karteikarten ermöglichen jedoch noch heute einen präzisen Nachweis über den Verbleib eines ausgesonderten sowjetischen Soldaten. Aus dem Offizierslager Hammelburg beispielsweise wurden bis zum Sommer 1942 etwa 1 100 Offiziere in das KZ Dachau gebracht und dort erschossen. Etwa 60 Prozent von ihnen lassen sich namentlich und mit den Daten der Transporte nach Dachau über die Offiziers-Datenbank nachweisen, die Unterlagen der übrigen befinden sich vermutlich in den KGB-Bezirksarchiven, wie erste Auswertungen der Archivalien in KGB-Archiven in Minsk, Brest und Witebsk ergeben haben.
Im Deutschen Reich insgesamt fielen diesem Mordprogramm bis zum Sommer 1942 wenigstens 40 000 Angehörige der Roten Armee zum Opfer; die Zahl der in den besetzten Gebieten an den SD Abgegebenen liegt erheblich höher.

5. Ein völlig neues Licht werfen die Karteimittel auch auf den Themenkomplex „Widerstand der sowjetischen Kriegsgefangenen". Diesbezügliche deutsche Quellen sind rar, und von sowjetischer Seite liegen im wesentlichen nur Berichte von Überlebenden vor. Derartige Berichte betonten zwar den heldenhaften Widerstand der Gefangenen, können aber insofern als problematisch gelten, als ihnen offensichtlich eine bestimmte politische Funktion zukam. Durch die übertriebene Schilderung des eigenen heroischen Widerstandes machte man nach der Heimkehr in die Sowjetunion deutlich, dass man in den deutschen Lagern den Kampf gegen die Faschisten intensiv fortgeführt hatte, ein Sachverhalt, der bei der

военнопленных. Требуется дополнительный анализ актов, чтобы реально оценить этот факт во всей его значимости.

4. Документы ВАСт доказывают также причастность вермахта к преступлениям, например к передаче военнопленных с целью их уничтожения в руки оперотрядов и гестапо вопреки международному праву. Основой для этого служили тесные договоренности между верховным командованием вермахта (ОКВ) и Главным ведомством безопасности Рейха. Поскольку для передачи нужно было сперва формально отпустить данных лиц из военного плена и продокументировать этот факт в какой-то форме, личные карточки переданных лиц содержат отметки типа „переведен в гестапо" или „передан оперотряду" или же просто „S.D." (служба безопасности), но почти всегда без указания на ожидаемую их участь. Правда, большинство подобных дел, в том числе протоколы допросов, было уничтожено после войны. Но сохранившиеся персональные карточки еще и сегодня позволяют дать точные подтверждения судьбы „отпущенного" таким образом советского солдата. Так, например, до лета 1942 г. из офицерского лагеря Хамельбург в концлагерь Дахау было переведено 1 100 офицеров, где все они затем были расстреляны. Примерно 60 процентов из них сейчас известны поименно и эти данные подтверждаются транспортными списками в направлении Дахау, которые занесены в банк данных ЦАМО. Документы на других, по-видимому, хранятся в областных архивах КГБ, о чем свидетельствует первый проведенный нами анализ документов из белорусских архивов КГБ в гг. Минске, Бресте и Витебске.
До лета 1942 г. в немецком Рейхе не менее 40 000 красноармейцев стали жертвами этой программы убийства. Количество переданных в руки службы безопасности военнопленных на оккупированных территориях значительно выше.

5. Материалы картотек проливают совершенно новый свет и на тему „Сопротивление советских военнопленных". Немецких источников по этому вопросу крайне мало, а с советской сторо-

Repatriierung durchaus von Nutzen sein konnte. Der Makel der Gefangenschaft, von Stalin als „Verrat" gebrandmarkt, konnte dadurch möglicherweise getilgt werden.

Es gibt jetzt verifizierbare Beispiele. Berichte liegen unter anderem für eine Nürnberger Widerstandsgruppe vor, für die Anfang Juli 1944 die Gefahr der Aufdeckung durch die Gestapo bestanden habe. Die Mitglieder dieses „illegalen Komitees" habe man deswegen Anfang Juli 1944 im Lazarett Ebelsbach nahe Bamberg zu verstecken versucht. Den Deutschen sei es jedoch gelungen, einen Spitzel in die Gruppe einzuschleusen, und dank dessen Hilfe habe man die Beteiligten in zweimaligem Zugriff innerhalb von vier Wochen festnehmen können. Diese seien dann in das KZ Mauthausen gekommen und größtenteils erschossen worden.

Die Offizierskartei im CAMO enthält eine dreistellige Anzahl von Personalkarten, die alle auf der Rückseite als letztes die Notiz besitzen „Am 12. (bzw. 13.) 7. 44 der Gestapo Nürnberg-Fürth überstellt". Ergänzendes Material liegt in der Deutschen Dienststelle Berlin. Jeder der betreffenden Gefangenen war in den Monaten zuvor wenigstens einmal in das Lazarett Ebelsbach überwiesen worden oder hatte sich in einem Arbeitskommando befunden, dem ein solcher „Ebelsbacher" angehörte.

Als einer der ersten wurde am 12. Juli im Lazarett selbst Unterleutnant Petr Alexejewitsch Jakowlew verhaftet. Er arbeitete seit dem 1. Oktober 1942 im Kommando 10077 Zapfendorf und war am 19. Februar 1944 nach Ebelsbach überwiesen worden. Verhöre sowie die Überprüfung der Karteikarten machten dann das ganze Ausmaß der Konspiration sichtbar. Kurz vor dem 11. August nahmen daher Gestapobeamte erneut viele Gefangene fest, darunter in Zapfendorf Leutnant Michail Grigorjewitsch Gaidamaka. Dieser hatte nicht nur seit dem 1. Oktober 1942 mit Jakowlew zusammengearbeitet, sondern sich auch vom 13. April bis Mitte Mai 1944 in Ebelsbach befunden, war von dort dann aber wieder zur Arbeitsstelle zurückversetzt worden.

ны в основном известны только воспоминания выживших. Их рассказы, правда, акцентируют внимание на героическом сопротивлении военнопленных, но тем не менее их надо рассматривать как проблематичные в том плане, что они видимо выполняли политическую функцию: подчеркивая свое героическое сопротивление против немецкого фашизма бывшие военнопленные после возвращения в Советский Союз пытались показать себя в лучшем свете, ожидая от этого определенной выгоды в процессе репатриации. Ведь таким образом открывалась возможность искоренить клеймо плена, который Сталиным, как правило, квалифицировался как предательство.

Сейчас мы имеем примеры, которые выдерживают проверку. Имеются, например, отчеты об одной Нюрнбергской группе сопротивления, которой в начале июля 1944г. грозило разоблачение со стороны гестапо. Поэтому они пытались в это время укрыть членов этого „подпольного комитета" в госпитале Эбельсбах недалеко от Бамберга. Но немцы внедрили провокатора в эту группу, благодаря которому в течение четырех недель удалось арестовать всех причастных лиц. Их затем перевели в Маутхаузен, где большинство из них было расстрелено. Существование такой группы подтверждается материалом офицерской картотеки ЦАМО, которая содержит не менее ста персональных дел, на оборотной стороне которых имеется последняя запись типа „12(или13)июля 1944г. передан в руки гестапо Нюрнберг-Фюрт". Дополнительный материал имеется и в ВАСт в Берлине. Каждый из этих военнопленных в предыдущие месяцы минимум один раз находился в госпитале Эбельсбах или же работал в трудовой команде, вместе с одним из таких „эбельсбаховцев". Одним из первых 12июля в самом госпитале был арестован младший лейтенант Петр Алексеевич Яковлев. Он с 1октября 1942г. работал в команде 10077 Цапфендорф и был переведен в Эбельсбах 19 февраля 1944г. Допросы, а также проверка карточек затем демонстрировали весь размах этой конспиративной организации. Незадолго до 11 августа служащие гестапо опять арестовали большое число военнопленных, в том числе в Цапфендорфе лейтенанта Михаила Григорьевича Гайдамака. Он не

Personalkarte
Petr Alexejewitsch Jakowlew
Персональная карточка
Петра Алексеевича Яковлева

Die Eintragungen zeigen, welch ein konspiratives Verbindungsge-flecht sich über Lazarettaufenthalte ohne Schwierigkeiten in einer ganzen Region – hier Unterfranken – aufbauen ließ, aber auch, wie einfach bei bloßem Verdacht militärische Abwehr und Gestapo in ein solches Netz eindringen konnten. Ebenso leicht ist es heute für den Historiker, an Hand des Materials diese Zirkel zu rekonstruieren.

„Wer hat damals schon genau gezählt…?" So lautete vor zehn Jahren der Titel eines Aufsatzes, der die ersten wohlweislich sehr vorsichtig formulierenden wissenschaftlichen Bemühungen um eine Klärung der Opferzahlen des Stalag 326 Senne als Tendenzen zur Verharmlosung abqualifizierte. Die heutige Antwort ist kurz: „Jedes Lager! Sehr genau!" Das Material, das diese lakonische Feststellung ermöglicht, liegt nach beharrlicher gemeinsamer deutsch-russischer Arbeit vor und wird in den kommenden Jahren erschlossen. Bereits die heutigen wissenschaftlichen Erkenntnisse sind enorm. Erste Reaktionen von Gedenkstätten zeigen, dass man dort durchaus bereit ist, das neue Wissen in der eigenen Arbeit zu berücksichtigen und bisherige Darstellungen einer kritischen Über-prüfung zu unterziehen.
Wenn hier die Erträge für die historische Forschung hervorgehoben werden, so soll die humanitäre Seite nicht vergessen werden. Es geht um Menschen, die jahrelang in Gefangenschaft gelitten haben und in vielen Fällen elendig ums Leben kamen. Ihr Schicksal zu klären und den Angehörigen, so weit wie möglich, entsprechende Informatio-nen zur Verfügung zu stellen, ist die wichtigste Aufgabe überhaupt.

только с 1октября 1942г. работал вместе с Яковлевым, но и находился с 13апреля по серединцу мая в Эбельсбахе, откуда его потом опять перевели на прежнее рабочее место.

Записи показывают, какую сеть конспиративных связей в целом регионе – в данном случае в нижней Франкии – можно было без особых трудностей построить. С другой стороны, они также сви-детельствуют о том, как просто было абверу или гестапо на осно-вании одного лишь подозрения вникнуть в такую сеть. Также просто сегодня для историка реконструировать на базе обнару-женного материала существование такой группы сопротивления.

„Кто же раньше точно подсчитывал…?" Десять лет назад под таким названием была опубликована статья, в которой первые, весьма осторожные с выводами научные исследования по выяс-нению погибших в Шталаг 326 Зенне обвинялись в затушевыва-нии действительного положения. Сегодня можно дать короткий ответ: „В каждом лагере! Очень точно!". В результате настойчи-вой немецко-русской работы мы уже сейчас располагаем таким материалом, благодаря которому можно дать такой ответ и в последующие годы после завершения проекта будут получены точные результаты. Первая реакция мемориальных комплексов показывает, что они вполне готовы пользоваться результатами нашей работы и критически проверяют прежние числа.
Когда мы говорим здесь о научных результатах это не означает, что забыт гуманитарный аспект в этой работе. Мы говорим о людях, которые годами страдали в плену и во многих случаях погибли от лишений. Выяснение в полном обьёме их судеб и передача этой информации родственникам погибших является основной нашей задачей.

---

* Die Schreibweise der Namen, wie sie in den deutschen Dokumenten auftauchen, wer-den – entgegen der sonst üblichen Konvention – in transkribierter Form übernommen.

* Написание имен – вопреки принятой в этой книге конвенции – перенимается ана-логично использованному написанию в немецких документах, т.е. в транскрипции.

Personalkarte
Michail Grigorewitsch Gaidamaka
Персональная карточка
Михаила Григорьевича Гайдамаки

Erkenntnisse zur Geschichte der „Russenlager". Das Beispiel Bergen-Belsen

Результаты исследований по истории „лагерей русских". Лагерь Берген-Бельзен

Rolf Keller | Рольф Келлер

Eine häufig gestellte Frage von Besuchern der Gedenkstätte Bergen-Belsen lautet: „Warum hat die Wehrmacht im Sommer 1941 im Reichsgebiet überhaupt Lager für sowjetische Kriegsgefangene eingerichtet, wo doch seitens der Staatsführung der Transport dieser ‚bolschewistischen Mordbestien' nach Deutschland eigentlich abgelehnt wurde, und warum ist der Großteil der Gefangenen auch im Reichsgebiet dem Hungertod ausgeliefert worden?" Dieser scheinbare Widerspruch konnte im Zuge des Forschungsprojektes aufgeklärt werden: Das bisher verbreitete Bild von Experten, wonach der umfassende Arbeitseinsatz der sowjetischen Gefangenen im Reichsgebiet erst Ende 1941 generell zugelassen und schließlich nach dem Winter 1942 tatsächlich praktiziert worden sei, musste korrigiert werden.

Die Auswertung der entsprechenden Angaben auf den Personalkarten – vor allem in der Kartei der Unteroffiziere und Mannschaften im Zentralarchiv des russischen Verteidigungsministeriums in Podolsk (CAMO) – zeigt im Gegenteil, dass der Arbeitseinsatz der sowjetischen Kriegsgefangenen im Reichsgebiet unmittelbar nach dem Eintreffen der Gefangenen Ende Juli/Anfang August 1941 systematisch, flächendeckend und in großem Umfang einsetzte. Die Vorbereitungen dieses Arbeitseinsatzes müssen von der Wehrmacht und den Arbeitsämtern bereits seit Frühjahr 1941 getroffen worden sein. Da jedoch die Ernährung der Gefangenen aus ideologischen Gründen nicht den für einen effizienten Arbeitseinsatz notwendigen Rationen entsprach, wurde dieser zu einem Fiasko. Das Schicksal der sowjetischen Kriegsgefangenen ist während des gesamten Krieges, mit besonders tragischen und dramatischen Folgen jedoch in der ersten Phase 1941/42, von widerstreitenden Interessengruppen und politischen Strömungen innerhalb der NS-Führung, der staatlichen Verwaltung, der Wehrmacht und daraus resultierenden widersprüchlichen Richtlinien und Entscheidungen bestimmt worden. Die Politik gegenüber den sowjetischen Gefangenen schwankte zwischen rassistischen und pragmatischen Zielen. So war das beispiellose Massensterben der Gefangenen zwischen Sommer 1941 und Frühjahr 1942 eine Folge der Dominanz ideo-

Часто посетители музея-мемориала Берген-Бельзен задают вопрос: „Почему вермахт летом 1941 г. на территории Рейха вообще сооружал лагеря для советских военнопленных, если руководство государства было против этапирования этих ‚большевистских извергов' в Германию? И почему большинство пленных и на территории Рейха было обречено на голодную смерть?" В ходе реализации проекта данное кажущееся противоречие удалось разрешить. Результаты исследований позволяют внести поправку и в распространенное до сих пор представление специалистов, которые считают, что широкое использование труда советских пленных на территории Рейха вообще было допущено только в конце 1941 г., а введено в практику после зимы 1942 г.

Анализ соответствующих записей на персональных карточках, прежде всего из картотеки сержантского и рядового состава, хранящейся в ЦАМО, позволяет утверждать обратное: использование труда советских военнопленных на территории Рейха началось непосредственно после их прибытия в конце июля/начале августа 1941 г. Эту рабочую силу использовали систематически, на всей территории и в большом количестве. Вермахт и биржи труда занимались вероятно уже с весны 1941 г. подготовкой использования труда военнопленных. В связи с тем, что по идеологическим соображениям рацион военнопленных был весьма скудным, выполняемая ими работа не приносила ожидаемых результатов.

Судьба советских военнопленных на протяжении всей войны определялась противоречивыми интересами разных групп и политических течений внутри руководства национал-социалистической партии, государственного управления и вермахта, а также вытекающими из этого противоречивыми директивами и решениями. Политика по отношению к советским пленным колебалась между расизмом и прагматизмом. Так, массовая гибель пленных летом 1941 г. – весной 1942 г. явилась следствием того, что на первом месте стояло идеологически мотивированное обращение с пленными и только потом учитывались потребности военной экономики.

logischer Motive bei der Behandlung der sowjetischen Kriegsgefangenen gegenüber kriegswirtschaftlichen Bedürfnissen.
Von den etwa 500 000 sowjetischen Kriegsgefangenen, die 1941 in
das Reichsgebiet transportiert worden sind, weil von der Arbeits-
verwaltung auch bei günstigem Kriegsverlauf ein dringender Bedarf
in einer Dimension von 800 000 Arbeitskräften prognostiziert worden war, ist bis Frühjahr 1942 knapp die Hälfte durch mangelhafte
Ernährung, katastrophale allgemeine Lebensbedingungen, schlech-
te Behandlung und Mordaktionen ums Leben gekommen. Zur
Arbeit herangezogen wurden 1941 tatsächlich nur rund 300 000
Gefangene. Ihre Arbeitsleistung betrug jedoch im Schnitt – so die
allgemeinen Klagen der Arbeitgeber – nur 10 bis 20 Prozent derjenigen französischer oder polnischer Kriegsgefangener, so dass der
tatsächliche Beitrag des so genannten Russeneinsatzes zur Kriegs-
produktion nur gering war. Durch die Entwicklung des Feldzuges im
Osten, der im Winter 1941 in einen lang andauernden, Menschen
und Material verschleißenden Abnutzungskrieg überging, stieg der
Arbeitskräftebedarf aufgrund von Rekrutierungen durch die Wehrmacht und den Mehrbedarf an Waffen, Munition und Transportge-
rät dagegen rasant an, so dass sich die Krise dramatisch zuspitzte.
Weihnachten 1941 sah Hitler sich schließlich zu der Verlautbarung
genötigt, der umfassende Großeinsatz der sowjetischen Gefangenen sei nunmehr unabdingbar, da sich der Arbeitskräftemangel zu
einem gefährlichen Hindernis für die Kriegswirtschaft entwickelt
habe. Zu diesem Zeitpunkt fehlten der Kriegswirtschaft bereits
1,4 Millionen Arbeitskräfte. Eine bessere Versorgung der Gefangenen wurde als notwendige Voraussetzung für einen effektiven
Arbeitseinsatz erachtet, die Verpflegungsrationen sollten daher
angehoben werden. Doch das Massensterben war nicht mehr auf-
zuhalten und erreichte im Winter 1941/42 seinen Höhepunkt. Von
insgesamt 3,4 Millionen Gefangenen hatte die Wehrmacht bis zum
Frühjahr 1942 etwa 2 Millionen verhungern lassen oder – zum Teil
in Zusammenarbeit mit Gestapo und SS – ermordet.
Erst im Frühjahr 1942 wurde die Behandlung und Ernährung der
sowjetischen Kriegsgefangenen spürbar verbessert, wenn auch bis
Kriegsende nicht den für die Kriegsgefangenen anderer Länder
geltenden Standards angepasst. Auch die im März 1942 erlasse-

Из 500 000 советских военнопленных, которые были перевезены
на территорию Рейха в 1941 г., потому что Управление труда
даже при успешном ходе войны предсказало срочную потребность в Германии в 800 000 человек рабочей силы, до весны
1942 г. погибла почти половина из-за недостаточного питания, ка-
тастрофических условий жизни, плохого обращения и убийств.
В 1941 г. реально использовался труд только 300 000 пленных.
Согласно жалобам работодателей интенсивность их труда по
сравнению с французскими или польскими военнопленными
составляла в среднем только от 10 до 20 процентов, так что доля
так называемого „трудоиспользования русских" в военной промышленности была весьма незначительной. Но наступление
немецкой армии на востоке зимой 1941 г. было остановлено и
перешло в длительную изнурительную войну, изнашивающую
людей и материал. Потребность в рабочей силе резко повыси-
лась вследствие того, что мужчины призывались в армию, а
нужно было все большее количество оружия, боеприпасов и
транспортных средств. Кризис обострился. На Рождество 1941 г.
Гитлер был вынужден сообщить, что теперь неизбежно „массовое трудовое использование" советских пленных, потому что
нехватка рабочей силы стала опасным фактором для функцио-
нирования военной экономики. На тот момент недоставало уже
1,4 миллиона человек рабочей силы. Необходимой предпосылкой для эффективного использования труда считалось лучшее
продовольственное снабжение пленных, и поэтому было решено
повысить рационы. Однако, уже невозможно было остановить
массовую гибель людей, достигшую своего кульминационного
пункта зимой 1941–1942 гг. До весны 1942 г. вермахт из 3,4 миллионов военнопленных около 2 миллионов заморил голодом
или – частично в сотрудничестве с гестапо или СС – уничтожил.
Только весной 1942 г. обращение с советскими военнопленными
и их питание заметно улучшились, хотя и до конца войны не до
того уровня, который действовал для других национальностей
военнопленных. По-прежнему принятые в марте 1942 г. дирек-
тивы начинались словами: „Большевизм – смертельный враг
национал-социалистической Германии". Идеологические сообра-
жения проявлялись до конца войны.

nen neuen Richtlinien wurden mit der Feststellung eingeleitet: „Der Bolschewismus ist der Todfeind des nationalsozialistischen Deutschland". Ideologische Komponenten spielten bis zum Kriegsende eine Rolle.

Auch die sowjetischen Kriegsgefangenen des ersten Kriegshalbjahres waren damit eindeutig Opfer des unter ideologischen Vorzeichen begonnenen Vernichtungskrieges gegen die Sowjetunion, weil sie ursprünglich als „unnütze Esser" und „bolschewistische Mordbestien" angesehen worden waren, an deren Überleben kein Interesse bestand.

In diesem Spannungsfeld von Pragmatismus und Rassismus ist auch die Entwicklung der so genannten Russenlager im Reichsgebiet zu sehen, die im folgenden dargestellt werden soll. Die Namen Bergen-Belsen, Wietzendorf, Senne, Zeithain oder Neuhammer stehen für solche Orte. Diese „Russenlager" waren ausschließlich Aufnahmelager, Verteilerstelle und Verwaltungszentralen für die Bereitstellung von sowjetischen Kriegsgefangenen-Arbeitskräften für die Kriegswirtschaft im Deutschen Reich. Die Abgrenzung der sowjetischen Gefangenen von den Gefangenen anderer Nationen – Franzosen, Polen, Briten usw. – manifestierte sich somit in der Etablierung eines besonderen Lagersystems, unabhängig von der seit 1939 aufgebauten Kriegsgefangenenorganisation der Wehrmacht, und eines separaten Arbeitseinsatzes für diese Gefangenengruppe. Im Reichsgebiet waren mehr als zwanzig solcher Lager für mehr als eine Million Mann geplant, errichtet wurden jedoch nur zwölf. Bei Ankunft der ersten Transporte im Juli 1941 waren diese aber längst noch nicht fertig aufgebaut. Selbst die Sicherungsanlagen – Stacheldraht und Wachtürme – waren zum Teil noch nicht fertig gestellt. Von den bis Mitte August innerhalb von rund vier Wochen ins Reichsgebiet transportierten circa 200 000 Gefangenen wurde ein großer Teil nach der Aufnahme und Registrierung in den „Russenlagern" unmittelbar in den Arbeitseinsatz gebracht. Wietzendorf, mit 28 000 Gefangenen Ende August 1941 eines der größten Lager, besaß zu diesem Zeitpunkt bereits mehr als 70 Arbeitskommandos in ganz Norddeutschland.

Советские военные, попавшие в плен в первом полугодии войны, стали жертвами начатой под идеологическим предлогом истребительной войны против Советского Союза, потому что их первоначально рассматривали как „ненужных едоков" и „большевистских извергов", в выживании которых фактически никто не был заинтересован.

Именно на фоне противоречий между прагматизмом и расизмом следует рассматривать развитие так называемых „лагерей русских" на территории Рейха. Такие лагеря были расположены, например, в Берген-Бельзене, Витцендорфе, Зенне, Цайтхайне и Нойхаммере. Они служили приемным пунктом, распределителем и центром управления, их единственной задачей была поставка немецкой военной промышленности советских военнопленных в качестве рабочей силы. Разграничение между советскими пленными и пленными других наций – французами, поляками, британцами и др. - проявлялась в создании особой системы лагерей, независимой от существующего с 1939 г. в рамках вермахта управления по делам военнопленных, а также в трудовом использовании данной категории пленных отдельно от других. Было запланировано создать на территории Рейха 20 таких лагерей, общая вместимость которых должна была составить более миллиона человек. Построено было в конечном счете 12. Когда в июле 1941 г. прибыли первые эшелоны, лагеря далеко еще не были готовы к приему пленных. Даже обычные заграждения из колючей проволоки и сторожевые вышки еще не были полностью сооружены. До середины августа – т. е. за четыре недели – на территорию Рейха было этапировано около 200 000 пленных. Большая часть из них, как уже было отмечено, после поступления и регистрации в „лагерях русских" сразу должны были приступить к работе. Так, Витцендорф (в конце августа 1941 г. один из крупнейших лагерей, там содержалось 28 000 пленных) в это время уже располагал более 70 рабочими командами по всей северной Германии.

Хотя в лагерях русских строительство жилья для пленных уже началось, тем не менее, большинство из них должны были жить в землянках и палатках из веток обтянутых парусиной. В это

In den „Russenlagern" hatte inzwischen zwar der Bau von Gefangenenunterkünften begonnen, jedoch mussten die meisten Gefangenen noch in Erdhöhlen und Verschlägen aus Ästen, Zweigen und Planen Unterschlupf suchen. In dieser Situation stoppte Hitler plötzlich die Gefangenentransporte ins Reich. Mehr als 120 000 sowjetische Gefangene, davon 20 000 als „Sonderkontingent Speer" für die Bauten am Reichsparteitagsgelände in Nürnberg und die „Reichshauptstadt Germania" vorgesehen, sollten nicht in Deutschland arbeiten. Ihr Einsatz sei nur ein „notwendiges Übel" und auf ein Mindestmaß zu beschränken. Das hatte freilich fatale Folgen für den weiteren Ausbau der Lager, der praktisch gestoppt wurde. Die „Russenlager" blieben in dem unfertigen Zustand, in dem sie sich befanden.

Erst im Oktober 1941, als Hitler nach der ungünstigen Entwicklung an der Ostfront nunmehr den Großeinsatz der Gefangenen forderte, kamen wieder neue Transporte nach Deutschland und auch der Ausbau der Lager wurde wieder aufgenommen. Aber die Gefangenen dieser „Zweiten Welle" waren bereits durchweg in einem so schlechten Zustand, dass sie in der Regel nicht für den Arbeitseinsatz geeignet waren. Sie verblieben zumeist in den „Russenlagern", in denen ab Oktober 1941 das Massensterben einsetzte. Auch die Kranken aus den Arbeitskommandos wurden, wenn möglich, in die Stammlager zurückgeschickt. In jedem Wehrkreis gab es überdies ein „Russenlazarett" speziell für die Krankenbehandlung der sowjetischen Soldaten (z.B. Bergen-Belsen, Senne/Staumühle, Zeithain). Hier wurden auch die Typhus- und Fleckfieberfälle eingeliefert. So war die Todesrate an diesen Orten besonders hoch. Das System der „Russenlager" war nur eine vorübergehende Erscheinung. Ihre Einrichtung entsprang der Absicht, den sowjetischen Soldaten eine Behandlung nach den Normen internationaler Vereinbarungen, insbesondere der Genfer Konvention, zu verweigern. Nur die Lager Bergen-Belsen, Senne und Lamsdorf blieben bestehen, die anderen wurden bereits im Frühjahr / Sommer 1942 wieder aufgelöst und die Gefangenen sowie die Organisation und Verwaltung ihres Arbeitseinsatzes von den „normalen Stalags" übernommen. Die Lager selbst wurden jedoch zumeist weiter ge-

время по приказу Гитлера дальнейшая перевозка пленных в Рейх вдруг приостановилась. Больше 120 000 пленных, в т. ч. 20 000 человек, которые в качестве „особого контингента Шпеера" должны были участвовать в строительстве зданий на территории проведения Имперских партийных съездов в Нюрнберге и Имперской столицы „Германия", вдруг не были допущены к работе в Германии. Использование их труда считалось „неизбежным злом", которое следовало ограничить необходимым минимумом. Вследствие этого дальнейшее дооборудование лагерей фактически было остановлено. Лагеря русских остались такими незаконченными, какими они были на момент этого приказа, что также привело к трагическим последствиям.

Только в октябре 1941 г., когда Гитлер после неблагоприятного развития войны на восточном фронте потребовал „массового трудоиспользования" пленных, снова стали прибывать эшелоны в Германию и сооружение лагерей возобновилось. Но все пленные этой „второй волны" были доставлены в таком плохом состоянии, что они, как правило, не были пригодны для работы. Они чаще всего оставались в лагерях русских, где смертность с октября 1941 г. приобрела массовый характер. Поэтому в тех случаях, где это было возможно, больных из рабочих команд посылали обратно в шталаги. В каждом военном округе существовал „госпиталь русских", где лежали только советские солдаты (например, в Берген-Бельзене, Зенне/Штаумюле, Цайтхайне) в том числе и больные тифом и сыпным тифом, вследствие чего смертность в этих госпиталях была крайне высокой. Система „лагерей русских" существовала только временно: их создание было связано с намерением отказать советским солдатам в обращении, предусмотренном нормами международных соглашений, в частности Женевской конвенции. Весной и летом 1942 г. большинство этих лагерей было ликвидировано (остались только лагеря в Берген-Бельзене, Зенне и Ламсдорфе), а военнопленные, организация и управление трудоиспользованием перешли в ведомство „нормальных шталагов". Сами лагеря продолжали использоваться, в частности в качестве „филиалов" соседних шталагов.

nutzt, insbesondere als „Zweiglager" benachbarter Stalags. Spätfolge der genannten Behandlung sowjetischer Kriegsgefangener war das gehäufte Auftreten von TBC und die fortgesetzte Diagnose „allgemeine Erschöpfung" oder „Körperschwäche", die die Wehrmachtärzte bei Lazaretteinlieferungen feststellten. Die Todesrate stieg ab Ende 1943 wieder spürbar an. Ein Problem bestand in der steigenden Zahl der Gefangenen, die an ansteckender Tuberkulose zum Teil unheilbar erkrankt waren. Wegen der Ansteckungsgefahr wurden nun besondere Krankenlager als Abschiebestationen eingerichtet. Es handelte sich um reine Sterbelager wie z. B. das neu errichtete Zweiglager Rohrsen des Stalag X C Nienburg, in dem in weniger als einem Jahr 700 Kranke starben.

Von besonderer Bedeutung sind die Projektergebnisse für die aktuellen Arbeiten zur Neugestaltung der Gedenkstätte Bergen-Belsen. In Zukunft soll an diesem Ort, der nacheinander Kriegsgefangenen- und Konzentrationslager war, auch das Schicksal der sowjetischen Kriegsgefangenen im Gewahrsam der Wehrmacht detailliert dokumentiert werden. Während bis vor wenigen Jahren zur Geschichte des Stalag XI C (311) Bergen-Belsen nur wenig konkrete Informationen vorlagen, verfügen wir jetzt über detaillierte Faktenkenntnisse. Über die äußeren Daten der Geschichte dieses Kriegsgefangenenlagers geben uns die in großer Dichte vorgefundenen verschiedenen Personalunterlagen im CAMO und anderen Archiven sehr genaue Auskunft. Sie bilden die Ersatzüberlieferung für die bislang nicht aufgefundenen Generalakten des Lagers und ermöglichen präzise statistische Auswertungen, chronologische Rekonstruktionen oder Aussagen über Art und Umfang des Arbeitseinsatzes. Anhand der Personalkarten der Gefangenen ist festzustellen, dass bis Ende 1941 in Bergen-Belsen 22 000 Gefangene eingeliefert und registriert worden sind. Datum, Größe und Herkunft der Transporte lassen sich genau rekonstruieren. Etwa ein Viertel dieser Gefangenen ist ab Juli 1941 in die mehr als 150 Arbeitskommandos des Lagers verlegt worden. Der Arbeitseinsatz erfolgte bei der Wehrmacht, in der staatlichen Forstwirtschaft, bei Landeskulturarbeiten, aber auch bei privaten Arbeitgebern.

Вследствие такого обращения с советскими военнопленными являлись частые случаи заболевания туберкулезом и постоянный диагноз „общее истощение" или „слабость", о чем свидетельствуют записи врачей вермахта, сделанные при поступлении больного в госпиталь. Смертность в конце 1943 г. снова заметно возросла. Одной из проблем являлось растущее количество пленных, которые – иногда неизлечимо – болели открытой формой туберкулеза. Из-за опасности заражения началось сооружение особых лагерей для больных с целью избавления от них. Это были лагеря для умирающих, как, например, новый филиал шталага X C Нинбург в Рорзене, в котором менее чем за год умерло 700 больных.

Особое значение результаты наших исследований имеют для проводимых в настоящее время работ по реорганизации музея-мемориала Берген-Бельзен. В будущем на этом месте, где сначала был расположен лагерь для военнопленных, а потом концлагерь, на основе документов подробно будет показана судьба советских военнопленных, находившихся в распоряжении вермахта. В то время как еще несколько лет тому назад у нас имелось только небольшое количество конкретных сведений по истории шталага XI C (311) Берген-Бельзен, мы знаем теперь подробные факты.
Подробную внешнюю информацию по истории данного лагеря для военнопленных нам дают различные документы на конкретного человека, хранящиеся в большом количестве в ЦАМО и других архивах. Они заменяют общие лагерные документы, которые до сих пор не найдены, и позволяют производить точный статистический анализ и хронологическую реконструкцию событий или делать выводы о видах и объеме использования труда военнопленных.
На основе персональных карточек на военнопленных можно установить, что до конца 1941 г. в Берген-Бельзене было зарегистрировано 22 000 пленных. Возможно точно определить дату поступления, объем и происхождение эшелонов пленных. Около четверти пленных с июля 1941 г. было переведено в более 150 рабочих команд лагеря. Пленные работали в немецкой армии,

Dem Todesfallregister des Lagers und den für jeden Krankheits- und Todesfall angelegten Lazarettkarten lassen sich Angaben über den Verlauf des Massensterbens entnehmen. Wir wissen jetzt exakt, dass der erste Todesfall im Stalag Bergen-Belsen am 14. August 1941 zu verzeichnen war, und dass keine acht Monate später, am 2. April 1942, bereits die Grabnummer 14 000 vergeben wurde. Die höchste Todesrate gab es im Monat Januar 1942 mit 3 472 Verstorbenen, etwa 116 pro Tag. Am 8. Januar 1945 wurde in Bergen-Belsen die Grabnummer 19 559 erreicht. Zwei Tage darauf wurde das Lager von der Wehrmacht endgültig geräumt und der SS überlassen. Der Kriegsgefangenenfriedhof in Bergen-Belsen ist nach demjenigen in Zeithain heute die zweitgrößte Kriegsgräberstätte für Kriegsgefangene in der Bundesrepublik Deutschland. Wir können auf Grundlage dieser Dokumente auch feststellen, welche Gründe für das Massensterben in Bergen-Belsen ursächlich sind. In den ersten Wochen der Lagergeschichte begegnen uns häufig Einträge wie „in Erdhöhle erstickt" oder „Kopfschuss bei Widerstand", was ein bezeichnendes Licht auf die Lebensverhältnisse im Lager und auf das Regime der Bewacher wirft. Dann setzte bald die Ruhr ein, die zu einer Dauerepidemie wurde. Im Winter 1941/42 erfolgt schließlich immer häufiger der Eintrag „Allgemeine Schwäche" als Sammelkategorie, außerdem „Frostschäden", „Nierenentzündung" o.ä. als Hinweis auf die Tatsache, dass in Bergen-Belsen Menschen der Kälte zum Opfer gefallen sind. Das Fleckfieber kommt dagegen nur relativ selten als Todesursache vor. Erst nach dem Krieg hat sich die Legende entwickelt, das Fleckfieber für das Massensterben verantwortlich zu machen, da es während der Fleckfiebersperre im Winter 1941/42 seinen Höhepunkt erreichte. Die häufigste Todesursache der folgenden Jahre bis Kriegsende ist neben Arbeitsunfällen die Tuberkulose. Dies macht deutlich, dass die furchtbaren Lebensbedingungen der sowjetischen Kriegsgefangenen für den größten Teil der Sterbefälle ausschlaggebend waren: mangelnde Ernährung, unzumutbare Unterkünfte, Gewaltaktionen der deutschen Bewacher.
Die Personalkarten der Gefangenen erlauben auch eine Rekonstruktion des Arbeitseinsatzes der Gefangenen in den Außenkommandos (Arbeitskommandos außerhalb des Lagerterritoriums).

в государственном лесном хозяйстве, при разбивке парков, зеленых насаждений или прокладке дорог, а также у частных работодателей.

В лагерных реестрах смертных случаев и на госпитальных карточках, которые оформлялись на каждый случай болезни или смерти, можно найти сведения и о их массовой гибели. Мы теперь достоверно знаем, что первый смертный случай в Берген-Бельзене был зафиксирован 14-ого августа 1941 г., а спустя менее восьми месяцев, 2-ого апреля 1942 г., порядковый номер одной из могил был 14 000. Самая высокая смертность наблюдалась в январе, когда умерло 3 472 человека, т. е. по 116 ежедневно. 8-ого января 1945 г. была зарегистрирована могила под номером 19 559. Через два дня вермахт окончательно покинул лагерь и оставил его на попечение СС. Кладбище военнопленных в Берген-Бельзене в настоящее время является вторым по величине местом воинских захоронений в Германии после кладбища в Цайтхайне.
Документы свидетельствуют и о причинах массовой гибели. В первые недели существования лагеря мы часто встречаем такие записи, как „задохнулся в землянке" или „выстрел в голову ввиду сопротивления", что указывает на условия жизни в лагере и режим охранников. Вскоре после этого пленные стали болеть дизентерией и разразилась эпидемия. Зимой 1941–1942 гг. все чаще встречается собирательная запись „общая слабость", а также „обморожение", „воспаление почек", что указывает на то, что в Берген-Бельзене люди стали жертвами холода. Сыпной тиф в качестве причины смерти встречается редко. Это уже после войны появилась легенда, что массовая гибель, достигшая своего пика зимой 1941–1942 гг., когда из-за сыпного тифа в лагере был объявлен карантин, являлась следствием сыпного тифа. В последующие годы до конца войны главной причиной смерти наряду с несчастными случаями на производстве был туберкулез. Это показывает, что большинство смертных случаев было результатом ужасных условий жизни советских военнопленных: недостаточное питание, неприемлемое размещение, насилие со стороны охранников.

Die Frequentierung des Lazarettes und die Wechselbeziehungen zwischen dem Lager, dem Lazarett und den Arbeitskommandos wird sichtbar. Deutlichere Konturen erhält auch die vom Lazarett aus agierende Widerstandsorganisation der Gefangenen, das „Hannoveraner Komitee".

Nach Abschluss des Projektes werden die Personalien voraussichtlich aller Toten aus dem Kriegsgefangenenlager und –lazarett Bergen-Belsen bekannt sein. Auch diejenigen Gefangenen, die als sogenannte untragbare Elemente durch die Gestapo ausgesondert und im KZ Sachsenhausen ermordet wurden, können festgestellt werden. In den FSB- und KGB-Archiven in Russland und Weißrussland finden sich Karteikarten von jüdischen und anderen Gefangenen, die in Bergen-Belsen als „unzuverlässig" eingestuft, dem SD bzw. der Gestapo übergeben und im Konzentrationslager Sachsenhausen ermordet worden sind.

Die Dokumente aus dem CAMO und aus den anderen Archiven sind eine wichtige Grundlage für die Bildungs- und Dokumentationsarbeit in der Gedenkstätte Bergen-Belsen, die jährlich von mehr als 300 000 Menschen besucht wird. Aufgrund der Projektergebnisse sind heute konkrete Namen und Schicksale bekannt, mit denen sich die Besucher auseinandersetzen können. Am 22. Juni 2001, dem 60. Jahrestag des deutschen Überfalls auf die Sowjetunion, fand in Bergen-Belsen eine Gedenkfeier der Niedersächsischen Landesregierung statt. Sie wurde ganz wesentlich von zwei Schulklassen gestaltet, die auf Basis der Dokumente aus dem CAMO das Schicksal von 20 Verstorbenen vorstellten – stellvertretend für die fast 20 000 Toten des Kriegsgefangenenlagers.

Персональные карточки на военнопленных позволяют реконструировать сведения об использовании труда военнопленных за территорией лагеря. Мы получаем информацию о загруженности госпиталя и о взаимоотношениях между лагерем, госпиталем и рабочими командами. Более четко вырисовывается группа сопротивления пленных под названием „Ганноверский комитет", которая осуществляла свою деятельность находясь в госпитале.

После завершения проекта, мы надеемся установить личностные данные по всем умершим в лагере и госпитале для военнопленных в Берген-Бельзене. Установить можно будет и тех пленных, которые, будучи так называемыми „неприемлемыми элементами", были отобраны СС и казнены в концлагере Заксенхаузене. В архивах ФСБ и КГБ России и Республики Беларусь имеются карточки на евреев и других пленных, которые в Берген-Бельзене были охарактеризованы как „неблагонадежные", переданы в распоряжение СД или гестапо и казнены в концлагере Заксенхаузен.

Источники из ЦАМО и других архивов являются важной основой для просветительно-документационной работы в мемориальном музее Берген-Бельзен, куда ежегодно приезжают свыше 300 000 посетителей. В результате проведенной работы уже сегодня нам известны имена и судьбы, с которыми посетители могут познакомиться. 22-ого июня, в день 60-летия нападения Германии на Советский Союз, в Берген-Бельзене состоялось торжественное мероприятие правительства земли Нижняя Саксония, стенды в основном были оформлены двумя школьными классами – на базе документов из ЦАМО они представляли судьбу 20 погибших пленных и чтили таким образом память 20 000 человек, умерших в этом лагере.

Gedenkfeier der Niedersächsischen Landesregierung am 60. Jahrestag des Überfalls auf die Sowjetunion in der Gedenkstätte Bergen-Belsen. Auf dem sowjetischen Kriegs-gefangenenfriedhof verlesen Schülerinnen und Schüler Namen und biographische Daten von hier bestatteten Kriegsgefangenen.

Торжественное мероприятие правительства земли Нижняя Саксония по случаю 60-летия нападения Германии на Советский Союз, состоявшееся в мемориальном музее Берген-Бельзен. На кладбище советских военнопленных учащиеся зачиты-вают фамилии и биографические данные о военнопленных, захороненных здесь.

Gedenkstättenarbeit in Zeithain. Herausforderungen und neue Perspektiven

Мемориальная работа в Цайтхайне. Задачи и новые перспективы

Norbert Haase, Jens Nagel | Норберт Хаазе, Йенс Нагель

1. Als am 22. Juni 2003 die neue Dauerausstellung zur Geschichte des Kriegsgefangenenlagers Zeithain 1941–1945 in Anwesenheit internationaler Gäste der Öffentlichkeit übergeben wurde, fand ein mehrjähriger Prozess der Um- und Neugestaltung der Gedenkstätte Ehrenhain Zeithain seinen vorläufigen Abschluss. Die zu diesem Zeitpunkt für Zeithain relevanten Ergebnisse des Pilotprojektes zu den sowjetischen kriegsgefangenen Offizieren haben nachhaltig Eingang gefunden in die Ausstellungskonzeption und die Bildungsarbeit der Gedenkstätte Ehrenhain Zeithain.

Diese Gedenkstätte am Rande der sächsischen Kreisstadt Riesa, 60 km nördlich von Dresden gelegen, umfasst heute ein Dokumentenhaus und eine ehemalige Lagerbaracke des Kriegsgefangenenlagers, die zusammen die ständige Ausstellung beherbergen. Beides befindet sich auf dem Gelände des Ehrenhaines Zeithain, einer Friedhofsanlage, die im Stil vieler in den ostdeutschen Bundesländern zu findenden sowjetischen Ehrenfriedhöfe gestaltet ist. Das parkähnlich angelegte Gelände mit seinen von Birken, Pappeln und Linden gesäumten weiten Flächen wurde 1948/49 in seiner heutigen Form angelegt. Die Memoriale, gebaut aus rotem Meißener Granit, und die Inschriften zeugen von der Zeit ihrer Gestaltung Ende der vierziger Jahre des 20. Jahrhunderts.
Die Entwicklung der Gedenkstätte Ehrenhain Zeithain ist seit ihrer Einrichtung aus Anlass des vierzigsten Jahrestages des Kriegsendes 1985 ausgesprochen wechselvoll. Sie war die erste Gedenkstätte auf deutschem Boden, die den sowjetischen Kriegsgefangenen gewidmet war. Sie war eine der ersten, die nach der Wiedervereinigung geschlossen wurde. Nur langjährigem ehrenamtlichem Engagement ist es zu verdanken, dass dieser Ort in den frühen neunziger Jahren nicht gänzlich in Vergessenheit geraten ist.
Bei aller berechtigten Kritik an der verengten ideologischen Sichtweise und der Konzentration auf den Widerstand in der Arbeit dieser Einrichtung bis 1989 wurde die Bedeutung dieses Ortes lange Zeit verkannt. Zeithain ist dasjenige ehemalige Kriegsgefangenenlager auf dem Gebiet der Bundesrepublik Deutschland mit der

1. С торжественным открытием в присутствии интернациональных гостей 22 июня 2003 г. новой постоянной выставки об истории лагеря для военнопленных Цайтхайн 1941–1945 гг., многолетний процесс преобразования мемориала Цайтхайн на настоящий момент завершен. Результаты пилотного проекта по советским военнопленным офицерам относящиеся к Цайтхайну успешно интегрированы как в концепцию выставки так и в просветительную работу мемориала Цайтхайн.

На территории мемориала, расположенного на месте братских могил Цайтхайна на окраине саксонского райцентра Риза в 60 км к северу от г. Дрездена, ныне находятся два здания – в одном располагается выставка с документами, другое представляет собой барак бывшего лагеря для военнопленных, переоборудованный под музей. Мемориал Цайтхайн оборудован в стиле советских мемориальных кладбищ, характерных для восточных земель Германии. Паркообразная территория с просторными газонами, окаймленными березами, тополями и липами, получила свою нынешнюю форму уже в 1948/49 гг. Надгробные камни из красного мейссенского гранита, а также надписи на них характерны для конца сороковых годов XX века.
Развитие мемориала Цайтхайн с момента его открытия по случаю сороковой годовщины окончания войны в 1985 г. является весьма неоднородным. Это был первый мемориал на немецкой земле, посвященный советским военнопленным. Это был и один из первых мемориалов, который закрыли после объединения Германии. Только благодаря энтузиазму частных лиц это место в начале 90-х годов не кануло в полное забвение.
Принимая во внимание правомерность определенной критики работы этого учреждения до 1989 г., а именно узкого идеологического подхода и основного упора на отражение истории сопротивления военнопленных, надо все же признать, что долгое время в объединенной Германии недооценили значимость этого места. Ведь Цайтхайн представляет собой лагерь с наибольшим количеством умерших советских военнопленных на территории

höchsten Zahl verstorbener sowjetischer Kriegsgefangener. Für die zweitgrößte Opfergruppe, die italienischen Gefangenen, hat Zeithain ebenfalls überregionale Bedeutung, gilt es doch in Italien als eines der großen Sterbelager. Trotz dieser unbestrittenen Fakten hatten sowjetische und italienische Kriegsgefangene keinen etablierten Platz in der deutschen Erinnerungskultur. Dies beginnt sich erst in den vergangenen Jahren nachhaltig zu ändern. Die Gedenkstätte wurde im April 1999 mit einer neuen provisorischen Dauerausstellung wieder eröffnet, nachdem sie seit 1991 nur ehrenamtlich betreut worden war.

Am Anfang der Neuprofilierung dieser Gedenkstätte stand eine wissenschaftliche historische Bestandsaufnahme, die 1996 in eine detailgenaue Studie zum Lager Zeithain mündete und die jene aus den letzten DDR-Jahren überlieferten ersten Ansätze einer noch äußerst lückenhaften historischen, ideologisch verengten Dokumentation aufgriff, ergänzte und zum Teil korrigierte.[1] Fortlaufende Studien der Stiftung Sächsische Gedenkstätten zur Geschichte der Kriegsgefangenschaft, insbesondere durch die internationale Kooperation mit russischen und weißrussischen Archiven, stellten die Gestaltung der ständigen Ausstellung auf eine völlig neue Grundlage. Gerade die visuelle Überlieferung des Lageralltags in seinen verschiedenen Facetten, aber auch die Verifizierbarkeit und Dokumentierbarkeit konkreter Einzelschicksale anhand lange vernichtet geglaubter Aktenbestände, machen die neue Qualität der Dokumentation aus.

Die Stiftung Sächsische Gedenkstätten hat seit 1998 mit Unterstützung des damaligen Beauftragten der Bundesregierung für Kultur und Medien (BKM) über das Aufbauprogramm „Kultur in den neuen Ländern" und die Gedenkstättenförderung des Bundes systematisch in den Auf- und Ausbau der Gedenkstätte investiert, wodurch unter anderem die baulichen Voraussetzungen für eine wissenschaftlich und pädagogisch fundierte Gedenkstättenarbeit geschaffen werden konnten.

Федеративной Респуплики Германия. Для второй по величине группы жертв – итальянских пленных – Цайтхайн тоже имеет чрезвычайное значение, ибо он в Италии считается одним из крупнейших лагерей смерти. Несмотря на эти неоспариваемые факты советские и итальянские военнопленные в исторической памяти немцев практически никакой роли не играли. Только в последние годы это начинает меняться. После того, как с 1991 г. уход за мемориалом осуществлялся лишь на добровольных началах, в апреле 1999 г. состоялось официальное открытие новой временной выставки.

Переориентация в оценке мемориала началась с научно-исторического анализа происшедшего там, вылившийся в 1996 г. в детализированное исследование лагеря Цайтхайн. Эта работа опиралась на сохранившиеся с последних лет ГДР первые наработки исторической документации, произведенные правда в узких идеологических рамках и имеющие существенные пробелы. Эти материалы были дополнены и по мере надобности исправлены.[1] Текущие исследования Объединения Саксонские мемориалы по истории военного плена в рамках международного сотрудничество с российскими и белорусскими архивами поставили работу над постоянной выставкой на совершенно новую базу. Документы, отражающие самые разные аспекты лагерной жизни, а также возможность верифицировать и документировать индивидуальные судьбы на основе считавшегося долгое время навсегда потерянным архивного материала, придали выставке в Цайтхайне совершенно новое качество.

Объединение Саксонские мемориалы с 1998 г. при поддержке Уполномоченного Федерального правительства по культуре и средствам массовой информации (БКМ), на основе программы развития „Культура в новых землях" и поддержки мемориалов со стороны Федерации многое сделало для воссоздания и расширения мемориала. В частности, были созданы материальные предпосылки для исторически и педагогически обоснованной мемориальной работы.

Sanierung und Umbau umfasste jedoch nicht nur das Dokumentenhaus, ursprünglich ein kleines Gärtnerwohnhaus, und eine ehemalige Lagerbaracke, sondern ebenso das dreibogige Eingangsportal des Ehrenhains aus rotem Granit sowie einen 15 m hohen Obelisken und eine Gedenktafel für die so bezeichneten im Kampf gegen den Faschismus getöteten Helden. Der Zustand des gesamten Denkmalsensembles hat sich dadurch in den vergangenen Jahren nachhaltig verbessert und die der Gedenkstätte zur Verfügung stehenden Nutzflächen konnten erheblich vergrößert werden.

Das jetzt realisierte Ausstellungskonzept setzt insgesamt auf das pädagogische Prinzip entdeckenden Lernens. Kerngedanken des mit der Gestaltung beauftragten Dresdner Büros des irischen Architekten Ruarí O'Brien sind die Anregung von Selbsttätigkeit, Suchen, Forschen und Entdecken. Mit ihm ist die Hoffnung verbunden, dass durch die notwendige Eigenaktivität der Besucher eine tiefer gehende Auseinandersetzung mit den Themen der Ausstellung stattfindet, als durch konventionelle museale Präsentationsformen, die beim Besucher eine eher passive und rezeptive Haltung hervorrufen. Die Nutzer sollen Lerntempo, Lernschritte und Tiefe selbst steuern können und nicht gezwungen sein, einem von Lehrern, pädagogischem Personal oder der spezifischen Ausstellungsgestaltung nahegelegten Lernschema zu folgen und somit für einen eigenständigen Lernprozess motiviert werden.

Der Aufbau der Lagerbaracke, das neue Lagermodell, die viele Ansichten ermöglichende Objektpräsentation in den Plexiglasvitrinen, die Diaprojektionen und die vielen Fotografien sollen der Veranschaulichung dienen. Die Trennung zwischen Sichtbarkeits- und Vertiefungsebenen versucht, den unterschiedlichen Informationsbedürfnissen der Besucher Rechnung zu tragen. Eine Informationstafel im Zufahrtsbereich, das Informationsmodul und ein zentraler Ausstellungskubus im Dokumentenhaus sowie ein geplantes Faltblatt geben Orientierung.

Санации и перестройке подлежали не только здание, где размещается выставка документов – в прошлом небольшой жилой домик садовника – и лагерный барак, но и трехарочный портал братских могил из красного гранита, обелиск высотой 15 метров и мемориальная доска в память „погибшим в борьбе против фашизма героям". Состояние всего мемориального комплекса, таким образом, в последние годы существенно улучшилось, увеличилась и территория, находящаяся в распряжении мемориала.

Реализованная теперь концепция выставки в целом опирается на педагогический принцип активного познания. Именно поэтому центральной идеей дрезденского бюро ирляндского архитектора Руари О'Брайен, осуществившего перестройку мемориала, является стимуляция посетителя к собственной активности, к поиску и открытии для себя новых горизонтов. С этой идеей связана надежда, что эта затребованная собственная инициатива приведет посетителя к более глубокому осознанию и осмыслению тематики выставки, чем это было бы возможно традиционными формами музейной презентации, вызывающими у посетителя скорее пассивный, рецептивный настрой. Гости должны иметь возможность сами определить темп, направление и глубизну познания. Нет больше необходимости следовать заданной педагогическим персоналом или же самим характером выставки схеме изучения, наоборот – упор делается их на самостоятельный процесс познания.

Оборудование лагерного барака, новый макет лагеря, презентация объектов в витринах, позволяющих глядеть на них с самых различных точек, показ диапозитивов и множество фотографий придают выставке необходимую наглядность. Разделение уровней видимого и на первый взгляд скрытого отдает дань различным потребностям посетителей в информации. Информационное табло у входа, информационный терминал, а также центральный куб выставки в документационном центре служат ориентации на территории мемориала. Вскоре будет издан проспект выставки.

Eingangsportal zum Ehrenhain Zeithain mit Blick
auf den die Anlage überragenden Obelisken, 2001
Входная арка мемориала Цайтхайн с видом на обелиск,
возвышающийся над ареалом, 2001 г.

Ausstellungskubus mit Lagermodell und Diaprojektion in der
Dauerausstellung der Gedenkstätte Ehrenhain Zeithain, 2003
Центральный куб с моделью лагеря и диапроектором на
постоянной выставке мемориала Цайтхайн, 2003 г.

In mehreren Fällen von Kriegsgefangenenlagern des Zweiten Weltkrieges in Deutschland ist die Geschichte fotografisch vergleichsweise gut zu dokumentieren, da immer wieder Wachleute der Wehrmacht zum Fotoapparat griffen und das Lagergeschehen im Bild
festhielten. So auch in Zeithain, wo zahlreiche Fotografien eines
Wehrmachtoffiziers erhalten geblieben sind, die eindrucksvoll das
Leiden und Sterben der Kriegsgefangenen, aber auch andere
Aspekte des Lageralltags dokumentieren. Die visuelle Präsenz der
Zeithainer Ausstellung rückt nunmehr jedoch vor allem das individuelle Einzelschicksal stärker in den Vordergrund als dies in diesem thematischen Zusammenhang bisher möglich gewesen ist.
Die Gesichter einzelner Personen, zu einem Teil aus Dokumenten
der Vorkriegszeit und keineswegs ausschließlich die ausgemergel-
ten, kahlrasierten Köpfe zum Zeitpunkt der Gefangennahme, zeigen
die jungen Soldaten auch vielfach in ihren besten Jahren vor der
Gefangenschaft. Vielleicht lässt sich, da das bestimmende Bild der
abgerissenen Gestalten hinter Stacheldraht, das zum Teil die von
der NS-Propaganda in die Welt gesetzten Stereotypen noch verstärkte, nunmehr durch individuelle Schicksale ergänzt wird, von
einer Korrektur unseres kollektiven Bildgedächtnisses sprechen.
Jedenfalls ist die Veränderung der Perspektive vom anonymen
Massenschicksal, das durch die Fotos der Leichenberge und die
Pauschalierung der Grablagen noch verstärkt wird, zum individuellen Gedenken hier am sinnfälligsten zu begreifen. Jeder Gefangene
hatte einen Namen, ein Gesicht, eine individuelle Biographie, die
regelmäßig in den in vielen Einzelheiten dokumentierbaren Leidensweg mündete. Die Identität des Einzelnen und seine Würde stehen
im Zentrum dieser Präsentation, sie bilden auch den Wertehorizont
ab, vor dessen Hintergrund die beiderseitigen Bemühungen in
Deutschland und den unabhängigen Nachfolgestaaten der Sowjetunion um historische Aufarbeitung Gestalt angenommen haben.

2. Das Kriegsgefangenenlager Zeithain wurde im April 1941 als
Kriegsgefangenen-Mannschaftsstammlager (Stalag) 304 (IV H) auf
dem Truppenübungsplatz Zeithain bei Riesa/Sachsen errichtet. Es
war eines jener so genannten Russenlager speziell für sowjetische

История многих лагерей для военнопленных второй мировой
войны в Германии довольно хорошо отражена в фотографиях,
так как охрана вермахта охотно запечатляла происходящее в
лагере. Так обстояло дело и в Цайтхайне. Сохранились многочисленные фотографии одного офицера вермахта, которые впе-
чатляюще документируют не только страдания и гибель военнопленных, но и другие аспекты жизни в лагере. Новая выставка в
Цайтхайне, однако, в центр визуализации ставит прежде всего
индивидуальную судьбу, причем в гораздо большем масштабе,
чем это в данном контексте было возможно до недавнего времени. Лица отдельных людей, взятые частично из документов довоенного периода, – это уже не только изнуренные, бритые
наголо головы арестованных, а лица молодых солдат в расцвете
сил до того, как они попали в плен. Поскольку превалирующая
до сих пор картина изнуренных человеческих тел за колючей
проволокой, которая частично еще усиливала распространенные
нацистской пропагандой стереотипы, теперь дополняется инди-
видуальными судьбами, в какой-то мере здесь можно говорить
о корректировке нашей коллективной фотографической памяти.
По крайней мере изменение перспективы от анонимной челове-
ческой судьбы, усиленной фотографиями наваленных в кучу тру-
пов и безыменностью захоронений, к индивидуальной памяти в
экспозиции Цайтхайн становится наиболее очевидным. Каждый
пленный имел имя, лицо, индивидуальную биографию, которая,
как правило, вылилась в прослеживаемый во многих деталях
путь страданий. Личность отдельного человека и его достоинство находятся в центре внимания этой экспозиции. Они же
отражают и тот ценностный горизонт, на фоне которого совместные усилия Германии и независимых государств-наследников
Советского Союза к переосмыслению истории приняли конкретные формы.

2. Лагерь для военнопленных Цайтхайн был организован в апреле 1941 г. на территории полигона Цайтхайн под Ризой/Саксония
как лагерь для военнопленных рядового состава (шталаг) 304
(IV H). Он был одним из так называемых лагерей для русских,

Begehbare Vitrine in der ehemaligen Lagerbaracke, 2003
Открытая для доступа посетителей витрина в бывшем
лагерном бараке, 2003 г.

Porträts in Zeithain verstorbener Offiziere der Roten Armee
Портреты умерших в Цайтхайне офицеров Красной Армии

Kriegsgefangene, deren Errichtung das Oberkommando der Wehrmacht (OKW) im Rahmen der Vorbereitung des deutschen Angriffs auf die Sowjetunion im März 1941 befohlen hatte. Das Lager war dem Wehrkreis IV (Dresden) unterstellt, der nach dem Wehrkreis VI (Münster) die höchste Dichte an Kriegsgefangenenlagern aufwies.[2] Zeithain sollte die für den Arbeitseinsatz im mitteldeutschen Industrierevier (Leipzig-Halle-Merseburg, Chemnitz und Dresden) vorgesehenen sowjetischen Kriegsgefangenen aufnehmen und auf Arbeitskommandos verteilen. Im Endausbau hatte es eine Kapazität von 25 000 bis 30 000 Gefangenen.

Bei Eintreffen der ersten Gefangenen im Juli 1941 bestand das Lager Zeithain ebenso wie die anderen so genannten Russenlager auf deutschem Territorium lediglich aus einem großen doppelt umzäunten Areal ohne Unterkunftsbaracken und sanitäre Einrichtungen. In Verbindung mit der durch die Wehrmacht angeordneten unzureichenden Ernährung herrschten katastrophale Lebensbedingungen für die physisch ohnehin geschwächten Gefangenen.

In schneller Folge breiteten sich Typhus, Ruhr, Diphtherie, Fleckfieber epidemisch unter den Gefangenen aus. Zeithain wurde wie so viele andere Lager für Tausende sowjetische Kriegsgefangene zum Sterbelager. Trotz des andauernden Ausbaus des Lagers bis zum Sommer 1942 kam es zu keiner grundlegenden Verbesserung der katastrophalen Lebensbedingungen.

Infolge des beschleunigten Massensterbens während des Winters 1941/42 und der zügigen Überstellung neu eintreffender Gefangener in Arbeitskommandos nach Beginn der deutschen Sommeroffensive 1942 war das Kriegsgefangenenlager Zeithain im Herbst 1942 nur noch mit wenigen Gefangenen belegt.

Das Stalag 304 und mit ihm ein Teil des deutschen Wachpersonals sowie 10 000 sowjetische Gefangene wurden zudem im August/September 1942 von Zeithain nach Löwen in Belgien verlegt, wo es bis zur Befreiung Belgiens durch die Westalliierten die Arbeitskommandos sowjetischer Kriegsgefangener in den belgischen und nordfranzösischen Steinkohlebergwerken verwaltete. Zeithain war ab September 1942 Zweiglager (Stalag IV B/Z) des in 15 km Entfernung liegenden Stalags IV B Mühlberg.[3] Neu eintreffende

предназначенных для советских военнопленных. Верховное командование вермахта (ОКВ) еще в марте 1941 г. в рамках подготовки к немецкому наступлению на Советский Союз отдало приказ об организации таких лагерей. Лагерь подчинялся военному округу IV (Дрезден), который вслед за военным округом VI (Мюнстер) отличался наиболее узкой сетью лагерей в Германии.[2] Цайтхайн должен был принимать предназначенных для трудового использования в среднегерманском промышленном регионе (Лейпциг-Халле-Мерзебург, Кемнитц и Дрезден) советских военнопленных и распределять их по трудовым командам. Когда закончились строительные работы он имел приемную способность в 25 000 – 30 000 заключенных.

По прибытии первых пленных в июле 1941 г. лагерь Цайтхайн, как и другие так называемые лагеря для русских в Германии, состоял всего лишь из большого, дважды огороженного колючей проволокой участка земли без жилых бараков и лишенного элементарных санитарных условий. Установленное вермахтом скудное питание, а также катастрофические условия жизни и без этого физически обессиленных заключенных в лагере способствовали быстрому распространению эпидемий: брюшной и сыпной тиф, дизентерия и дифтерит с молниеносной скоростью заразили заключенных. Цайтхайн, как и многие другие лагеря, для тысяч советских военнопленных стал лагерем смерти. Несмотря на непрерывное строительство в лагере ужасные условия жизни до лета 1942 фактически не улучшились.

В результате массовой гибели зимой 1941/42 гг. и быстрого перевода вновь прибывающих заключенных в трудовые команды после начала летнего наступления немцев в 1942г. в лагере для военнопленных Цайтхайн осенью 1942г. находилось лишь небольшое количество заключенных.

Шталаг 304 и вместе с ним часть немецкой охраны, а также 10 000 советских военнопленных в августе/сентябре 1942г. был передислоцирован из Цайтхайна в Лёвен в Бельгии, где он вплоть до освобождения Бельгии западными союзниками управлял трудовыми командами советских военнопленных в угольных шахтах Бельгии и северной Франции. Начиная с сентября 1942г.

sowjetische Gefangene aus den besetzten Gebieten der Sowjetunion wurden ab diesem Zeitpunkt ausschließlich in Mühlberg registriert und auf Arbeitskommandos oder andere Stammlager verteilt. In Zeithain wurden in der Folgezeit diejenigen sowjetischen Kriegsgefangenen konzentriert, die längerfristig, d.h. mehr als zwei Monate dienst- bzw. arbeitsunfähig waren.

Die schwere körperliche Arbeit bei gleichzeitig fortgesetzter Mangelernährung führte zu einem stetig steigenden Krankenstand unter den im Arbeitseinsatz befindlichen sowjetischen Kriegsgefangenen. Insbesondere die Tuberkuloseerkrankungen nahmen epidemische Ausmaße an. Die bestehenden Kriegsgefangenen-Reservelazarette und Krankenreviere in den anderen Stalags und Arbeitskommandos des Wehrkreises mussten entlastet werden. Angesichts seiner brach liegenden Unterkunftskapazitäten und der zunehmend kleiner werdenden Zahl neu eintreffender sowjetischer Kriegsgefangener begann die Umwandlung Zeithains in ein Lazarett. Die Transformationsphase endete mit der Umbenennung in Kriegsgefangenen-Reservelazarett Zeithain am 1. Februar 1943. Im Endausbau umfasste es 7 990 Betten.[4] Allein die Zahl der tuberkulosekranken sowjetischen Gefangenen, deren Konzentration und Isolierung eine der Hauptaufgaben des Lazarettes war, bewegte sich in der Folgezeit durchschnittlich zwischen 3 000 und 5 000.[5]

Die Geschichte des Kriegsgefangenenlagers Zeithain muss in zwei Phasen, die des Stalags und die des Kriegsgefangenen-Reservelazaretts, unterteilt werden. Beide Phasen sind geprägt von einer exorbitant hohen Sterblichkeit. Waren für das massenhafte Sterben innerhalb weniger Monate zunächst Hunger, Seuchen und hygienische Verhältnisse hauptverantwortlich, war die Lazarettzeit geprägt von einer dauerhaft hohen Sterblichkeitsrate. Sie lag bis zur Befreiung des Lagers durch die Rote Armee am 23. April 1945 bei 10 bis 20 Gefangenen pro Tag. Mangels Aussicht auf schnelle Genesung und Wiederverwendung als Arbeitskraft bestand für die nach Zeithain verlegten Gefangenen nur wenig Aussicht auf Heilung. Dementsprechend stellte die Kriegsgefangenenverwaltung der Wehrmacht in Zeithain wie in anderen vergleichbaren Lazaret-

Цайтхайн служил филиалом (шталаг IV B/Z) расположенного в 15 км от него шталага IV B Мюльберг.[3] Вновь прибывающие советские заключенные из оккупированных территорий Советского Союза с того момента регистрировались исключительно в Мюльберге и оттуда распределялись по трудовым командам или другим шталагам. В Цайтхайне в последующее время сосредотачивались те заключенные, которые на долгий срок, т. е. минимум на два месяца вперед не были пригодны к трудовым работам. Тяжелый физический труд вместе с неизменно недостаточным питанием привели к все возрастающей заболеваемости среди советских военнопленных в трудовых командах. Особенно заболевания туберкулезом приняли масштабы эпидемии. Существующие запасные госпитали для военнопленных и медпункты в других шталагах и трудовых командах военного округа были перегружены и требовали расширения. Ввиду неиспользованных размерительных способностей Цайтхайна и все меньшего количества вновь прибывающих советских военнопленных началось его переоборудование в госпиталь. Период преобразования завершился объявлением лагеря запасным госпиталем для военнопленных Цайтхайн 1 февраля 1943г. В конечном счете он располагал 7 990 койками.[4] Одно только число больных туберкулезом среди советских военнопленных, в сосредоточении и изолировании которых состояла главная задача госпиталя, в последующее время колебалось в среднем от 3 000 до 5 000.[5]

Историю лагеря для военнопленных Цайтхайн следует разделить на два периода – в период шталага и период запасного госпиталя для военнопленных. Оба периода характеризуются исключительно высокой долей смертности. Если причиной массовой гибели в течение всего нескольких месяцев служили голод, эпидемии и санитарные условия в лагере, то период госпиталя отличался постоянно высокой долей смертности. До освобождения лагеря Красной Армией 23 апреля 1945г. ежедневно умерло до 20 человек. Поскольку шансов на быстрое выздоровление и последующее использование трудовой силы у заключенных было мало, почти не было надежды вылечиться. Поэтому и Управление

ten völlig unzureichende Ressourcen für die medizinische Versorgung bereit. Die schwerkranken sowjetischen Kriegsgefangenen galten als „unnütze Esser". Zeithain blieb bis Kriegsende ein Todeslager, in dem in den Jahren 1941 bis 1945 circa 30 000 sowjetische Kriegsgefangene verstorben sind.

Nur wenige Namen dieser Toten waren vor 1998 bekannt. Auf den insgesamt vier Friedhöfen für die verstorbenen sowjetischen Kriegsgefangenen finden sich keine namentlichen Inschriften. Aufgrund fehlender Registrierung durch die Standesämter der umliegenden Gemeinden existiert bis auf wenige Ausnahmen keine zivile Parallelüberlieferung zu den jetzt ausgewerteten Dokumenten des deutschen Kriegsgefangenenwesens. Wie im Zusammenhang mit der Beschreibung der Ausstellungskonzeption der neuen Dauerausstellung erwähnt, war es von Beginn an ein zentrales Anliegen der Gedenkstättenarbeit in Zeithain, die Opfer des Kriegsgefangenenlagers zu identifizieren, ihnen ein Gesicht und eine Biographie zu geben. Letzteres gilt auch für die Überlebenden, was insbesondere auf der Grundlage der jetzt in die Bearbeitung einbezogenen Archivalien des FSB in Russland und des KGB in Weißrussland in größerem Umfang möglich sein wird.

Neben dem humanitären Aspekt dieser Arbeit, den Angehörigen langfristig einen Ort der Trauer geben zu können, bietet die Individualisierung des Massenschicksals für die Bildungsarbeit der Gedenkstätte Möglichkeiten, das Leiden und Sterben an Einzelbiographien exemplarisch vorzustellen. Ferner können beispielsweise verlässliche Aussagen über den Verlauf der Sterblichkeit, ihre Ursachen, Widerstandsaktionen und Kollaboration, Mordaktionen an ausgewählten Gefangenengruppen im Rahmen der so genannten Aussonderungen oder die Verlegung der Gefangenen auf die Arbeitskommandos im mittel- und süddeutschen Raum gemacht und mittels der gewonnenen Archivalien beispielhaft dokumentiert werden.

Bis Juli 2000 erlaubten erste Aktenfunde in der Deutschen Dienststelle (WASt) in Berlin und Kopien von Abgangslisten deutscher Provenienz, übergeben vom Russischen Roten Kreuz, die Identifi-

военным пленом вермахта совершенно неудовлетворительно снабжало Цайтхайн, так же как и другие подобные госпитали, рессурсами для медицинского обслуживания. Тяжело больные советские военнопленные считались „бесполезными едоками". Цайтхайн до окончания войны оставался лагерем смерти. С 1941 по 1945 гг. здесь умерло около 30 000 советских военнопленных. До 1998 г. известно было лишь незначительное число имен этих жертв. Ни на одном из четырех кладбищ для советских военнопленных не было поименных надписей на могилах. Поскольку отделы записи актов гражданского состояния близлежащих деревень не регистрировали смертные случаи среди военнопленных, за некоторыми исключениями, нет никаких гражданских документов, дублирующих обработанные документы немецких управлений по делам военного плена. Как уже указано, в связи с описанием концепции новой постоянной выставки, центральной целью мемориальной работы в Цайтхайне с самого начала была идентификация жертв этого лагеря, возвращения им лица и биографии. Последнее относится также и к тем, кто пережил ужасы лагеря. Благодаря включению архивных документов КГБ Белоруссии и ФСБ России в массив обрабатываемого материала есть все основания надеяться на широкое продвижение и в этом направлении.

Помимо гуманитарного аспекта работы, указать родственникам в конце концов конкретное место захоронения, индивидуализация массовой гибели дает просветительной деятельности мемориала возможность, показать страдания и гибель людей в Цайтхайне на примере конкретных отдельных биографий. Кроме того, полученный архивный материал позволяет сделать обоснованные выводы, например, о развитии смертности, об их причинах, об акциях сопротивления и заговора, об убийствах отдельных групп заключенных в рамках так называемого отбора или о переводах заключенных в трудовые команды средней и южной Германии, и соответственно выборочно документировать полученные выводы. До июля 2 000 г. первые находки архивных дел в Справочной службе вермахта (ВАСт) в Берлине, а также полученные от Российского Красного Креста копии немецких документов,

Personalkarte I des Feldschers (Sanitäter) Petr Grigori Wasiltschenko,
verstorben an Ruhr am 3. Oktober 1941

Персональная карточка I
фельдшера (санитара) Петра Григорьевича Васильченко,
умершего 3 октября 1941 г. от дизентерии

zierung von zunächst 1 219 in Zeithain verstorbenen sowjetischen Kriegsgefangenen. Hinzugekommen sind seit Juli 2000 die in der Offizierskartei des CAMO in Podolsk ermittelten Personalunterlagen von 766 in Zeithain 1941 bis 1945 verstorbenen Offizieren. Anhand des markanten Stempels, der in Zeithain zur Angabe der Grablage auf der Vorderseite der Personalkarten I verwendet worden ist, können die Toten den vier Friedhöfen auf dem Gebiet der heutigen Großgemeinde Zeithain zugeordnet werden. Gab es bisher nur ungefähre Angaben zu den Belegungszeiträumen für die vier Friedhöfe, erlauben es die jetzt zur Verfügung stehenden Unterlagen, diese sehr viel präziser nachzuvollziehen. Die Gedenkstätte wird dadurch in die Lage versetzt, auch Tote Friedhöfen zuzuordnen, wenn Angaben zur Grablage fehlen. Mit Hilfe von Friedhofsplänen, die mit großer Wahrscheinlichkeit für jeden Friedhofsstandort 1945 existierten, wäre es möglich, die genaue Lage des Toten zu bestimmen. Leider sind diese Pläne bisher verschollen. Dagegen konnte das Problem des Fehlens einer Friedhofsbezeichnung für den letzten, ab September 1944 genutzten Friedhof im Zuge der Projektbearbeitung gelöst werden. Tatsächlich wurden die beiden zuletzt belegten Friedhöfe unter der Bezeichnung „Truppenübungsplatz" geführt. Zur Unterscheidung wurde eine aus der Forstwirtschaft übernommene Bezeichnung der jeweiligen Parzellen, nämlich Nr. 58 oder Nr. 84, hinzugefügt.

Anhand spezifischer, für die Lagerverwaltung Zeithain typischer handschriftlicher Eintragungen auf den Vorderseiten der Personalkarten I verstorbener sowjetischer Kriegsgefangener kann eine fortlaufende interne Zählung der Sterbefälle nachgewiesen werden.

списков убывших военнопленных, позволили идентифицировать 1219 человек умерших в Цайтхайне. В последующее время этот материал дополнился выявленными в офицерской картотеке ЦАМО в Подольске личными делами на 766 умерших в Цайтхайне офицеров. На основе характерной печати, использованной в Цайтхайне для указания места захоронения на лицевой стороне персональной карточки ПК 1, можно соотнести умерших с 4 кладбищами на территории нынешней крупной общины Цайтхайн. Если до сих пор имелись лишь приблизительные представления о периодах захоронений на этих кладбищах, то имеющиеся сегодня в распоряжении документы позволяют намного более точные описания. Таким образом, мемориал теперь в состоянии определить, на каком из кладбищ похоронен человек, даже если нет никаких пометок о месте захоронения. Были бы еще на руках планы отдельных кладбищ, которые до 1945 г. безусловно существовали, можно было бы точно сказать, где кто похоронен. К сожалению, такие планы до сих пор остаются потерянными. С другой стороны, в ходе работы над проектом удалось выяснить название последнего кладбища, использованного с сентября 1944г. Действительно последние два кладбища фигурировали под названием «полигон», а для их различения использовали перенятую из лесного хозяйства нумерацию участков, в нашем случае №58 и №84.

На основе специфических, характерных для управления лагеря Цайтхайн рукописных отметок на лицевой стороне персональной карточки ПК 1 умерших советских военнопленных удалось доказать непрерывный внутренний номерной учет смертных случаев.

Ehemaliger „Russenfriedhof Truppenübungsplatz", Parzelle 84 bei Zeithain, ohne Datum. Die Einzelgräber wurden neben den Massengräbern nach der Befreiung Zeithains durch die Rote Armee am 23. April 1945 für verstorbene ehemalige sowjetische Kriegsgefangene angelegt. Deutlich ist zu erkennen, dass auf keinem der Gräber ein Name vermerkt ist.
Бывшее „кладбище русских полигон" участок № 84 под Цайтхайном, без даты. Единичные могилы были разведены рядом с братскими могилами после освобождения Цайтхайна Красной Армией 23 апреля 1945 г. для умерших бывших советских военнопленных. Четко видно, что ни на одной из могил не указано имя захороненого.

Vorderseite der Personalkarte I von Leutnant Peter Iwanowitsch Gorschkow. Links neben dem Stempel mit den Angaben zur Grablage und dem Todestag findet sich eine handgeschriebene Zahl. Es handelt sich dabei um eine fortlaufende interne Zählung der Todesfälle durch die Lagerverwaltung in Zeithain.
Лицевая сторона Персональной карточки I лейтенанта Петра Ивановича Горшкова. Слева от печати с указанием места захоронения и даты смерти находится рукописное число. Это – текущий номер внутреннего подсчета смертных случаев управлением лагеря Цайтхайн.

	Todestag	Todesfallnummer	Friedhof
1	27.11.41	4114	Russenfriedhof Zeithain
2	2.12.41	4597	Russenfriedhof Zeithain
3	30.12.41	6729	Russenfriedhof Jacobsthal
4	2.4.42	9960	Russenfriedhof Jacobsthal
5	23.8.42	11825	Russenfriedhof Jacobsthal
6	27.8.42	11906	Russenfriedhof Jacobsthal
7	7.9.42	12159	Russenfriedhof Jacobsthal
8	21.10.42	13684	Russenfriedhof Jacobsthal (?)
9	21.10.42	13684	Russenfriedhof Truppenübungsplatz Zeithain, Parzelle 58 (?)
10	26.3.43	16260	Russenfriedhof Truppenübungsplatz Zeithain, Parzelle 58
11	15.4.43	16644	Russenfriedhof Truppenübungsplatz Zeithain, Parzelle 58
12	9.7.43	18162	Russenfriedhof Truppenübungsplatz Zeithain, Parzelle 58
13	22.2.44	20699	Russenfriedhof Truppenübungsplatz Zeithain, Parzelle 58
14	18.7.44	22462	Russenfriedhof Truppenübungsplatz Zeithain, Parzelle 58
15	24.9.44	23083	Russenfriedhof Truppenübungsplatz Zeithain, Parzelle 84

	День смерти	Номер смертного случая	Кладбище
1	27.11.41	4114	Русское кладбище Цайтхайн
2	2.12.41	4597	Русское кладбище Цайтхайн
3	30.12.41	6729	Русское кладбище Якобсталь
4	2.4.42	9960	Русское кладбище Якобсталь
5	23.8.42	11825	Русское кладбище Якобсталь
6	27.8.42	11906	Русское кладбище Якобсталь
7	7.9.42	12159	Русское кладбище Якобсталь
8	21.10.42	13684	Русское кладбище Якобсталь (?)
9	21.10.42	13684	Русское кладбище полигон Цайтхайн, участок 58 (?)
10	26.3.43	16260	Русское кладбище полигон Цайтхайн, участок 58
11	15.4.43	16644	Русское кладбище полигон Цайтхайн, участок 58
12	9.7.43	18162	Русское кладбище полигон Цайтхайн, участок 58
13	22.2.44	20699	Русское кладбище полигон Цайтхайн, участок 58
14	18.7.44	22462	Русское кладбище полигон Цайтхайн, участок 58
15	24.9.44	23083	Русское кладбище полигон Цайтхайн, участок 84

Tabelle 1: Beispiele für die Zählung der Sterbefälle sowjetischer Kriegsgefangener im Kriegsgefangenenlager Zeithain November 1941 – September 1944.

Таблица 1: Примеры для подчета смертных случаев советских военнопленных в лагере для военнопленных Цайтхайн ноябрь 1941 – сентябрь 1944 гг.

In Tabelle 1 ist eine Auswahl der ermittelten Sterbefallnummern aufgeführt. Die Zahlen verdeutlichen, dass die Sterblichkeit im Winter 1941/42 extrem hoch war. So starben innerhalb von sechs Tagen zwischen dem 27. November und dem 2. Dezember 1941 483 Gefangene. Die tägliche Sterberate zwischen dem 27. November und dem 30. Dezember 1941 lag bei circa 77 Toten, wogegen sie zwischen dem 30. Dezember 1941 und dem 2. April 1942 auf circa 35 Tote absinkt. Während alle drei Perioden mit einer Fleckfie-

В таблице 1 выборочно указаны выявленные номера смертных случаев. Числа свидетельствуют о том, что смертность зимой 1941/42 гг. была особенно высока. Так, например, за шесть дней с 27 ноября по 2 декабря умерло 483 заключенных. Количество ежедневных смертных случаев с 27 ноября по 30 декабря составило около 77 человек, в то время как с 30 декабря 1941 г. по 2 апреля 1942 г. оно снижается до примерно 35 человек. Все три периода совпадают с эпидемией сыпного тифа, в ходе которой с

berepidemie zusammenfallen, in deren Verlauf das Lager von Mitte Dezember 1941 bis Mitte März 1942 unter Quarantäne gestellt wurde, ist deutlich abzulesen, dass die Sterblichkeit Anfang 1942 zurück geht. Dieser Verlauf bestätigt die Angaben ehemaliger deutscher Wachsoldaten und sowjetischer Kriegsgefangener zu der Fleckfieberepidemie. Dagegen liegt die Gesamtzahl der Sterbefälle mit 9 960 am 2. April 1942 niedriger als bisher angenommen. Hier war man bisher von 15 000 bis 20 000 für das erste Jahr des Bestehens des Lagers ausgegangen. Bestätigen lassen sich hingegen Angaben zur täglichen Sterblichkeit während der Lazarettzeit. Sie lag beispielsweise im Zeitraum vom 9. Juli 1943 bis 18. Juli 1944 bei circa 12 Toten. Dieses Ergebnis deckt sich mit Angaben ehemaliger Mitglieder der Widerstandsorganisation sowjetischer Kriegsgefangener in Zeithain, wonach die Sterblichkeit zwischen 10 und 20 Toten pro Tag schwankte.[6] Betrachtet man den Gesamtzeitraum, so wird deutlich, dass sich die Sterblichkeit während der Lazarettzeit auf einem sehr hohen Niveau einpendelte. Erst in der letzten Phase zwischen Juli und September geht sie etwas zurück. Ob dieser Rückgang eine Trendwende markiert oder nur vorübergehender Natur war, wird im Verlauf der weiteren Projektbearbeitung sicherlich geklärt werden können.

Insgesamt lässt sich zum jetzigen Zeitpunkt feststellen, dass die Personalunterlagen deutscher Provenienz zu sowjetischen Kriegsgefangenen im Falle Zeithains erlauben werden, Verlauf und Umfang des Massensterbens quantitativ zu präzisieren. In der Tendenz lassen die derzeit zugänglichen Dokumente vermuten, dass die 1946 im Rahmen einer von der SMAD Sachsen angeordneten Untersuchung des Massensterbens ermittelten Totenzahlen für das Kriegsgefangenenlager Zeithain zu hoch angesetzt sind. Nichtsdestotrotz wird Zeithain das Lager mit der höchsten Mortalität unter den sowjetischen Kriegsgefangenen auf deutschem Boden bleiben. Neben den für die Dokumentation des Massensterbens im Kriegsgefangenenlager Zeithain relevanten Erkenntnissen seien an dieser Stelle abschließend einige Ergebnisse schlaglichtartig vorgestellt. Die aus verschiedenen Archiven zusammengetragenen Karteimittel des deutschen Kriegsgefangenenwesens lassen vermuten, dass in

декабря 1941г. по середину марта 1942г. лагерь был поставлен под карантин. На номерах четко прослеживается, как смертность падает в начале 1942г. Такое развитие подтверждается показаниями бывших немецких охранников и советских военнопленных о протекании эпидемии сыпного тифа. С другой стороны, общее количество умерших по 2 апреля 1942г. оказалось ниже чем предположенное до сих пор, когда исходили из общего количества 15–20000 умерших за первый год существования лагеря. Но данные о средней ежедневной смертности периода госпиталя подтвердились. Она, например, в промежуток с 9 июля 1943 г. по 18 июля 1944г. составила от 10 до 20 умерших в день.[6] Если рассматривать весь период в целом, то становится очевидным, что смертность в период госпиталя оставалась на неизменно крайне высоком уровне. Только в последнее время с июля по сентябрь она слегка снижается. Остается выяснить в ходе дальнейшей работы над проектом, ознаменовало ли это снижение изменение проводимой политики или же представляло собой лишь временное явление.

В целом на сегодняшний день выяснилось, что личные дела немецкого происхождения по советским военнопленным позволят в случае Цайтхайна уточнить на базе точных данных протекание и масштабы массовой гибели заключенных. Анализ доступных по сей день документов дает все основания предполагать, что выявленное в 1946г. в рамках приказанного Управлением СВА Саксонии расследования массовой гибели в лагере для военнопленных Цайтхайн, количество умерших окажется преувеличенным. Несмотря на это Цайтхайн все же остается лагерем с наивысшей долей смертности советских военнопленных на немецкой земле.

Наряду с результатами проектной работы, имеющим непосредственное значение для документации массовой гибели в лагере для военнопленных Цайтхайн, приведем ниже ряд других важных моментов. Собранный в разных архивах картотечный материал немецкого Управления военным пленом позволяет предполагать, что в Цайтхайне велся кропотливый учет даже тех, кто по прибытии на вокзал Якобсталь уже был мертв, т. е. умер на

Zeithain selbst diejenigen penibel registriert worden sind, die bei ihrer Ankunft am Bahnhof Jacobsthal bereits während des Eisenbahntransportes verstorben waren. Auf den für diese Gefangenen ausgefüllten Personalkarten I findet sich der Eintrag „tot eingeliefert". Insgesamt konnten 1194 Offiziere namentlich festgestellt werden, die in Zeithain 1941/42 registriert worden sind und eine Erkennungsmarkennummer erhalten haben. Bei 31 von ihnen finden sich Vermerke, dass sie an SD oder Gestapo übergeben worden sind, was gleichbedeutend mit ihrer Ermordung bzw. Einweisung in ein Konzentrationslager war.[7] Zu mehr als 1300 Offizieren können Angaben über Versetzungen von oder nach Zeithain gemacht werden. Bedenkt man, dass das Kriegsgefangenenlager Zeithain kein Offizierslager gewesen ist und man daher von einer vergleichsweise geringen Zahl von Offizieren in Zeithain ausging, so überrascht der Befund, dass Offiziere in sehr viel größerem Ausmaß in den Kriegsgefangenen-Mannschaftsstammlagern (Stalags) im Reichsgebiet untergebracht waren. Schon jetzt liegt die Zahl der ermittelten verstorbenen Offiziere für die Friedhöfe in Zeithain höher als diejenige für den Friedhof des einzigen Offizierslagers für sowjetischen Kriegsgefangene im Reichsgebiet in Hammelburg/Bayern. Es steht zu erwarten, dass insbesondere in den Beständen des FSB und KGB weitere solcher Schicksale festgestellt werden.

3. Am 1. August 1946 befahl die sowjetische Militäradministration in Sachsen in ihrem Befehl Nr. 233 die Untersuchung der Verbrechen in Zeithain. Die Kommission unter Führung des sowjetischen Generalmajors Chorun bestand aus sowjetischen Offizieren, Angehörigen der Volkspolizei und deutschen Gerichtsmedizinern. Die Massengräber auf den vier Friedhöfen in Zeithain wurden untersucht, wobei die Grabstellen ganz oder teilweise geöffnet wurden. Für diese Arbeiten wurden ehemalige Mitglieder der NSDAP zwangsverpflichtet. Wichtigstes Ziel der Ermittlungen war die Klärung der Todesursachen, da vermutet wurde, dass es zu Massenerschießungen in Zeithain gekommen war. Diese Annahme bestätigte sich nicht, denn es wurde zweifelsfrei geklärt, dass Hunger und Seuchen für das Massensterben verantwortlich waren.

железнодорожном этапе. На персональных карточках, заведенных на этих заключенных имеется пометка „доставлен мертвым". В целом удалось установить имена 1194 офицеров, которые в 1941/42 гг. были зарегистрированы в Цайтхайне и получили номер опознавательного знака. На 31 из них имеются пометки в деле о том, что они были переданы в руки СД или гестапо, что практически равнозначно их направлению в концлагерь с последующей казнью.[7] Имеются данные о переводе из Цайтхайна в другой лагерь или наоборот на более 1300 офицеров.
Если учесть, что лагерь для военнопленных Цайтхайн не был лагерем для офицерского состава и что поэтому всегда исходили из довольно незначительного количества офицеров в Цайтхайне, то тем более удивляет прояснившаяся теперь истина, что в шталагах на территории Рейха видимо все же было размещено сравнительно большое количество офицеров. Уже сейчас число погибших и захороненных на кладбищах Цайтхайна офицеров, подтвержденное документально, превышает количество похороненных на кладбище единственного офицерского лагеря на территории Рейха в Хаммельбурге/Бавария. Есть все основания ожидать подтверждения дальнейших подобных судеб на базе архивных материалов ФСБ и КГБ.

3. 1 августа 1946 г. Советская военная администрация для земли Саксония издала приказ № 233 об исследовании престеплений, совершенных в Цайтхайне.[8] Комиссия под руководством советского генерал-майора Хоруна состояла из советских офицеров, работников Народной полиции и немецких судебных врачей. Проанализировали братские могилы на всех четырех кладбищах Цайтхайна, причем захоронения частично или целиком были вскрыты. К этим работам в принудительном порядке привлекли бывших членов НСДАП. Важнейшей целью расследований было выяснение причин смерти, поскольку предполагали, что в Цайтхайне имели место массовые расстрелы. Это предположение не подтвердилось. Бесспорно было доказано, что голод и эпидемии были главными причинами смерти военнопленных.

Die Kommission ermittelte 35 000 umgekommene sowjetische Kriegsgefangene in den geöffneten Grabstellen. Offiziell wurde bis Anfang der neunziger Jahre von 140 000 Toten gesprochen, die jedoch wissenschaftlich nicht zu belegen sind. Die Zahl hatte propagandistischen Charakter, wurde sie doch bereits Wochen vor Beginn der Untersuchung in einem Artikel mit dem Titel „Der Totenwald von Zeithain" in der Sächsischen Zeitung erstmals genannt. In der DDR wurde diese Zahl nicht weiter überprüft und als offizielle Opferzahl angegeben. Nach Abschluss der Untersuchungen wurden die vier Friedhöfe auf Kosten der zuständigen Landkreise Oschatz und Großenhain neu gestaltet. Am Ort der Massengräber des Jahres 1941, unmittelbar in der Nähe des an der Bahnlinie Riesa-Gröditz gelegenen „Russenfriedhofs Zeithain", entstand der Ehrenhain Zeithain. Bis zur Demilitarisierung von Teilen des Truppenübungsplatzes Zeithain Mitte der neunziger Jahre befanden sich die drei anderen Friedhöfe auf militärischem Sperrgebiet und waren Besuchern nicht zugänglich. Das öffentliche Gedenken konzentrierte sich deshalb auf den Ehrenhain Zeithain.

Individuelles Gedenken an die Opfer des Kriegsgefangenenlagers Zeithain war nach 1945 nicht erwünscht und nicht möglich. Die 1945/46 aufgrund der erbeuteten bzw. durch die USA übergebenen Dokumente der deutschen Kriegsgefangenenverwaltung durchaus bekannten Namen der Toten wurden bei der Neugestaltung der Friedhöfe 1946–1949 bewusst nicht vermerkt. Die Anonymisierung der Opfer war Ausdruck der Ächtung der sowjetischen Kriegsgefangenen in ihrer Heimat, wo die politische Führung ihnen die Anerkennung als „Veteranen des Großen Vaterländischen Krieges" versagte. Stigmatisiert als Vaterlandsverräter, wurden sie allenfalls als namenlose Opfer des Faschismus geduldet. Das ehemalige Lagergelände nahe dem Bahnhof Jakobsthal und die in der Gohrischheide nahe gelegenen Friedhöfe mit Grablagen der sowjetischen, polnischen und serbischen Kriegsgefangenen[9] – die sterblichen Überreste der verstorbenen italienischen Militärinternierten wurden 1991 in ihre Heimat überführt – sind heute ansatzweise in die Arbeit der Gedenkstätte einbezogen. Die Gesamt-

Комиссия в открытых захоронениях обнаружила 35 000 умерших советских военнопленных. Официально до начала 90-х годов говорилось о 140 000 жертв – тезис, который не имеет под собой научного обоснования. Это число имело чисто пропагандистский характер, ведь оно впервые фигурировало уже за несколько недель до начала расследования в статье „Саксонской газеты" под заглавием „Мертвый лес Цайтхайна". В ГДР это число не было подвержено никакими дополнительными проверками, а впредь указывалось как официальное количество жертв. После окончания расследований все четыре кладбища за счет соседних районов Ошатц и Гроссенхайн были расстроены заново. На месте массовых захоронений 1941 г., непосредственно возле расположенного вдоль железнождорожной линии Риза-Грёдитц „русского кладбища Цайтхайн" возникла мемориальная братская могила Цайтхайн. Вплоть до демилитаризации частей полигона Цайтхайн в середине 90-х годов остальные три кладбища находились на закрытой военной территории и, следовательно, не были доступны для посетителей. Официально отдать дань памяти собирались на братской могиле Цайтхайн.

Индивидуальная память жертвам лагеря для военнопленных Цайтхайн после 1945 г. была нежелаемой и нетерпимой. Ставшие известными в 1945/46 гг., в результате захвата или же возвращения из США документы управления военным пленом, имена погибших при реорганизации кладбищ в 1946–49 гг сознательно не были указаны. Анонимизация жертв была выражением объявления советских военнопленных на родине людьми вне закона, непризнания их ветеранам Великой Отечественной войны со стороны правительства Советского Союза. Заклейменные предателями родины их в лучшем случае терпели как безыменных жертв фашизма.
Бывшая лагерная территория недалеко от вокзала Якобсталь и расположенные в близлежащей Горишской пустоши кладбища с захоронениями советских, польских и сербских военнопленных[9] – останки умерших итальянских военных интернированных в 1991 г. были переведены на их родину – сегодня частично

dimension dieses Ortes kann nur im Rahmen eines integralen Konzepts erschlossen werden, das inzwischen in das regionale Wegenetz eingebettet wurde. Das Lagergelände, das durch den systematischen Abbau der Lagergebäude und die anschließende Inbetriebnahme als Panzerübungsgelände („Tankodrom") in den Jahren der DDR vollständig überformt wurde, ist seit dem Abzug der Streitkräfte der GUS 1994 zu einem Naturschutzgebiet verwildert. Die Panzerspuren haben das geometrisch aufgeteilte Areal mit einer Art Zwiebelmuster zerfurcht, das die Topographie des Kriegsgefangenlagers weiträumig überdeckt. Dennoch ist die Dimension dessen, was in Zeithain in den Jahren 1941 bis 1945 geschehen ist, angesichts der räumlichen Ausdehnung der Flächen wegen ihrer neuerlichen Zugänglichkeit heute eindrücklich erfahrbar. Die Arbeit der Gedenkstättenpädagogik kann hier ansetzen.

Um dem individuellen Totengedenken gerecht zu werden, strebt die Stiftung in Verbindung mit dem Volksbund Deutsche Kriegsgräberfürsorge an, die Friedhöfe mit Gedenktafeln und Stelen zu versehen, die die heute bestimmbaren Namen der Toten enthalten. Immer wieder gibt es aus vielen Ländern Anfragen von Angehörigen der Toten, manche besuchen auch heute noch die fern ihrer Heimat gelegenen Friedhöfe. So setzt sich die Individualisierung des Gedenkens von der wissenschaftlichen Dokumentation der Ausstellung in der Neugestaltung der Friedhöfe in Zeithain fort. Wer diese Region nördlich von Dresden besucht und sich auf die Topographie der Lagergeschichte sowie die Dokumentation der Gedenkstätte einlässt, dem werden vielleicht die Dimensionen von Verbrechen und menschlichem Leid sowie von Raum und Zeit gewahr, wie sie mit dem Namen Zeithain für ewig verbunden sind.

включены в ведомство мемориала. Общий масштаб этого места может быть раскрыт лишь в рамках интегрированной концепции. Лагерная территория, которая систематическим демонтажем строений и последующим переоборудованием в танковый полигон („танкодром") в годы ГДР полностью была деформирована, со времени вывода советских войск в 1994 году одичала в зону охраны природы. Гусеницы танков пропахали геометрически разделенный ареал и оставили глубокие следы в виде луковичного узора, который на большом пространстве покрыл топографию лагеря военнопленных. Тем не менее масштабы того, что случилось в Цайтхайне с 1941 по 1945 годы ввиду размаха этой территории и ее полной доступности сегодня довольно наглядно можно проследить. Это дает нам отправную точку для работы мемориальной педагогики.

Чтобы отдать дань памяти погибшим Объединение Саксонские мемориалы вместе с Народным Союзом Германии по уходу за военными могилами стремится оснастить кладбища мемориальными досками и обелисками с именам сегодня известных умерших в близлежащих лагерях. Не прекращается поток запросов из самых разных стран мира от родственников умерших, некоторые и сегодня еще посещают расположенные вдали от их родины кладбища с захоронениями их родных. Таким образом, индивидуализация памяти, начало которой положила обработка научной документации, представленной в выставке, продолжается путем преобразования кладбищ в Цайтхайне. Тот, кто приезжает в этот регион к северу от Дрездена и знакомится с топографией лагерной истории, а также с документацией мемориала, возможно ощущает масштабы преступлений и человеческого горя, пространства и времени, навеки связанные с именем Цайтхайн.

1 Jörg Osterloh, Ein ganz normales Lager. Das Kriegsgefangenen-Mannschafts-
  stammlager 304 (IV H) Zeithain bei Riesa/Sa. 1941–1945, Schriftenreihe der
  Stiftung Sächsische Gedenkstätten zur Erinnerung an die Opfer politischer
  Gewaltherrschaft, Bd. 2, Leipzig 1997.

2 Bei Beginn des deutschen Angriffs auf die Sowjetunion bestanden neben Zeithain
  folgende Lager im Wehrkreis IV: Stalag IV A Hohnstein/Bad Schandau; IV B Mühl-
  berg/Elbe; IV C Wistritz/Teplitz-Schönau; IV D Torgau; IV E Altenburg/Thür., IV F
  Hartmannsdorf/Chemnitz; IV G Oschatz.

3 Das Stalag IV B Mühlberg war im August 1939 in Vorbereitung des deutschen
  Angriffs auf Polen errichtet worden. Es hatte eine Kapazität von 10 000 Gefangenen.
  Mehr als 300 000 Kriegsgefangenen fast aller Kriegsgegner des Deutschen Reiches
  wurden bis Kriegsende in dem Lager registriert. Zur Geschichte des Stalag IV B vgl.
  Achim Kilian, Mühlberg 1939–1948. Ein Gefangenenlager mitten in Deutschland,
  Köln 2001, S. 51–199.

4 Vgl. Osterloh, Ein ganz normales Lager, S. 88.

5 Ebd., S. 89.

6 Bericht Stepan Slobin (1943/44 erster Leiter der Widerstandsorganisation im
  Kriegsgefangenen-Reservelazarett Zeithain) an das Kreismilitärkomissariat des
  Proletarischen Rayons Moskau, 1957, dt. Übersetzung, Archiv der Gedenkstätte
  Ehrenhain Zeithain, Sammlung Stepan Slobin.

7 Zum Komplex der „Aussonderungen" sowjetischer Kriegsgefangener vgl. Reinhard
  Otto, Wehrmacht, Gestapo und sowjetische Kriegsgefangene im deutschen Reichs-
  gebiet 1941/42, Schriftenreihe der Vierteljahrshefte für Zeitgeschichte, Bd. 77,
  München 1998.

8 Vgl. Sächsisches Hauptstaatsarchiv, LRS Min. d. Innern, Landespolizeibehörde der
  Volkspolizei Sachsen, Bd. 042, Bl. 1.

9 Neben 864 Einzelgräbern in Zeithain verstorbener Italienischer Militärinternierter
  (IMI) existierten auf dem im Februar 1944 angelegten Italienischen Soldatenfriedhof
  Jacobsthal eigene Sektionen für polnische und jugoslawische (serbische) Kriegsgefangene, die 1944/45 im Kriegsgefangenen-Reservelazarett Zeithain verstorben
  sind. Bis heute konnten die Gräber von 44 Polen und mindestes 12 Serben nicht
  lokalisiert werden.

1 Йорг Остерло. Совершенно обычный лагерь. Лагерь для военнопленных рядового состава 304 (IV H) Цайтхайн под Ризой/Саксония 1941–1945 гг. Серия трудов
  Объединения Саксонские мемориалы в память жертвам политического террора,
  т. 2, Лейпциг 1997 (на нем. языке).

2 В начальный период нападения Германии на Советский Союз наряду с Цайтхай-
  ном на территории военного округа IV имелись следующие лагеря: шталаг IV A
  Хонштейн/Бад Шандау; IV B Мюльберг/Эльба; IV C Вистриц/Теплиц-Шёнау;
  IV D Торгау; IV E Альтенбург/Тюрингия; IV F Хартманнсдорф/Кемнитц; IV G Ошатц.

3 Шталага IV B Мюльберг был организован в августе 1939 г. в рамках подготовки к
  немецкому нападению на Польшу. В этом лагере вместимостью в 10 000 человек
  до окончания войны было зарегистрировано свыше 300 000 военнопленных
  почти из всех стран-противников немецкого Рейха. По истории шталага IV B см.:
  Ахим Килиан. Мюльберг 1939–1948. Лагерь для заключенных в самом сердце
  Германии. Кёльн 2001, с. 51–199 (на нем. языке).

4 Ср. Остерло. Совершенно обычный лагерь, с. 88.

5 Там же, с. 89.

6 Отчет Степана Злобина (в 1943/44 гг. первый руководитель организации сопротивления в запасной госпитали для военнопленных Цайтхайн) военкомату Про-
  летарского района г. Москвы, 1957 г., перевод на нем. язык, Архив Мемориала
  Цайтхайн, коллекция Степана Злобина.

7 По вопросам „отбора" советских военнопленных ср.: Райнхардт Отто. Вермахт,
  гестапо и советские военнопленные на территории Рейха 1941/42 гг. Серия
  трудов „Ежеквартальные публикации по новейшей истории", т. 77. Мюнхен 1998
  (на нем. языке).

8 Ср. Саксонский главный государственный архив; Министерство Внутренних дел;
  Земельное полицейское управление Народной полиции Саксонии; т. 042, л. 1.
  (на нем. языке).

9 Помимо 864 одиночных могил умерших в Цайтхайне итальянских военных интернированных (ИМИ) на заложенном в феврале 1944 г. Итальянском солдатском
  кладбище Якобсталь существовали специальные участки для польских и юго-
  славских (сербских) военнопленных, умерших в 1944/45 гг. в запасном госпитале
  для военнопленных Цайтхайн. На сегодняшний день пока еще не найдены моги
  лы 44 поляков и как минимум 12 сербов.

Zur Geschichte der Suche nach Vermissten

К истории розыска пропавших безвести

Alexander Haritonow | Александр Харитонов

Der Zweite Weltkrieg war einer der blutigsten Kriege in der Geschichte der Menschheit. Die Zahlen der Opfer unter den Soldaten und der Zivilbevölkerung gehen in die Millionen. Zehntausende sowjetische Soldaten, die entweder auf dem Schlachtfeld ihr Leben ließen oder aber als Kriegsgefangene umkamen, haben auf deutschem Boden eine letzte Ruhestätte gefunden. Hunderte Grabstätten von Zivilisten aus der Sowjetunion, die zur Zwangsarbeit nach Deutschland verschleppt worden waren, sind über ganz Deutschland verstreut.

Bereits im Mai/Juni 1945[1] begann man mit der Erfassung und Ordnung dieser Grabstätten. Die sterblichen Überreste der gefallenen sowjetischen Soldaten wurden auf zentrale Friedhöfe überführt, einfache Grabmale aufgestellt und Grablisten der hier Beerdigten zusammengestellt. Schritt für Schritt wurde diese Arbeit systematisiert und die deutschen Selbstverwaltungsorgane stärker mit einbezogen.

Ende 1945 erlegte der Befehl Nr. 184 der Sowjetischen Militäradministration in Deutschland (SMAD) vom 30. Dezember 1945 den örtlichen deutschen Organen folgende Verpflichtungen auf:

· sämtliche Grabstätten von Bürgern der Sowjetunion und der alliierten Staaten in Ordnung zu bringen, die Nummern der Grablagen, die Namen, Vor- und Vatersnamen der Beerdigten, ihre Geburts- und Todesdaten sowie ihre Nationalität zu erfassen;
· die Grabstätten und Friedhöfe einzufrieden;
· keine Exhumierungen ohne die Zustimmung der sowjetischen Behörden vorzunehmen;
· bis zum 1. März 1946 einen Bericht über die in den einzelnen Gemeinden geleistete Arbeit einzureichen;
· falls im Territorium einer Gemeinde keine Grablagen vorhanden sind, eine entsprechende Mitteilung zu machen.

Auf diese Weise erhielten die zuständigen sowjetischen Behörden bereits 1945 die ersten namentlichen Listen von auf deutschem Boden Beerdigten.

Doch dieser Befehl war nur ein erster Schritt bei der Suche – später folgten weitere Befehle der Landesverwaltungen der Sowjetischen

Вторая Мировая война - одна из наиболее кровопролитных войн в истории человечества. Количество жертв погибших солдат и гражданского населения исчисляется миллионами. Десятки тысяч советских солдат как погибших в боях, так и замученных в плену нашли свой последний покой на территории Германии. Многие сотни захоронений и гражданского населения Советского Союза, насильно угнанного в Германию на принудительные работы, были разбросаны по территории всей Германии.

Уже в мае/июне 1945 года стала проводиться широкомасштабная работа по охвату всех этих захоронений и по приводу их в определённый порядок. Останки погибших в боях советских солдат переносились на общие центральные кладбища, устанавливались простые надгробные памятники, составлялись списки захороненых на этих кладбищах. Постепенно эта работа систематизировалась и к ней всё шире привлекались немецкие органы самоуправления.

В конце 1945 года приказ СВАГ № 184 от 30.12.1945 года[1] возложил на немецкие органы на местах следующие обязанности:

· привести все захоронения Советских граждан и граждан объединенных наций в надлежащий порядок, при этом указать обязательно номер захоронения, фамилию, имя и отчество захороненого, даты рождения и смерти, национальность;
· сделать эти записи четко с целью долгой сохраняемости;
· огородить захоронения или кладбища;
· не проводить эксгумацию без согласия советских органов;
· предоставить отчет о проделанной в каждой общине работе не позднее 1.3.1946 года;
· в случае отсутствия на территории отдельной общины захоронений сообщить об этом соответственно.

Таким образом, уже в 1945 году первые поименные списки захороненных на территории Германии граждан СССР были переданы в соответствующие советские инстанции.

Однако этот приказ, как и некоторые другие приказы Земельных Управлений СВА, положили лишь начало официальной истории поисков захоронений как погибших в результате боевых дейст-

Militäradministration – und legte den Grundstein für die Suche nach Grabstätten von Bürgern der Sowjetunion. Am 16./18. März 1946 erging der nächste Befehl des Obersten Chefs der Sowjetischen Militäradministration und Oberkommandierenden der sowjetischen Streitkräfte in Deutschland zur Frage der Grabstätten. Mit diesem Befehl Nr. 89 unter dem Titel „Über die Durchführung der Arbeit zum Unterhalt und der Erfassung von Gräbern seitens der Militärkommandanten" begann in erster Linie eine noch intensivere Tätigkeit vor Ort zur Erfassung sämtlicher Grabstätten, sowohl der Gruppen- als auch der Einzelgräber. Die in deutschen Archiven erhalten gebliebenen Dokumente belegen, dass sich ein Großteil der Grabstätten, besonders bezüglich der bei Kampfhandlungen ums Leben gekommenen Soldaten und Offiziere, entlang von Straßen, in Gärten, an Waldrändern und in den Randgebieten von Dörfern und Städten befand. Auf die Erfassung dieser Grabstätten wurde das Hauptaugenmerk gelegt. Gruppengräber von verstorbenen sowjetischen Kriegsgefangenen waren in der Regel unmittelbar nach der Befreiung der betreffenden Territorien registriert worden. Ebenso hatte man sich bemüht, unverzüglich wenigstens die ungefähre Anzahl der in diesen Grabstätten beerdigten Personen zu erfassen. Auf der Grundlage des Befehls Nr. 89 hatten die SMA-Verwaltungen der Länder und Provinzen der Sowjetischen Besatzungszone (SBZ) alle deutschen Gemeinden, Stadtverwaltungen sowie die Leitungen aller staatlichen und kirchlichen Friedhöfe verpflichtet, den Kommandanturen innerhalb kürzester Frist – vor Ort häufig innerhalb von nur drei bis fünf Tagen – nochmals schriftlich über sämtliche Grabstätten innerhalb ihres jeweiligen Territoriums Bericht zu erstatten. Diese Berichte zeigen, dass die überwiegende Mehrheit der zwischen 1941 und 1945 in Deutschland umgekommenen Sowjetbürger auf so genannten Russenfriedhöfen bzw. auf kirchlichen Friedhöfen bestattet worden war. In den meisten Fällen wurden die betroffenen Personen namentlich benannt und die genaue Grablage festgehalten. Wie aus den Akten hervorgeht, wurden im April 1946 die meisten der damals angelegten Friedhöfe und Einzelgräber „den deutschen Machtorganen zur weiteren Sicherung sowie zu deren ständigem Unterhalt und Pflege" übergeben.[2]

вий солдат Красной Армии и военнопленных так и гражданского населения Советского Союза, насильственно угнанного в Германию. 16/18 марта 1946 года был издан еще один приказ Главноначальствующего Советской военной администрации – Главнокомандующего группой советских оккупационных войск в Германии по вопросам захоронений за номером 89. Этот приказ „О проведении работы военными комендантами по содержанию в порядке могил и их учёту" положил начало более целенаправленной работе на местах в первую очередь по учёту всех захоронений как групповых, так и одиночных. Сохранившиеся немецкие архивные документы показывают, что большое количество захоронений, особенно погибших в боях солдат и офицеров, находилось вдоль дорог, в садах и на опушках леса, на окраине деревень и городов. Именно на охват этих захоронений было направлено основное внимание. Групповые захоронения погибших советских военнопленных, как правило, были учтены сразу же по мере освобождения этих территорий. Также незамедлительно были проведены работы по выявлению, хотя бы приблизительно, общего числа захороненных на них лиц.
Руководствуясь приказом № 89 Управления СВА земель и провинций в Советской зоне оккупации (СЗО) обязали все немецкие общины, городские правления, руководства церковных и городских кладбищ в кратчайшие сроки - на местах не редко в течении 3–5 дней – сообщить в комендатуры еще раз в письменном виде обо всех захоронениях, находящихся на их территории. Согласно этим отчетам, большая часть погибших на территории Германии с 1941 по 1945 гг. была погребена на так называемых русских кладбищах или на кладбищах при церквях. В большинстве случаев захороненные в то время были указаны уже поименно и чаще всего с точным указанием места захоронения.
В апреле месяце 1946 г. большинство оборудованных к тому времени кладбищ, а также отдельных могил были переданы согласно составленным актам „местным немецким властям для их дальнейшей охраны и постоянного содержания в полном порядке"[2]. Согласно приказу СВАГ от 19 апреля 1946 года, аналогичная, поставленная на государственный уровень работа по поиску клад-

Auf der Grundlage des SMAD-Befehls vom 19. April 1946 widmeten sich die Mitarbeiter der sowjetischen Militärmissionen in den von den Westalliierten besetzten Gebieten ebenfalls der Suche nach Friedhöfen und der Erfassung der dort beerdigten Bürger der UdSSR. Sie fertigten detaillierte „Friedhofslisten mit Angaben über die Gesamtzahl der dort begrabenen sowjetischen Staatsbürger und die Grablagen an und fügten entsprechende Fotografien bei".[3] Allein in dem Gebiet, das vom 30. Britischen Korps bis Mai 1946 kontrolliert wurde, fand man „29 Massengräber von sowjetischen Bürgern"[4], und nach damaligen Zählungen betrug die Gesamtzahl der Menschen, die dort ihre letzte Ruhe gefunden hatten, 233 574. Noch deutlich größer war die Zahl der Einzelgräber, bei denen die Begrabenen häufig namentlich festgehalten werden konnten. Die von den sowjetischen Militärmissionen erstellten Namenslisten wurden ebenfalls den zuständigen sowjetischen Einrichtungen übergeben. Duplikate dieser Listen gingen an die entsprechenden deutschen Behörden, wo sie archiviert wurden.

Fast zeitgleich mit dem SMAD-Befehl Nr. 184 wurde bereits am 11. Dezember 1945 in der Ausgabe Nr. 180 der „Täglichen Rundschau", einer Zeitung, die in der SBZ von der SMAD herausgegeben wurde, der Befehl Nr. 163 des Obersten Chefs der Sowjetischen Militäradministration und Oberbefehlshabers der Sowjetischen Besatzungsstreitkräfte in Deutschland veröffentlicht. Er verpflichtete alle deutschen Organe, unverzüglich die Schicksale von Bürgern der alliierten Nationen aufzuklären, die während des Krieges in Deutschland gemeldet waren. Darüber hinaus sollten alle deutschen Einrichtungen auf einem Formblatt über sämtliche Personen Mitteilung geben, die sich zur Zwangsarbeit in Deutschland aufgehalten hatten. Analoge Befehle erließen auch die Militärverwaltungen der anderen Alliierten.

Auf diese Weise begann auf der Grundlage von Befehlen der Siegermächte in ganz Deutschland eine intensive Suche und Erfassung der Grabstätten von Bürgern der alliierten Nationen sowie nach Dokumenten, die Licht in das Schicksal jener Menschen bringen konnten, die in Kriegsgefangenschaft geraten oder zur Zwangsarbeit nach Deutschland verschleppt worden waren.

бищ и учету захороненных на них граждан СССР проводилась сотрудниками Советских Военных Миссий и на территории, оккупированной западными союзниками. Составлялись подробные „списки кладбищ с указанием количества погребенных Советских граждан, места расположения их и фотоснимки"[3]. Только на территории контролируемой 30-м Британским Корпусом к маю 1946г. было обнаружено „29 массовых погребений Советских граждан"[4] и по оценкам того времени количество погребенных на них составило 233 574 человека. Количество одиночных захоронений нередко с поименным указанием погребенных в них лиц было еще более значительным. Составленные Советскими Военными Миссиями поименные списки также передавались в соответствующие советские инстанции. Дубликаты этих списков передавались в соответствующие немецкие органы и оставались на хранении в местных архивах.

11 декабря 1945 года, фактически одновременно с приказом СВАГ № 184 в газете „Тэглихе Рундшау", издающейся в СОЗ органами СВАГ, был опубликован приказ Главноначальствующего Советской военной администрации – Главнокомандующего группой советских оккупационных войск в Германии № 163. Он обязывал все немецкие органы немедленно приступить к выяснению судеб граждан объединенных наций, оказавшихся во время войны на территории Германии. Кроме того, согласно приказу все немецкие учреждения должны были сообщить в установленной форме о всех лицах, занятых на принудительных работах в Германии. Аналогичные приказы были опубликованы и администрациями союзников.

Таким образом, на территории всей Германии по приказам союзных войск развернулась работа по поиску и учету захоронений граждан объединенных наций, а также по поиску документов, могущих помочь пролить свет на судьбы людей, попавших в плен или угнанных в Германию на принудительные работы. Списки установленных захороненных лиц, а также привлеченных на принудительные работы готовились в нескольких экземплярах и передавались военным администрациям всех 4-х оккупационных зон Германии.

Der Landrat zu Bautzen
Abt. X Polizei -Befehl 163-.   Beutzen, am 18. Januar 1946

An

den Herrn Bürgermeister

zu B u r k
=============

mit dem Hinweis auf genaue Beachtung der anbei zurückfolgenden
Verfügung zu dem Befehl Nr. 163 zurück. Es ist ausgeschlossen,
daß von 1939 bis 1945 keine Kriegsgefangenen, Zwangsverschleppte
und sonstige Bürger der Vereinten Nationen in der Gemeinde Burk
beschäftigt worden sind.

Nach dem Befehl 163 werden die Schuldigen bei Nichtbefolgung
Verspätung, Ungenauigkeit mit Bezug auf diesen Befehl zu strenger
Verantwortung gezogen.

А К Т

1946 года апреля 10 дня   город Наунгоф

Мы, нижеподписавшаяся комиссия в составе: Председателя
комиссии гвардии Майора тов. ГОРНОСТАЕВА Василия Алексеевича, членов
красноармейца т. СОЛОДИЛОВА Александра Федоровича и представителя
от Коммунистической партии Германии - Секретарь ком.партии города
Наунгоф г.ГАЛЬЧ и от Управления Магистрата г.БУКС Алемо на основании ПРИКАЗА Главноначальствующего Советской Военной Администрации-
Главнокомандующего Группой Советских Оккупационных Войск в Германии
№ 89 от 18 марта 1946 года составили настоящий акт на предмет передачи немецким властям для охраны и постоянного содержания в полном
порядке могил похороненных граждан СССР и граждан Объединенных
Наций в следующим наличии:
Похороненные граждани Союза Советских Социалистических Республик:
1.Степан Иваненко из Соболево, рождения 1921 г.похоронен 1942 году,
2.Алексей Цуров из Ворошиловограда, рожд.1921 г.похоронен 1942 году,
3.Алексей Хордашвили из Квелашвили, рожд.1919 г.похор. 1942 году,
4.Яков Тимченко из Украины, рождения 1914 года похоронен 1942 году,
5.Тимей Лисенко из Журавко, рождения 1920 года похоронен 1942 году,
6.Александр Яценко из Вуинчеровкá, рожд.1920 г.похоронен 1942 году,
7.Дмитрий Кузнецов из Шлехово р.Быстрые-Стоки рожд.1921 - 1943 году,
8.Петр Морозов из Заболи, рождения 1913 года похоронен 1941 году,
9.Петр Лунин из Днепропетровска, рождения 1911 года похоронен 1945 г.,
10.Константин Лохин из Свори-Украина, рожд.1913 г.похоронен 1942 году,
11.Степан Волошин с.Дуплеска Тарнопольский, рожд.1914 г. - 1942 году,
12.Николай Кодибаба из Солобенко, рожд.1918 г.похоронен 1942 году,
13.Григорий Призюц из Фарбавани, рожд.1920 г.похоронен 1941 году,
14.Василий Зайцев из Киева, рожд.1904 г.похоронен 1945 году,
15.Паалина Пизанская из Шибино, рожд.1921 г.похоронена 1942 году,
16.Член Втрейщик из Дворенникике, рожд.1918 г.похоронен 1942 году,
17.Вера Маковта из Березан р-на Киева, рожд.1927 г.похор. 1944 году.
Похороненные граждане — ПЯТЬ человек Английского подданства.
Похороненные граждане — ДВА человека Французского подданства -
1.Вейтнер Андре, рождения 1904 году похоронен 1944 году г.
2.Науд Маурикс, рождения 1917 года похоронена 1942 году.
На могилах Английских граждан надписей не имеется.

О чем и составлен настоящий акт в ЧЕТЫРЕХ экземплярах:
1/Немецким властям, 2/экз. в Военной Коменатуре г.Наунгоф, района г.
Гримма округа Лейпциг Саксонской федеральной
земли.
3/экз.Отделу репатриации Штаба СВА в Германии, 4/экз.Отделу учета
потерь и захоронений
Группы Советских оккупационных войск в Германии.
К каждому экз.АКТА - прилагается фотоснимки могил.

ПРЕДСЕДАТЕЛЬ КОМИССИИ ГВ МАЙОР   (ГОРНОСТАЕВ)
КРАСНОАРМЕЕЦ   (СОЛОДИЛОВ)
ЧЛЕНЫ КОМИССИИ: ОТ КОМПАРТИИ   (ГАЛЬЧ)
ОТ МАГИСТРАТА г.НАУНГОФ   (ФУКС)

Der Bürgermeister
der Gemeinde Steinigtwolmsdorf

Steinigtwolmsdorf   den 13.4.46.

An den
Herrn Landrat
-Abt.X Befehl 184 und 26-

B a u t z e n .

In Erledigung Ihres Rundschreibens vom 9.des.Mts. gebe ich
Ihnen nachstehend eine Aufstellung der auf dem Friedhof in
Steinigtwolmsdorf befindlichen Gräber :

Grab Nr. 1. Denissow Nikolay,   Russe
geb. 3.7.1920,   gestorben 14.9.1942
Lagernummer: 176523 IV B Lager Kaufer-Knobloch
Lage des Grabes: Südseite Mauer, Abteilung 6.

Grab Nr. 2. Dawidenko Dimitro,   Ukrainer
geb. 22.10.1905 in Staganzi Ars. Kaniw
gestorben 0.6.1046
Arbeitsstätte: Ernst Goldberg, Steinigtwolmsdf.070
Lage des Grabes: Südseite Mauer, Abteilung 6.

Grab Nr.3. Name unbekannt, keine Papiere, Weissrusse,
am 9.5.1945 gefallen, bei Gärtnerei Rösler,
Lage des Grabes: Südseite Mauer, Abteilung 6.

Grab Nr. 4. Antoni Greki,   Soldat
gefallen am 9.5.1945, im Garten v.Hermann Zenker.261B
Lage des Grabes: Südseite Mauer, Abteilung 6.

Grab Nr. 5. Wiszniewski Michael,   Soldat
gestorben am 9.5.45.- im Garten v.Martin Richter 84

Grab Nr. 6. Adamowics, Karol,   Soldat
gestorben am 9.5.45.- im Garten v.Martin Richter 84.

*(Nr. 2, 3, 4, 5 und 6 wurden am 24.5.45. auf dem Friedhofe beigesetzt)

Grab Nr. 7. Mravec, Pavel,   Waldarbeiter
geb.18.7.89. in Rackora, gestorben 16.8.42.in St.88.

Die Gräber werden vom Totenbettmeister laufend gepflegt und
befinden sich in einwandfreiem Zustande.
Der Bürgermeister

An den

Herrn Stadt- und Kreiskommandanten
in F r e i b e r g .

Betr.: Durchführung des Befehles Nr. 163.

Beiliegend überbringe ich Ihnen die Unterlagen des Befehles
Nr. 163 des Obersten Chefs der Sowjetischen Militärverwaltung über
die Nachforschung deutscher Behörde n und deutscher Organe über
Sowjetbürger und Bürger der Vereinten Nationen.

Die Gesamtzahl der bei dieser Suchaktion erfaßten Ausländer
beträgt   7 757.

Für jeden dieser Ausländer wurden Hauptmeldebogen ausgefüllt, die
getrennt nach Nationalitäten, Kriegsgefangenen, Verschleppten Bürgern
und Flüchtlingen zur Ablieferung gelangen.

Die Erfassung der Betriebe, die während des Krieges Ausländer
beschäftigten, erfolgte durch die Ausfüllung von Betriebsfragebogen,
die Sie ebenfalls anbei erhalten.

Standesamtliche sowie persönliche Unterlagen über die festge-
stellten Ausländer sind nur wenige vorhanden, die von den Gemeinden
jeweils an die Hauptmeldebogen oder von den Betrieben an die Betriebsfragebogen angeheftet wurden.

Als Zusammenfassung der Hauptmeldebogen füge ich meinem Schreiben 1 listenmäßige Aufstellung mit folgender Einteilung bei:

1. Kriegsgefangene

Sowjetische Staatsangehörige		690
Weißrussische	"	6
Ukrainische	"	45
Britische	"	117
Amerikanische	"	1
Französische	"	877
Belgische	"	249
Holländische	"	19
Jugoslawische (Kroatische u. Serbische)	"	124
Polnische	"	92
Tschechische	"	1
Slowakische	"	39
Italienische	"	186
Litauische	"	1
Lettische	"	7
Bulgarische	"	1
Gesamtzahl der Kriegsgefangenen		2507

2. Verschleppte Bürger

Sowjetische Staatsangehörige		1771
Weißrussische	"	19
Ukrainische	"	501
Französische	"	210
Belgische	"	83
Holländische	"	10
Jugoslawische (Kroatische u. Serbische)	"	113
Slowenische	"	36
Polnische	"	1771
Staatenlose	"	7
Tschechische	"	108
Slowakische	"	20
Italienische	"	115
Schweizer	"	1
Norwegische	"	1
Litauische	"	9
Lettische	"	7
Rumänische	"	7
Ungarische	"	3
Bulgarische	"	5
Griechische	"	1
Österreichische	"	1
Portugiesische	"	1
Gesamtzahl der Verschleppten Bürger		4807

3. Flüchtlinge

Sowjetische Staatsangehörige		106
Weißrussische	"	7
Ukrainische	"	15
Französische	"	22
Belgische	"	12
Holländische	"	12
Jugoslawische (Kroatische u. Serbische)	"	6
Slowenische	"	1
Polnische	"	86
Staatenlose	"	6
Tschechische	"	34
Slowakische	"	2
Italienische	"	35
Litauische	"	26
Lettische	"	15
Rumänische	"	2
Ungarische	"	16
Bulgarische	"	3
Gesamtzahl der Flüchtlinge		443

58 Sowjetbürger und Bürger der Vereinten Nationen sind während
des Krieges im Landkreis Freiberg verstorben. Eine Liste über die
Betreffenden wurde ebenfalls angefertigt und folgt anbei.

Übergabeprotokoll der Grabstätten von Bürgern der UdSSR
und der alliierten Nationen zur
Pflege an die deutschen Macht-
organe vom 10. April 1946
(links oben)
Акт передачи немецким
властям для охраны могил
похороненных граждан СССР
и граждан объединенных
наций от 10 апреля 1946г.
(слева сверху)

Strafandrohung für Befehlsver-
weigerung (rechts oben)
Предупреждение об ответственности за невыполнение
приказа (справа сверху)

Mitteilung des Bürgermeisters
der Gemeinde Steinigtwolmsdorf an den Landrat von Bautzen über die auf dem Friedhof in
Steinigtwolmsdorf befindlichen
Gräber von Bürgern der Sowjetunion und der alliierten Nationen
(links unten)
Сообщение бургомистра
Штайнигтвольмсдорфа горо-
дскому правлению г. Баутцен о
захоронениях советских граждан и граждан объединенных
наций на кладбище общины
(слева снизу)

Mitteilung des Landrats zu Freiberg an den Stadt- und Kreiskommandanten in Freiberg
bezüglich der Durchführung des
Befehls Nr. 163 (rechts unten)
Отчет городского правления
г.Фрайберг городскому комен-
данту в отношении реализации
приказа № 163 (справа снизу)

Listen von Personen, über deren Schicksal Angaben vorlagen, wurden in mehreren Exemplaren erstellt und an die Militäradministrationen aller vier Besatzungszonen Deutschlands übergeben. Gestützt auf die von den deutschen Selbstverwaltungsorganen zusammengestellten Informationen bemühten sich die alliierten Militärbehörden intensiv um die Überführung der sterblichen Überreste der Opfer in ihre Heimat. Doch die Anzahl der Grabstätten auf deutschem Boden war so groß, dass auch Ende 1947 bei der Sowjetischen Militäradministration immer noch Mitteilungen über weitere, gerade erst entdeckte Grabstätten eingingen. Die Arbeit der Alliierten Militärmissionen (AMM) wurde dadurch erschwert, dass die einzelnen Länder noch während des Krieges über die Schweiz Informationen über Grabstätten ihrer Bürger in Deutschland erhalten hatten, die sich häufig auf nicht geprüfte Angaben stützten. Daher brachten Reisen zu den dort angegebenen vermeintlichen Ruhestätten auf der Suche nach den Ruhestätten ihrer Staatsbürger oftmals nicht die erwarteten Ergebnisse, ermöglichten es aber stattdessen, die Staatsangehörigkeit von Bestatteten anderer Nationen zu ermitteln.

Ende 1947 (Befehl Nr. 317 vom 25. September 1947) und 1948 wurden in der SBZ Beschlüsse zur verstärkten Einrichtung zentraler allgemeiner Friedhöfe gefasst. Die Gräber von bis dahin in kleineren Orten eingerichteten Friedhöfen – oftmals 20 und mehr – wurden auf Befehl der Militärkommandanten der Länder und Provinzen auf eigens dafür zur Verfügung gestellte Flächen bzw. auf bereits bestehende Friedhöfe in den Kreisstädten verlegt. Hervorzuheben ist jedoch, dass sich diese Befehle nicht auf die Grabstätten von Kriegsgefangenen erstreckten. Zeitgleich mit der Reduzierung der Gesamtzahl der Friedhöfe wurden bedeutende Gelder für die Errichtung von Gedenksteinen und die Gestaltung der Friedhöfe bereitgestellt. Der Schaffung von Gedenksteinen gingen oftmals Ausschreibungen voraus, an denen namhafte Bildhauer teilnahmen. Dies betraf in erster Linie die Errichtung größerer Mahnmale, wie zum Beispiel in Zeithain bei Riesa.

Nach Auflösung der Sowjetischen Militäradministration in Deutschland und Gründung der DDR im Jahre 1949 wurden alle Friedhöfe

Опираясь на полученную от немецких органов самоуправления информацию администрациями союзников и военными миссиями других государств в 1945/46 гг. была проведена большая работа по перезахоронению останков погибших на их родине. Однако количество захоронений на территории Германии было столь велико, что еще в конце 1947 года в Советскую военную администрацию продолжали поступать сообщения о дополнительно обнаруженных могилах. Работа Союзных Военных Миссий (СВМ) часто осложнялась и тем, что еще во время войны эти государства получали через Швейцарию информацию о захоронениях своих граждан на территории Германии, которые нередко опирались на не проверенные сведения. Поездки по этим местам с целью поиска захоронений своих граждан нередко приносили хоть и не ожидаемые результаты, но часто позволяли установить гражданство захороненного человека другой нации.

В конце 1947 (приказ № 317 от 25 сентября 1947 г.) и в 1948 годах в СЗО были приняты решения о создании еще более централизованных общих кладбищ. Оборудованные к тому времени в сельских районах захоронения, нередко включавшие в себя 20 и более могил, по приказу военных комендантов земель и провинций были перезахоронены на отведенные к тому времени места или уже оборудованные кладбища в районных центрах. Следует однако подчеркнуть, что на массовые захоронения военнопленных эти приказы не распространялись. Одновременно с сокращением количества общих кладбищ были выделены значительные суммы денег на возведение обелисков и их благоустройство. Нередко создание обелисков происходило на конкурсной основе с привлечением ведущих скульпторов. Это практиковалось прежде всего при создании крупных мемориальных комплексов, таких как Цайтхайн.

В 1949 году после окончания деятельности СВАГ и образования ГДР все кладбища и мемориальные комплексы были переданы в ведение немецких властей с четко зафиксированными обязательствами по уходу за ними. Одновременно с этим были подготовлены и новые списки захороненных лиц с указанием их гражданства. Вплоть до середины 50-х годов в соответствующие

Ref.: ORRat Marien
Landesregierung Sachsen
Ministerium der Finanzen

V 2 A, a: 449/48

Dresden A 50, am 28. Juli 1948
Hausapp. 579 (A 370)

45

Abgefertigt
am 28/7 48

1) An den
Chef der Finanzabteilung der SMA S

D r e s d e n N 15

Betr.: Finanzierung der Errichtung von Ehrenfriedhöfen

Die Finanzabteilung der SMA S hat durch
Anordnungen vom 14. und 26. November 1947
- Nr.2-7 - das Ministerium der Finanzen beauftragt, die Ausgaben der Militärkommandanturen
der Städte und Kreise zur Errichtung von Ehrenfriedhöfen für Angehörige der Sowjet-Armee sowie
für Bürger der UdSSR und der Vereinten Nationen
in einer Höhe von insgesamt 708 000 RM zu
finanzieren mit der Weisung, daß dieser Betrag
von der Zonenverwaltung zu Lasten der Mittel
für zentrale Maßnahmen dem Land Sachsen erstat-
tet werden wird. Nach einer Entscheidung des
Leiters der Finanzverwaltung der SMA D waren
diese Mittel lediglich für die Anlegung neuer
Friedhöfe bestimmt, hinsichtlich welcher nicht
die Kommandanten, sondern allein die SMA D zu
Anordnungen berechtigt sein sollte, während die
laufende Unterhaltung und die Erweiterung bereits bestehender Friedhöfe von den örtlichen
deutschen Selbstverwaltungsorganen zu tragen
war(vergl.Schr. der SMA D v.4.April 1946 -Nr.19/
2872- 3 - und der DZFV vom 23.März 1948 - I 1350-
62A ~).

Das Ministerium der Finanzen hat daraufhin
den einzelnen sächsischen Städten und Kreisen
die auf sie entfallenden Beträge, die in den
oben genannten Anordnungen der SMA S einzeln
festgelegt waren, mitgeteilt und sie beauftragt,
den Kommandanturen diese Beträge bekanntzugeben,

- 6 -

Geldreform noch bei der Lhk. in Verwahrung befindlichen Restbestände der aus dem Zonenhaushalt
1947/48 stammenden 708 000 RM (Stand am 23.6.48:
319 310,02 RM), die in den nächsten Wochen rest-
los verausgabt werden sollten, nach den von DWK-DV
erlassenen Richtlinien im Verhältnis 10 : 1 um-
gewertet werden müssten, in Anbetracht dessen,
daß dadurch die bestehenden Finanzierungsschwierig-
keiten noch bedeutend erhöht würden, insofern
alsdann nicht einmal mehr die ursprünglich bereit-
gestellten Mittel den Kommandanturen zur Verfügung ständen, wird das Min.d.Finanzen bei der
DWK - Hauptverwaltung Finanzen - und der Finanzverwaltung der SMA D um eine bevorzugte Umwertung
dieser Mittel im Verhältnis 1 : 1 nachsuchen, und
zu diesem Zweck an eine Abschrift dieses Berichts
nach dort senden. Die SMAS wird gebeten, auch Ihre

Um eine baldige Stellungnahme hierzu und
möglichste Abstellung der geschilderten Beispiele
von Schwierigkeiten, die jederzeit beliebig ver-
mehrt werden können, wird gebeten.

Z.H. (Minister der Finanzen)

2) Auf eine Abschrift von 1)

An
die Deutsche Wirtschaftskommission
-Hauptverwaltung Finanzen-

B e r l i n W 8
Leipziger Straße 5/7

mit der Bitte um Kenntnisnahme und Entschließung
zum vorletzten Absatz.
Gleichzeitig wird eine Ausfertigung in deutsch

Stempel: Der Landrat 17. MAI 1946 zu Bautzen / 61

Sterbeurkunde

(Standesamt) Bautzen   Nr. 545/1944.

Der Hilfsarbeiter Iwan Uwarow,   orthodox

wohnhaft zuletzt in Kirschau, Gemeinschaftslager Schloßberg

ist am 17. Juni 1944 um 9 Uhr 45 Minuten

in Bautzen in der Stadtkrankenanstalt verstorben.

D er Verstorbene war geboren am 17. April 1889

in Djatkowo -Rußland-

(Standesamt)   Nr.

Vater: Namen, Stand und Wohnort

der Eltern unbekannt.

Mutter:

D er Verstorbene war nicht verheiratet mit Natalij Uwarow, weiteres

unbekannt.

Bautzen, den 16. Mai 19 46.

Der Standesbeamte

(Siegel Standesbeamter in Bautzen)

Für amtliche Zwecke.
Todesursache: Lungentuberkulose. Pleuraempyem.

Sterbefallnachweis
Извещение о смерти

Schriftwechsel des Finanzministeriums der Landesregierung Sachsen mit
dem Leiter der Finanzabteilung der SMA für das Land Sachsen vom
28. Juli 1948 über die Finanzierung der Errichtung von Ehrenfriedhöfen
Переписка министерства финансов земли Саксония с отделом финансов
Советской военной администрации земли Саксония от 28 июля 1948г. в
отношении финансирования возведения братских кладбищ (справа)

und Mahnmale an die deutschen Behörden mit detaillierten Auf-
lagen zu deren Pflege übergeben. Darüber hinaus wurden neue
Gräberlisten mit Angaben zur Nationalität der Verstorbenen erstellt.
Bis Mitte der 50er Jahre gingen bei den deutschen Behörden Mitteilungen über neu entdeckte Grabstätten ein, allerdings enthielt
die für den Namen reservierte Zeile häufig im Formular den Vermerk „unbekannt".

In den 70er Jahren erfolgte in der DDR eine umfangreiche Arbeit
zur Systematisierung sämtlicher Angaben über Grabstätten aus-
ländischer Bürger auf ihrem Territorium. Leider wurden bei der
Erfassung dieser Informationen nicht immer alle Angaben über
die betreffende Person übertragen. So wurden zum Beispiel häufig
Angaben über die Zwangsverschleppung nach Deutschland, aber
auch die Erkennungsmarkennummer, die jeder Kriegsgefangene im
aufnehmenden Lager erhielt, weggelassen. Heute wissen wir, dass
gerade die Erkennungsmarkennummer es ermöglicht, einen Menschen eindeutig zu identifizieren. So steht noch viel Arbeit an, um
die bislang fehlenden Informationen zusammenzutragen und zuzuordnen. Eine Schwierigkeit besteht außerdem darin, dass gegen-
wärtig die Listen von in Deutschland begrabenen sowjetischen Bürgern in alphabetischer Reihenfolge der Namen geführt sind, nicht
jedoch nach den einzelnen Friedhöfen. Daher steht in den kommenden Jahren eine aufwändige Arbeit bevor, die vorhandenen
Angaben so zu ordnen und zu systematisieren, dass Friedhofbücher
über die Gräber von ausländischen Bürgern, besonders in Sachsen,
mit Angabe der auf jedem einzelnen Friedhof beerdigten Personen
veröffentlicht werden können.

Im Ergebnis der bisher im Rahmen des Projekts „Sowjetische und
deutsche Kriegsgefangene und Internierte" geleisteten Tätigkeit
haben die Stiftung Sächsische Gedenkstätten und der Suchdienst
des Deutschen Roten Kreuzes im September 2003 Listen der auf
dem Territorium Sachsens beerdigten Bürger der Sowjetunion an
das Russische Such- und Informationszentrum des Roten Kreuzes
übergeben. Obwohl noch viel zu tun ist, bis auch in den anderen
Bundesländern diese Unterlagen so aufgearbeitet, Datenbanken
erstellt und entsprechende Mitteilungen zur Schicksalsklärung an

немецкие органы продолжали поступать сообщения об обнаруженных захоронениях, но к сожалению чаще всего в строке на-
против фамилии стояло „неизвестна".

В 70-е годы в ГДР была проведена обширная работа по система-
тизации всех данных в отношении захороненных на ее территории
иностранных граждан. К сожалению при их учете информация,
имеющаяся на захороненного человека, не всегда заносилась
полностью. Упускались, например, данные о том, был ли он угнан
в Германию или же номер опознавательной марки, который каждый военнопленный получал в лагере. Сегодня мы знаем, что
как раз по номеру опознавательной марки можно однозначно
выяснить персональные данные человека. Поэтому еще предстоит провести кропотливую работу по дополнению недостаю-
щей информации. Сложность, кроме того, состоит еще и в том,
что в настоящее время списки захороненных в Германии советских граждан в немецких архивах хранятся в алфавитном порядке, а не по отдельным кладбищам. Поэтому в ближайшие годы
необходимо будет обработать и систематизировать эти данные
для того, чтобы подготовить к публикации исчерпывающую
книгу о кладбищах иностранных граждан на территории Земли
Саксония с указанием захороненных на них лиц.

В результате проделанной нами до настоящего времени работы
в рамках проекта „Советские и немецкие военнопленные и интернированные" списки захороненных на территории Земли
Саксонии граждан Советского Союза были переданы Объединением Саксонские Мемориалы и Службой розыска Немецкого
Красного Креста в сентябре 2003 года Российскому центру
розыска и информации общества Красного Креста. Хотя предстоит еще многое сделать по обработке аналогичных документов в других землях Германии, по составлению базы данных и
подготовке сообщений о выяснении судеб давно ожидающим
этого родственникам без вести пропавших, уже сегодня сотни
семей могут получить такие долгожданные сообщения.
Аналогичные исследования предстоит провести и по выяснению
судеб пропавших без вести граждан Германии, а также по уточ-
нению уже полученной семьями информации о погибших. Как

Gräberliste von Angehörigen
der Sowjet - Union.

Gemeinde Demitz-Thumitz

In Demitz-Thumitz auf dem russ. Friedhof sind 36 russ. Kriegsgefangene beerdigt. Die Namen und Sterbetage sind der Kommandantur
eingereicht worden.

Gemeinde P o h l a

Auf dem Parochialfriedhof in Pohla sind zwei russ. Kriegsgefangene
beerdigt:

    Wassil Woronin   Nr. 10202   gest. 13. 3. 45

    Asniow Hragmi   " 59539   "   7. 4. 45

Gemeinde R a m m e n a u

Auf dem Friedhof in Rammenau sind zwei Arbeiter aus der U d S B R
begraben:

    Maroin Kuniki, geb. 19.8.1924 gest. 4. 8.1943

    Johann Zack,   geb. 12.7.1894 gest.24. 2.1945

Gemeinde S c h m ö l l n

7 sowjetische Kriegsgefangene sind im Grundstück der
Fa. Sparmann & Co. in Schmölln begraben.

1. Baitzow, Prol Gefangenen-Nr. 150 016 UdSSR gest. 3.12.1941

2. Sosika, Fedor   "   149 588   "   "   3.12.1941

3. Bojka, Jakow   "   148 867   "   "   3.12.1941

4. Kanin, Iwan   "   148 827   "   "   4.12.1941

5. Scharow, Serge   "   141 453   "   "   7.12.1941

6. Michalow, Dimitri   "   147 709   "   "   3. 1.1942

7. Nikolerko, Afanasy   "   159 070   "   " 11. 12.1944

Sächsische Granitwerke vorm. C.G. Kunath
Zweigniederlassung der Basalt-Actien-Gesellschaft

Postanschrift: Sächsische Granitwerke vorm. C. G. Kunath, (10) Demitz-Thumitz

An die
Gemeinde Demitz-Thumitz
Demitz-Thumitz

Ihre Zeichen	Ihre Nachricht vom	Unsere Nachricht vom	Unsere Zeichen	(10) Demitz-Thumitz (Kreis Bautzen)
./.	28.1.46.		139	6. Februar 1946

Betreff: Russenfriedhof.

Wunschgemäß überreichen wir Ihnen nachstehend ein namentliches Ver-
zeichnis der auf dem Russenfriedhof auf unserem Gelände beerdigten
Kriegsgefangenen.
Von den z. Zeit noch unbeschrifteten drei Grabkreuzen lassen wir zwei
beschriften, sobald das russische Kommando das Herausnehmen der zwei
Kreuze genehmigt.
Das auf dem vierten Grabe noch fehlende Kreuz werden wir anfertigen
und aufstellen lassen.
In den 36 Gräbern sind 34 Kriegsgefangene aus unserem Lager bestettet.
Zwei Leichen sind von einer Nachbargemeinde nach hier gebracht worden.
Leider können wir heute nicht mehr feststellen, aus welcher Gemeinde
diese stammen, da die Begräbnisse s.Zt. von den beteiligten Wachkom-
mandos im Einvernehmen mit dem inzwischen verstorbenen stellvertreten-
den Betriebsführer, Herrn Decker, vorgenommen wurden. Unsere Annahme,
daß die beiden Leichen aus Rothnaußlitz stammen, hat sich als unzu-
treffend erwiesen. Wir sind daher nicht in der Lage, diese beiden
Kreuze beschriften zu lassen.
Die aus unserem Lager stammenden Beerdigten hießen:

Nr.	Lager-nummer	Name und Vorname:		Todestag:
1	149656	Jazenko,	Grigorij	2.12.41
2	147490	Kudrow,	Nikolaj	8.12.41
3	149441	Gutkow,	Nikolaj	15.12.41
4	149113	Doroschenko,	Egor	22.12.41
5	150014	Bogatschew,	Iwan	3. 1.42
6	148879	Tschernienko,	Mark	4. 1.42
7	139121	Petschonkin,	Michail	6. 1.42
8	146925	Bistrow,	Fedor	7. 1.42
9	148798	Krawtschuk,	Efim	13. 1.42
10	142520	Konowalow,	Michail	13. 1.42
11	148920	Bobrow,	Nina	14. 1.42
12	148849	Pritworow,	Aleksej	16. 1.42
13	141228	Pentschuk,	Ewsenij	16. 1.42
14	149504	Worontschichin,	Nikolaj	17. 1.42
15	148390	Ewdokimow,	Iwan	17. 1.42

bitte wenden!

16	148827	Berewoj,	Pawel	18. 1.42
17	147716	Mexinow,	Andrej	19. 1.42
18	141256	Losenko,	Nikita	20. 1.42
19	150011	Platow,	Fedor	20. 1.42
20	149223	Polowtschnina,	Timofej	20. 1.42
21	139655	Sertschuk,	Malenik	21. 1.42
22	139654	Schechebin,	Nikolaj	21. 1.42
23	155168	Felebejew,	Jachmann	21. 1.42
24	139630	Alexejenko,	Kirill	21. 1.42
25	140820	Danskoj,	Pietr	22. 1.42
26	134688	Samatu, Lin	Lin	27. 1.42
27	148800	Stechitsch,	Iwan	27. 1.42
28	148955	Schuga,	Grigorij	28. 1.42
29	139123	Tierentiew,	Pawel	1. 2.42
30	149099	Gwelessjanij,	Akakij	2. 2.42
31	147090	Userkow,	Pietr	2. 2.42
32	146626	Woronow,	Michail	18. 3.42
33	149151	Zacarenski,		9.10.42
34	14221	Uschakow,		1. 8.44

Der Treuhänder: vorm. Sächsische Granitwerke vorm. C. G. Kunath,

---

Aufstellung der Gräber von Bürgern der Sowjetunion
Список захороненных граждан СССР

Mitteilung des Treuhänders der Sächsischen Granitwerke an die Gemeinde
Demitz-Thumitz über Kriegsgefangenengräber auf dem Friedhof der Granitwerke
(links)
Сообщение управляющего Саксонской гранитной мастерской общине Демитц-
Тумитц о захороненных военнопленных на кладбище гранитной мастерской
(слева)

die schon lange darauf wartenden Angehörigen der Opfer versand-
fertig sein werden, können bereits heute Hunderte Familien solche
lang ersehnte Schreiben erhalten.

Analog dazu bleibt aber auch vieles für die Klärung der Schicksale
der bis heute als vermisst geltenden Deutschen bzw. für die Überprüfung jener Informationen über Verstorbene zu tun, die deren
Familienangehörige bereits aus verschiedenen Quellen erhalten
haben. Die Unterlagen des Innenministeriums der DDR belegen,
dass sich noch in den 60er Jahren viele Familien weigerten, den
Mitteilungen über den Tod ihrer Angehörigen Glauben zu schenken.
Die Ursache für solche Skepsis bildeten häufig Erzählungen von
Rückkehrern aus der Gefangenschaft, die den Betreffenden zu
einem späteren Zeitpunkt getroffen haben wollen, so dass das
Todesdatum nicht stimmen könne.

Außerdem war in den Todesmitteilungen auch aus jüngerer Zeit
häufig der Ort der Grablage nicht benannt. Die Anfragen vieler
Menschen, ihnen diesen Ort nachträglich mitzuteilen, blieben lange
Zeit ohne positive Antwort. Erst seit Anfang der 90er Jahre ist es
dank der Unterstützung der Regierungen beider Länder und der
unermüdlichen Arbeit der Archivmitarbeiter Russlands und Weißrusslands möglich geworden, in vielen Fällen solche Anfragen positiv zu bescheiden. Die Arbeit in dieser Richtung geht weiter und
wird auch auf lange Sicht fortgeführt werden.

показывают документы Министерства внутренних дел ГДР, еще
в 60-е годы многие семьи отказывались верить полученным
справкам о дате смерти их родственников. Чаще всего основой
такого недоверия служили сообщения вернувшихся из плена
или освобожденных из заключения о том, что они видели их
родственников в более позднее время и что указанная дата
смерти поэтому не может соответствовать действительности.
Другой проблемой являлось то, что в полученных сообщениях
о смерти, вплоть до недавнего времени, не указывалось место
захоронения. Обращения огромного количества людей с допол-
нительной просьбой сообщить им об этом, долгое время оставались без положительного ответа. Лишь с начала 90-х годов благодаря поддержке правительств обоих государств и проведенной
обширной работе сотрудников архивов России и Белоруссии стало возможным во многих случаях удовлетворить такие просьбы.
Работа в этом направлении идет и будет продолжаться в будущем.

1 Sächsisches Hauptstaatsarchiv Dresden, Kreistag/Kreisrat Freiberg Nr. 380, ohne Bl.
   Rundverfügung Nr. 54/46.
2 GARF, F. R–7317, op. 21, Akte 3, Bl. 113. Protokoll zur Übernahme von Gruppen- und
   Einzelgräbern von Bürgern der Sowjetunion und der alliierten Nationen.
3 GARF, F. R–7317, op. 21, Akte 2, Bl. 140. Bericht des Obersten Offiziers der Sowjetischen Militärmission für Fragen der Repatriierung beim 30. Britischen Korps,
   Oberstleutnant Juchne, an Major Skrynnik über den Zeitraum Mai 1946.
4 Ebd., Bl. 139.

1 Главный архив Земли Саксонии Дрезден, Крайстаг/Крайсрат Фрайберг №380, без
   стр. К сведению всех №54/46.
2 ГАРФ, Ф.Р–7317, оп.21, д.3, л.113. Акт приема передачи групповых и одиночных
   могил граждан СССР и граждан объединенных наций.
3 ГАРФ, Ф.Р–7317, оп.21, д.2, л.140. Докладная записка генерал-майору Скрынник
   от Старшего офицера Советской Военной Миссии по делам репатриации при 30-
   м Британском Корпусе подполковника Юхне за май 1946года.
4 там же, л.139.

DEUTSCHE DEMOKRATISCHE REPUBLIK

Sterbeurkunde

(Standesamt Ost Dresden ---   Nr.1171/1964)

Ernst Hans S   ,---

wohnhaft in Dresden, ---

ist am 6.Dezember 1948 ---   ~um~-~-~Uhr~-~-~~Minuten~

~in~ Todesstunde unbekannt in der UdSSR verstorben.

Der Verstorbene war geboren am 4. April 1906---

in Weißbach,Kr.Kamenz,---

Der Verstorbene war – nicht – verheiratet mit Gertrud Erika

S   geb.F   ---

Dresden, den 19. Oktober 19 64.

Leiter des Standesamtes

Geburt des Verstorbenen:

Standesamt Schmorkau   Nr.10/1906

320 10 (PstW C 6) (87/11) 546 4. 63 Ag 318/63/DDR

Sterbeurkunde
Свидетельство о смерти

Rat des Kreises Sebnitz
-Stellv.des Vors.für Innere
Angelegenheiten-

Ref 8 41

Ihre Aktenzeichen   Ihre Nachricht vom   Unser Aktenzeichen   Sebnitz/Sa., den   11.9.1964
18-25/5

Betrifft Aktennotiz
UdSSR-Sterbefall / Aushändigung der Sterbeurkunde Nr. 2o/1964
StA Lohmen an die E   verw. B   in L   ,B   straße 26
Bezug: Schr.Rat des Bez.,Abt. Inneres vom 27.7.1964,AZ 18-25 Ka/Ha

Am 1o.9.1964 wurde mit der Frau B. eine Aussprache geführt mit
dem Ziel, ihr die Sterbeurkunde ihres Ehemannes zu übergeben.

Im Verlauf der Aussprache wurde die Frau B. unhöflich und dis-
kriminierte alle Staatsorgane DDR/UdSSR. Sie brachte zum Ausdruck, daß ihr Mann noch leben würde. Ein Bekannter ihres
Mannes und ihres Sohnes habe noch 1954 im ehemaligen Ostpreußen,
jetzt Territorium der UdSSR, beide in einem Lager gesehen.

Des weiteren brachte Frau B. zum Ausdruck, daß sie nie eine
Sterbeurkunde anerkenne und annehmen werde.

Frau B. wurde von mir beauftragt, den Namen des Bekannten festzustellen und ihn zu befragen, ob er seine Nachricht wegen Aufent-
halt Beichlings in einem Lager noch 1954 schriftlich bestätigen
würde.

Frau B. hat noch keine Kenntnis von dem in der Sterbeurkunde
angegebenen Sterbetag 29.7. 1952.
Die Urkunde wurde ihr zunächst nicht übergeben.

(Röhrup)
Stellv.des Vors.f.Innere
Angelegenheiten

14.9.1964
Zunächst Klärung beim Stellv. Inneres
Rat d.Bez., ob der Fall weiterbearbeitet
werden oder mit der Zusendung der
Sterbeurkunde an die Frau B. abgeschlossen
werden soll.

(Röhrup)

Aktennotiz eines Gesprächs eines Vertreters des Innenministeriums mit Frau B. zur Übergabe des UdSSR-Sterbefallnachweises ihres Ehemannes vom 11. September 1964.
Протокол разговора представителя Министерства внутренних дел с г-жой Б. в от-ношении выдачи ей извещения о смерти мужа в СССР от 11-го сентября 1964г.

Regierung der Deutschen
Demokratischen Republik   Innere Angele enh.
Abt.Innere Angelegenheiten   18-
Ministerium des Innern
- S e k t o r II -   30.8.59
B e r l i n B 17
ZKD-Nr. 104

Betr.: Tagung am 19.2.1959

Anliegend geben wir die Karteikarte T h i e m e zurück. Der Ster-
befall wurde noch nicht beurkundet. Mit Frau Thieme wurde eine
Aussprache geführt. In dieser brachte sie zum Ausdruck, daß der Todestag ihres Ehemannes unwahrscheinlich sei, da sie im Juli 1949 von
einem Kameraden Grüße von ihrem Ehemann erhalten habe. Im Jahre 1952
erfuhr sie von einem aus der Haft entlassenen, der mit ihrem Mann
bis 1951 zusammen war. Weiter teilte Frau Thieme mit, daß die nach
einer Anfrage beim Hauptpolizeiamt Berlin von dort die Mitteilung bekam,
daß ihr Mann bis 1951 in der dortigen Kartei geführt worden wäre.

1958 ließ Frau Thieme ihren Mann für tot erklären. Die Todeszeit wurde
vom Kreisgericht Riesa für 1951 festgelegt.

1 Anlage   (Körner) Abt.-Leiter

Aktennotiz eines Gesprächs eines Vertreters des Innenministeriums mit Frau T. zur Übergabe des UdSSR-Sterbefallnachweises ihres Ehemannes vom 30. August 1959.
Протокол разговора представителя Министерства внутренних дел с г-жой Т. в отношении выдачи ей извещения о смерти мужа в СССР от 30-го августа 1959 г.

Unbekannte Aspekte der Gefangenschaft.
Zur Geschichte einer Flucht aus einem deutschen Kriegsgefangenenlager
Неизвестный плен.
История одного побега из немецкого лагеря для военнопленных

Igor' Valachanovič | Игорь Валаханович

Die Weltgeschichte kennt zahlreiche Beispiele, dass Völker aufgrund bestimmter Umstände für eine gewisse Zeit getrennt leben. Von 1921 bis 1939 betraf dies auch die Weißrussen. Ein Teil von ihnen musste auf polnischem Hoheitsgebiet leben, der andere in der Weißrussischen Sozialistischen Sowjetrepublik, einer Teilrepublik der UdSSR.

Infolge des polnisch-sowjetischen Krieges 1919–1920 verlor nach den Bestimmungen des Rigaer Friedensvertrags (1921) das riesige ehemalige Russische Reich die westlichen Gebiete des ethnischen Weißrussland – das Gouvernement Grodno, die Gebiete Novogrudok und Pinsk sowie Teile der Gebiete Sluck, Mozyr und Minsk des Gouvernements Minsk, dazu noch die Gebiete Ošmjansk, Lida, Vilejka und Disna des Gouvernements Wilna (Vilnius).

Der Zweite Weltkrieg, in dessen Verlauf es zur Wiedervereinigung der westlichen und östlichen weißrussischen Gebiete kam, veränderte den Fortgang der historischen Ereignisse. Am 23. August 1939 wurde zwischen der UdSSR und Deutschland ein Nichtangriffsvertrag geschlossen. Gemäß dem Geheimen Zusatzprotokoll zum Vertrag durften die deutschen Truppen im Falle eines militärischen Konflikts zwischen Deutschland und Polen eine festgelegte Grenzlinie entlang der Flüsse Narev, Weichsel und San nicht überschreiten. Am 1. September 1939 überfiel Hitlerdeutschland Polen. Der Zweite Weltkrieg begann. Mitte September hatten sich die deutschen Truppen den Gebieten Westweißrusslands und der Westukraine genähert, denen damit eine unmittelbare Besetzung drohte. Die deutsche Führung, die sich auf die geheimen Vereinbarungen bei der Unterzeichnung des Vertrags vom 23. August 1939 berief, drängte die sowjetische Seite, möglichst bald etwas gegen Polen zu unternehmen, denn sie wollte auch der UdSSR die Verantwortung für den Beginn des Zweiten Weltkriegs zuschreiben. Stalin jedoch wollte den Eindruck von Neutralität erwecken und zögerte einen Angriff hinaus. Erst am 17. September, als die polnische Armee insgesamt geschlagen und fast das gesamte Gebiet des ethnischen Polen von den deutschen Truppen besetzt war, erteilte

В мировой истории немало примеров, когда те или иные народы в силу обстоятельств определенное время были разъединены. В 1921–1939гг. так случилось с белорусами. Одна часть из них вынуждена была проживать в составе Польши, а другая в составе СССР, в границах Белорусской Советской Социалистической республики.

Вследствие польско-советской войны 1919–1920гг., согласно условиям Рижского мирного договора (1921г.) к Польше от огромной территории бывшей Российской империи отошли западные районы этнической Беларуси – Гродненская губерния, Новогрудский, Пинский, часть Слуцкого, Мозырского и Минского поветов Минской губернии, а также Ошмянский, Лидский, Вилейский и Дисненские поветы Виленской губернии.

Вторая мировая война, во время которой произошло воссоединение западных белорусских земель с восточными, изменила ход исторических событий. 23 августа 1939г. между СССР и Германией был подписан пакт о ненападении. Согласно дополнительному секретному протоколу, прилагаемому к договору, в случае военного конфликта Германии с Польшей германские войска не должны были пересекать установленную границу, которая проходила по линии рек Нарев, Висла, Сан. 1 сентября 1939г. гитлеровская Германия напала на Польшу. Началась Вторая мировая война. В середине сентября немецкие войска подошли к землям Западной Беларуси и Западной Украины, оказавшимся непосредственно под угрозой оккупации. Немецкое руководство, ссылаясь на договоренность при подписании договора от 23 августа 1939г. подталкивало советскую сторону скорее выступить против Польши, чтобы возложить ответственность за начало второй мировой войны и на СССР. Но Сталин, создавая впечатление нейтралитета, оттягивал выступление. Лишь 17 сентября, когда польская армия в целом была разбита и почти вся территория этнической Польши была занята немецкими войсками, Советское правительство отдало приказ Главному командованию Красной Армии перейти границу и

die Sowjetregierung dem Oberkommando der Roten Armee den Befehl, die Grenze zu überschreiten und Leben und Vermögen der Bevölkerung Westweißrusslands und der Ukraine unter ihren Schutz zu stellen. Die sowjetischen Truppen rückten zielstrebig gen Westen vor. Innerhalb einer Woche war die Bevölkerung der westweißrussischen Städte – Baranoviči, Novogrudok, Lida, Slonim, Wilna, Pružany, Grodno, Pinsk, Belostok (Bialystok) und Brest – wieder mit ihren in der UdSSR lebenden weißrussischen Brüdern vereint. Die politischen Beziehungen zwischen Deutschland und der UdSSR zu diesem Zeitpunkt bewirkten, dass am 25. September in Brest sogar eine gemeinsame Parade von sowjetischen und deutschen Truppen – zukünftigen Gegnern – stattfand.

Es war eine Ironie des Schicksals, dass die Großmächte mit den Interessen Polens ähnlich umgingen, wie es die Regierungskreise Polens während der Rigaer Verhandlungen 1921 mit den Interessen und der territorialen Geschlossenheit Weißrusslands getan hatten.

Wie immer in derartigen Fällen, spielte das Schicksal der einfachen Menschen auf dem militärpolitischen Schauplatz der großen Diktatoren Hitler und Stalin keinerlei Rolle und diente lediglich als „Wechselgeld" bei den sowjetisch-deutschen Handelsgeschäften. Dennoch waren es gerade das Schicksal und die Handlungen der einfachen Menschen und nicht der Politiker und Diplomaten, die in der Folgezeit den Verlauf der historischen Ereignisse bestimmten und den Völkern Europas Sieg und Frieden brachten.
Das Schicksal einiger dieser einfachen Leute soll im Folgenden näher beleuchtet werden:

Aleksej Mikulič

Der Weißrusse Aleksej Mikulič wurde 1908 im Dorf Rabun, Gebiet Vilejka, geboren, das damals zum Russischen Reich gehörte. Als polnischer Staatsbürger diente er von 1932 bis 1934 bei der Armee in der Stadt Modlin. Im September 1939 wurde er erneut zur polnischen Armee einberufen und geriet noch im gleichen Monat in deutsche Gefangenschaft.

взять под свою защиту жизнь и имущество населения Западной Украины и Западной Беларуси. Советские войска стремительно продвигались на запад. В течение недели население западно-белорусских городов – Барановичей, Новогрудка, Лиды, Слонима, Вильно, Пружан, Гродно, Пинска, Белостока и Бреста – воссоединилось со своими братьями-белорусами, проживавшими в СССР. Политические взаимоотношения Германии и СССР на тот момент были таковы, что 25 сентября 1939 г. в Бресте состоялся даже совместный парад советских и немецких войск - будущих потенциальных противников.
По иронии судьбы, с интересами Польши великие державы обошлись приблизительно так же, как правительственные круги Польши с интересами и территориальной целостностью Беларуси во время рижских переговоров в 1921 г.

Как всегда бывает в подобных случаях, судьбы обычных людей на полигоне военно-политических игр великих диктаторов – Гитлера и Сталина – не играли никакой роли и служили лишь разменной монетой в советско-германских торгах. И в то же время, именно судьбы и поступки обычных людей, а не политиков и дипломатов, впоследствии определили ход исторических событий и привели народы Европы к победе и миру.

Алексей Микулич

Белорус Алексей Микулич родился в 1908 г. в д. Рабунь Вилейского повета, входившего в то время в состав Российской империи. Как польский гражданин, в 1932-1934 гг. он отслужил в армии в г. Модлине, а в сентябре 1939 г. вновь был мобилизован в польскую армию. В том же месяце А. Микулич попал в плен.

Bronislav Romanko

Der Weißrusse Bronislav Romanko wurde 1907 im Dorf Teševlja, Gebiet Baranoviči, geboren. Von 1928 bis 1930 diente er als Soldat im 26. Kavallerieregiment der polnischen Armee in Baranoviči. Im März 1939 wurde er als Wehrpflichtiger eingezogen. Im 80. Infanterieregiment der polnischen Armee beteiligte er sich an der Grenzbefestigung im Raum Mlava. Nach Beginn der Kampfhandlungen im September 1939 geriet er bei Warschau in deutsche Gefangenschaft.

Dem'jan Lavrinčik

Der Weißrusse Dem'jan Lavrinčik wurde 1914 im Dorf Svirany, Amtsbezirk Molčad, Landkreis Baranoviči, geboren. 1932 beendete er die 4-Klassen-Dorfschule, anschließend arbeitete er als Lehrling bei einem Schneider. 1937/38 diente er im 36. Infanterieregiment in Warschau. Im März 1939 wurde Lavrinčik einberufen und mit dem 79. Infanterieregiment in den Raum Mlava geschickt, wo er bei der Befestigung von Verteidigungsabschnitten eingesetzt war. Nach Beginn der Kampfhandlungen wurde das Regiment zerschlagen und Lavrinčik geriet in Gefangenschaft.

Evgenij Žuk

Der Weißrusse Evgenij Žuk wurde 1914 im Dorf Kamčatka im Gebiet Grodno geboren. Von 1926 bis 1928 besuchte er die Dorfschule. Danach arbeitete er mit seinem Vater in der familienbetriebenen Landwirtschaft. 1936/37 diente er im 30. Kavallerieregiment der polnischen Armee in Warschau. Anfang September 1939 wurde er einberufen und mit dem 42. Infanterieregiment nach Belostok geschickt. Am 13. September 1939 geriet er in der Nähe des Dorfes Ostrolenok in Gefangenschaft.

Vladimir Giba

Der Weißrusse Vladimir Giba wurde 1911 im Dorf Verchles, Amtsbezirk Šudjalow, Landkreis Sokol, Gebiet Belostok, geboren. 1922/23 besuchte er eine polnische Dorfschule. Danach arbeitete er mit seinem Vater in der familienbetriebenen Landwirtschaft.

Бронислав Романко

Белорус Бронислав Романко родился в 1907 г. в д. Тешевля Барановичской области. В 1928–1930 гг. проходил службу рядовым в 26-м кавалерийском полку польской армии в г. Барановичи. В марте 1939 г. как военнообязанный был мобилизован. В составе 80-го пехотного полка польской армии он принимал участие в укреплении границы в районе Млавы. После начала боевых действий в сентябре 1939 г. в районе Варшавы он попал в немецкий плен.

Демьян Лавринчик

Белорус Демьян Лавринчик родился в 1914 г. в д. Свираны Молчадской волости Барановичского уезда. В 1932 г. закончил сельскую 4-классную школу, а затем работал учеником портного. В 1937–1938 гг. служил в 36-м пехотном полку в Варшаве. В марте 1939 г. Д. Лавринчик был мобилизован и в составе 79-го пехотного полка направлен в район Млавы, где занимался укреплением оборонительных рубежей. После начала боевых действий полк был разбит и Д. Лавринчик попал в плен.

Евгений Жук

Белорус Евгений Жук родился в 1914 г. в д. Камчатка на Гродненщине. В 1926–1928 гг. учился в сельской школе. После окончания школы работал с отцом в своем хозяйстве. С 1936 по 1937 гг. проходил службу в 30-м кавалерийском полку польской армии в Варшаве. В начале сентября 1939 г. был мобилизован, и направлен в 42-й пехотный полк в Белосток. 13 сентября 1939 г. возле д. Остроленка попал в плен.

Владимир Гиба

Белорус Владимир Гиба родился в 1911 г. в д. Верхлес Шудяловской волости Сокольского уезда на Белостокщине. С 1922 г. по 1923 г. учился в польской сельской школе. После окончания школы работал с отцом в своем хозяйстве. В 1933–1934 гг. служил

Aleksej Mikulič
Алексей Микулич

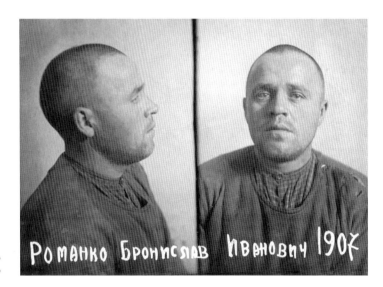

Bronislav Romanko
Бронислав Романко

Dem'jan Lavrinčik
Демьян Лавринчик

1933/34 diente er als Soldat im 30. Infanterieregiment der polnischen Armee in Warschau. Am 25. August 1939 wurde er erneut einberufen und mit dem 42. Infanterieregiment nach Belostok geschickt. Nach Beginn der Kampfhandlungen wurde das Regiment an die deutsche Front verlegt. Am 13. September geriet Giba im Raum Zambrov in deutsche Gefangenschaft.

Nikolaj Počebut
Geboren 1916 in Rostov am Don, Weißrusse, wohnte bis zu seiner Einberufung zur polnischen Armee im Dorf Žukoviči, Amtsbezirk Porozovo, Landkreis Volkovysk, Gouvernement Grodno. 1927/28 besuchte er eine Dorfschule. Danach arbeitete er mit seinem Vater in der familienbetriebenen Landwirtschaft. 1938 wurde er in die polnische Armee einberufen. Er diente im 42. Infanterieregiment der polnischen Armee in Belostok, wo er den Beginn der Kampfhandlungen zwischen Polen und Deutschland miterlebte. Am 14. September geriet er im Raum der Stadt Lomža in deutsche Kriegsgefangenschaft.

Wie wir sehen, gab es im Schicksal dieser Menschen aus den westweißrussischen Gebieten viele Gemeinsamkeiten. Sie alle kamen auf dem Hoheitsgebiet des ehemaligen Russischen Reiches zur Welt und wurden nach 1921 polnische Staatsbürger. Sie alle wurden zum Wehrdienst in die polnische Armee einberufen, nahmen innerhalb der kämpfenden Truppe der polnischen Armee im September 1939 an Gefechten teil und gerieten anschließend in deutsche Gefangenschaft. Im Weiteren war das Leben eines jeden von ihnen Teil des Gesamtschicksal aller Kriegsgefangenen im Deutschen Reich.

Der Kriegsgefangene Lavrinčik erinnerte sich später: „Nachdem man uns gefangen genommen hatte, schickte man uns nach Ceglovo*, von wo aus man uns dann in die Stadt Dobrogo brachte, wo es etwa 2 000 Gefangene gab. Außer Soldaten gab es dort auch Juden und Geistliche. Bewacht wurden wir von deutschen Soldaten, anschließend überführte man uns alle zusammen in die

рядовым в 30-м пехотном полку польской армии в Варшаве. 25 августа 1939 г. по мобилизации был призван снова в армию и направлен в Белосток в состав 42-го пехотного полка. После начала боевых действий полк был направлен на германский фронт. 13 сентября В. Гиба в районе Замброва попал в немецкий плен.

Николай Почебут
Николай Почебут, 1916 года рождения, уроженец г. Ростова-на-Дону, белорус, до мобилизации в польскую армию проживал в д. Жуковичи Порозовской волости Волковыского уезда Гродненской губернии. В 1927-1928 гг. учился в сельской школе. После окончания школы вместе с отцом работал в своем хозяйстве. В 1938 г. был призван в польскую армию. Служил в 42-м пехотном полку польской армии в Белостоке, где и встретил начало боевых действий Польши с Германией. 14 сентября в районе г. Ломжи попал в плен.

Как видим, в судьбе этих жителей западнобелорусского региона было много общего. Каждый из этих белорусов родился на территории бывшей Российской империи, а после 1921 г. стал гражданином Польши. Каждый из них был призван на военную службу в польскую армию и в составе действующих сил польской армии принял участие в боях в сентябре 1939 г., а затем попал в немецкий плен. Впоследствии жизнь каждого из них стала частью общей судьбы всех военнопленных германского Рейха.

Военнопленный Д. Лавринчик вспоминал позднее: „После того как нас захватили в плен, то направили в Цеглово*, откуда нас потом вывезли в г. Доброго, где было пленных примерно около 2 тысяч, наряду с солдатами, там были и евреи и ксендзы. Охраняли нас немецкие солдаты, после этого всех вместе переправили в город Пултуск, где продержали два дня и после этого пешим порядком направили в Тиханово, затем посадили на поезд и привезли в Ризенбург, где мы сидели в лагерях 10 дней". В марте 1940 г. в г. Ризенбурге Д. Лавринчика допрашивал младший офи-

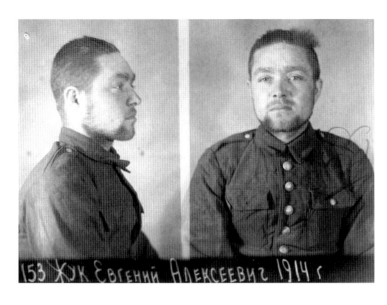

Evgenij Žuk
Евгений Жук

Vladimir Giba
Владимир Гиба

Nikolaj Počebut
Николай Почебут

Stadt Pultusk, wo man uns zwei Tage festhielt und dann zu Fuß nach Tichanovo schickte, danach setzte man uns in einen Zug und brachte uns nach Riesenburg, wo wir zehn Tage in Lagern saßen." Im März 1940 wurde Lavrinčik in Riesenburg von einem Unteroffizier der deutschen Armee vernommen. Bei der Vernehmung fragte man ihn nach dem Familiennamen, dem Vornamen, dem Vatersnamen, dem Geburtsjahr und der Nationalität, man präzisierte den Geburtsort und den Wohnort und wollte wissen, wo die Verwandten lebten und was für eine Tätigkeit sie ausübten. Außerdem erkundigte man sich danach, was für eine Tätigkeit er selbst vor dem Krieg ausgeübt habe, wo und in welchem Regiment er in der polnischen Armee gedient habe, wo und wann er gefangen genommen worden sei, ob er verheiratet oder ledig sei und ob er in die UdSSR fahren wolle. „Nach dieser Vernehmung erhielt ich die Nummer 31 235, wurde fotografiert und mir wurden die Fingerabdrücke abgenommen. Außerhalb dieser Vernehmung kamen noch mehrfach deutsche Offiziere und schrieben sich den Familiennamen, den Vornamen, den Vatersnamen, das Geburtsjahr und die Nationalität auf. (…) Einmal nach der Vernehmung unterschrieb ich Papiere, auf denen meine Fingerabdrücke und ein Foto waren." Wahrscheinlich beschreibt Lavrinčik hier die Registrierung der Kriegsgefangenen in deutscher Gefangenschaft, bei der jeder Gefangene eine persönliche Nummer erhielt und alle Angaben zu seiner Person in eine Erfassungskarte, die Personalkarte I, eingetragen wurden. Später wurde Lavrinčik in das Lager XX B (Marienburg, poln. Malbork) und anschließend in das Kriegsgefangenenlager I A (Stablack, poln. Stablawki) überstellt. Er wurde als ungelernter Arbeiter in der Landwirtschaft eingesetzt.

Bei der Beschreibung des Lagerlebens sagten alle Kriegsgefangenen annähernd das Gleiche aus. Der Kriegsgefangene Romanko wurde anfangs in einem Sommerlager festgehalten: „Unmittelbar nach der Gefangennahme wurden wir an den Fluss Narva geführt, wo wir etwa 300 000 Personen waren, die Deutschen haben uns hier drei Tage lang bewacht. Danach verlegte man uns nach Nasel'sk in Ostpreußen." Romanko erinnerte sich auch, dass man alle Kriegsgefangenen fotografiert und geimpft und im Lager XX B

цер германской армии. На допросе у него спрашивали фамилию, имя, отчество, год рождения, национальность, уточняли место рождения и место жительства, где проживают родственники и чем они занимаются, а также чем занимался он сам до начала войны, где и в каком полку служил в польской армии, где и когда был взят в плен, женат или холост, желает ли ехать на территорию СССР. „И после этого допроса я получил № 31235 и был сфотографирован и дактилоскопирован. И кроме этого допроса неоднократно приходили немецкие офицеры, записывали мою фамилию, имя, отчество, год рождения и национальность. (…) Один раз после допроса я подписывал бумаги, где были оттиски моих пальцев и фотография". Скорее всего, Д. Лавринчик описывает процедуру регистрации военнопленных в немецком плену, в ходе которой военнопленному присваивался личный номер, а все данные о нем заносились в учетную карточку военнопленного – персональную карточку I. Впоследствии Д. Лавринчик был переведен в лагерь XX B (Мариенбург), а затем в лагерь для военнопленных I A (Штаблак). Использовался как чернорабочий на сельхозработах.

В описании лагерной жизни все военнопленные давали примерно одинаковые показания. Военнопленный Б. Романко вначале содержался в летнем лагере: „Сразу же после взятия в плен мы были отвезены к реке Нарва, где нас примерно находилось около 300 тысяч человек, немцы нас охраняли здесь в течение трех дней. После этого нас перебросили на ст. Насельск в Восточную Пруссию". Б. Романко вспоминал также, что всех военнопленных фотографировали и прививали уколы, а в лагере XX B после медосмотра военнопленных распределили по национальному признаку на 3 группы – группу белорусов, группу украинцев и группу поляков. До апреля 1940г. Б. Романко вместе с другими пленными использовался на сельхозработах у местных помещиков, после чего был переведен на работы на военный полигон.

Военнопленный А. Микулич, находившийся в лагере военнопленных XX B в марте-июне 1940г., охарактеризовал его следующим образом: „Лагерь расположен за городом, военнопленные, в ос-

die Kriegsgefangenen nach der medizinischen Untersuchung in Abhängigkeit von ihrer Nationalität in drei Gruppen eingeteilt hatte: eine Gruppe Weißrussen, eine Gruppe Ukrainer und eine Gruppe Polen. Bis April 1940 war Romanko zusammen mit anderen Kriegsgefangenen in der Landwirtschaft bei örtlichen Gutsbesitzern beschäftigt und wurde dann zur Arbeit auf einen Truppenübungsplatz versetzt.

Der Kriegsgefangene Aleksej Mikulič, der von März bis Juni 1940 im Kriegsgefangenenlager XX B festgehalten wurde, beschrieb dies folgendermaßen: „Das Lager war außerhalb der Stadt gelegen, die Kriegsgefangenen waren hauptsächlich Weißrussen. Ein Teil war in Verschlägen aus Birkenrinde untergebracht und ein anderer Teil in großen Steinhäusern." Außerdem gab es in den Lagern eine verstärkte Wache aus deutschen Soldaten, und das Lager selbst war von Stacheldraht umgeben. Im Juni 1940 wurde Mikulič in das Lager I A (Stablack) verlegt. Gemeinsam mit anderen Kriegsgefangenen aus dem Lager wurde er im Dorf Mulen bei einem Gutsbesitzer namens Pilmaks zur Arbeit eingesetzt.

Der Kriegsgefangene Nikolaj Počebut wurde im September 1939 in das Lager I A (Stablack) eingewiesen und bei landwirtschaftlichen Arbeiten eingesetzt, er versuchte zu fliehen, wurde von deutschen Soldaten festgenommen und zu landwirtschaftlichen Arbeiten in das Dorf Mulin (Muli) verbracht.

Der Kriegsgefangene Evgenij Žuk wurde im September 1939 in das Lager Riesenburg eingewiesen und neun Tage später aus dem Lager zu einem Gutsbesitzer im Dorf Dreirose geschickt, wo er fünf Monate arbeitete, die letzte Zeit auf dem Weiler Felfeld.

Der Kriegsgefangene W. Giba war bis zum 28. September 1939 im Lager Riesenburg, danach wurde er einem Gutsbesitzer in Notzendorf, Landkreis Marienburg, zur Arbeit zugeteilt. Am 17. Dezember 1939 wurde er zum Arbeitseinsatz in den Landkreis Stuhm verlegt. Im März 1940 kam er in das Kriegsgefangenenlager XX B und im September 1940 in das Lager I A (Stablack).

Nach Angaben von Bronislav Romanko wurde Anfang Juli 1940 eine Gruppe von etwa 750 Weißrussen, darunter auch Romanko, aus dem Lager XX A in das Lager I A verlegt. Da aufgrund von

новном, были белорусы. Расквартированы были, часть в брезентовых палатках, а часть находились в больших каменных домах". Кроме того, в лагерях была усиленная охрана из немецких солдат, а сам лагерь был обнесен проволочными заграждениями. В июне 1940 г. А. Микулич был переведен в лагерь I А. Вместе с другими военнопленными из лагеря направлялся на работы в д. Мулень к помещику Пильмаксу.

Военнопленный Н. Почебут был направлен в лагерь I А в сентябре 1939 г., использовался на сельхозработах, пытался бежать, был задержан германскими солдатами и отправлен на сельхозработы в д. Мулин (Мули).

Военнопленный Е. Жук в сентябре 1939 г. был направлен в лагерь Ризенбург. Через 9 дней был направлен из лагеря на работы к помещику в д. Драйрозе, где проработал 5 месяцев. Последнее время работал на х. Фельфельд.

Военнопленный В. Гиба до 28 сентября 1939 г. находился в лагере Рисенбург, после чего был направлен на работу к помещику в д. Ноцендорф Мариенбургского уезда. 17 декабря 1939 г. был переведен на работы в Штумский уезд. В марте 1940 г. попал в лагерь военнопленных XX В, а в сентябре 1940 г. был переведен в лагерь I А.

В начале июля 1940 г., как показал Б. Романко, группа белорусов в количестве приблизительно 750 человек, в том числе и он, была переведена из лагеря XX В в лагерь I А. Поскольку из архивных документов удалось установить, что Н. Почебут был направлен в лагерь военнопленных I А в сентябре 1939 г., А. Микулич в июне 1940 г., а Е. Гиба в сентябре 1940 г., предположим, что военнопленные Е. Жук и Д. Лавринчик были переведены в лагерь I А в июле 1940 г., в составе упомянутой выше группы военнопленных белорусов. В лагере военнопленных разделили на небольшие группы и направили в качестве чернорабочих на сельхозработы.

В конце июля 1940 г. 16 военнопленных белорусов из лагеря I А (показал Б. Романко) были направлены на работу к помещику в имение Фельфельд (Е. Жук) – Фельфельд-Фельдохфель (В. Гиба)

Archivunterlagen ermittelt werden konnte, dass Počebut im September 1939 in das Kriegsgefangenenlager I A kam, Mikulič im Juni 1940 und Giba im September 1940, ist anzunehmen, dass die Kriegsgefangenen Žuk und Lavrinčik im Juli 1940 innerhalb der erwähnten Gruppe kriegsgefangener Weißrussen im Lager ankamen. Dort wurden die Kriegsgefangenen in kleine Gruppen eingeteilt und als ungelernte Arbeiter in der Landwirtschaft eingesetzt. Ende Juli 1940 wurden 16 gefangene Weißrussen aus dem Lager I A (nach Aussagen von Romanko) einem Gutsbesitzer in „Felfeld" (nach Žuk), „Felfeld-Feldochfel" (nach Giba), „Frelweid-Freinwald" (nach Lavrinčik) des Landkreises „Willau" (nach Giba) etwa 150 km von der sowjetischen Grenze entfernt (nach Romanko) zugeteilt. Die Aufsicht über die Kriegsgefangenen war weniger streng als in den Lagern. Die Kriegsgefangenen wurden von einem deutschen Soldaten bewacht, und nachts befanden sie sich ohne Bewachung in einem verschlossenen Raum. Lavrinčik zufolge hatten die Gefangenen einige Tage vor ihrer Flucht, als sie bei dem Gutsbesitzer waren, den Raum, in dem sie lebten, angesehen und „in Erfahrung gebracht, dass der Raum zwei Türen hat und man durch die eine, wenn keine deutschen Wachposten da sind, den Raum verlassen kann". Die Gelegenheit nutzend, als sich der Wachposten zum Abendessen entfernt hatte, flohen Romanko, Lavrinčik, Žuk und Giba am 8. Oktober 1940 aus der Gefangenschaft und begaben sich nach Osten in Richtung der deutsch-sowjetischen Grenze. Am 7. Oktober 1940 um 10 Uhr abends flohen die Kriegsgefangenen Mikulič und Počebut aus dem Dorf Mulen (bzw. Mulin), indem sie ebenfalls die Abwesenheit des Wachpostens ausnutzten. „Die erste Zeit liefen wir durch den Wald, verfolgt wurden wir nicht. Doch, als wir schon im Wald waren, hörten wir einen Schuss. Als wir aus dem Wald herauskamen, hielten wir uns in Richtung Osten", erinnerte sich Mikulič.

Wo und wie sich die Kriegsgefangenen begegneten, ist hier nicht von Bedeutung. Tatsache ist, dass sie zu sechst auf die Grenze zuliefen. Bis zur deutsch-sowjetischen Grenze benötigten die Geflohenen sieben Tage, sie bewegten sich nur nachts vorwärts und orientierten sich an den Sternen und der aufgehenden Sonne.

– Фрельвайд-Фрейнвальд (Д. Лавринчик) уезда Вилляу (В. Гиба) приблизительно в 150 километрах от советской границы (Б. Романко). Наблюдение за военнопленными было более слабым, чем в лагерях. Охранял пленников один немецкий солдат, а ночью они находились без охраны в закрытом на замок помещении. Согласно показаниям Д. Лавринчика, за несколько дней до побега пленные осмотрели помещение, в котором жили, находясь у помещика, и „узнали, что в помещении имеется две двери, в одну из которой при отсутствии немецкой охраны можно из помещения уйти". Воспользовавшись моментом, когда часовой ушел ужинать, Б. Романко, Д. Лавринчик, Е. Жук и В. Гиба 8 октября 1940 г. совершили побег из плена и направились на восток, к германо-советской границе.

7 октября 1940 г. в десять часов вечера, также воспользовавшись отсутствием охранника, из д. Мулень (или Мулин) бежали военнопленные А. Микулич и Н. Почебут. „Первое время бежали лесом, погони за нами не было. Но, находясь уже в лесу, мы услышали один выстрел. Выйдя из леса, мы держали направление на восток", – вспоминал А. Микулич.

Где и каким образом встретились военнопленные, не имеет сейчас никакого значения, фактом остается, что в направлении границы бывшие пленные передвигались вшестером. Беглецы шли до германо-советской границы семь суток, только ночью, ориентируясь по звездам и восходящему солнцу. Д. Лавринчик позднее показал, что они шли к границе, ориентируясь по карте, которую он нашел во время боевых действий и все время тайно хранил у себя.

В районе с. Ромейки (Литва) 15 октября 1940 г. группа беглецов была задержана и арестована 106-м пограничным отрядом войск НКВД за нелегальный переход германо-советской границы. Обстоятельства задержания начальник 16 погранзаставы младший лейтенант Скиба изложил в рапорте на имя коменданта 4-го погранучастка старшего лейтенанта Устинского: „15.10.40 г. в 0.30 мин. в районе 119–120 пс координаты 5010б в 800 метрах от линии границы погранотрядом (…) задержаны шесть человек нарушителей госграницы из Германии. Обстоятельства задержа-

Б. С. С. Р

НАРОДНЫЙ КОМИССАРИАТ ВНУТРЕННИХ ДЕЛ БССР

Управление Государственной Безопасности

ПРОТОКОЛ ДОПРОСА

К ДЕЛУ № 84384.

19 40 г. Ноября мес. 30 дня. Я Опер Уполномоченный Котр.
(должн., наимен. органа, фамилия)
3 отдела УГБ Уколол Мищенко спросил в качестве обвиняемого

1. Фамилия ___ Микулич
2. Имя и отчество ___ Алексей Абрамович
3. Дата рождения ___ 1908 года.
4. Место рождения ___ д. Рабунь, бывш. Костеневичская волость Куриницкий ___ гмине.
5. Местожительство ___
6. Нац и гражд (подданство) ___ белорус, подданство быв. Польское
7. Паспорт ___ Не имеет.
   (когда и каким органом выдан, номер, категор. и место приписки)
8. Род занятий ___ Крестьянин. беднл
   (место службы и должность)
9. Социальное происхождение ___ из простых
   (род занятий родителей и их имущественное положение)
10. Социальное положение (род занятий и имущественное положение):
    а) до революции ___ Бо Малолетст во уа.
    б) после революции ___
11. Состав семьи Жена – Микулич Федора Василевна – и трое
    (близкие родственники, их имена, фамилия, адреса и род занятий)
    детей. От 10 лет до 31 лет.

Показания обвиняемого (свидетеля) Микулич Алексей Абрамович

Начало допроса 15.00 30 Ноября 1940 г.

Вопрос: Расскажите Находясь в плену в каких Вы были лагеря.

Ответ: Первое время я находился в лагере Магнбург "Штаблик 13 Б". Лагерь расположен за городом военнопленные в основном были белорусы. Расквартированы были, часть в брезентовых палатках, а часть находились в больших каменных домах. В этом лагере я находился с 20 марта 1940г. до Июль 1940 года.

С Июль переведен в лагерь Штаблик – 1 А. Штаблик это наименование небольшого города. Лагерь для военнопленных расположен этого города.

Вопрос: Расскажите при каких обстоятельствах вы совершили побег из Германского Плена?

Ответ: С момента мне я работал в команде фамилии незнаю совместно совместно работали. Богдут Николай и Нестор – фамилии незнаю.

Работая в месте мы договорились, что при первой возможности будем бежать к себе на родину

И 7 октября 1940г. вечером во время ухода возвало на ужин, мы втроем из своего помещения бежали в лес.

Первое время бежали лесом, погоня за нами небыло никакой. Но находясь уже в лесу мы услышали один выстрел. Выходя из леса мы держали направление по востоку. Михаил

Протокол прерван в 16.30 30го 1940

Ответы на поставленные мне вопросы описаны записаны правильно мной и рассказано.

Допроси УГБ / Микул./

Verhörprotokoll des entflohenen Kriegsgefangenen Aleksej Mikulič
Протокол допроса сбежавшего военнопленного Алексея Микулича

Lavrinčik sagte später, sie hätten sich an einer Karte orientiert, die er während der Kampfhandlungen gefunden und die ganze Zeit über heimlich aufbewahrt habe.

Am 15. Oktober 1940 wurde die Gruppe im Raum des Dorfes Romejka (Litauen) von der 106. Grenzeinheit der NKWD-Truppen wegen illegalen Übertretens der deutsch-sowjetischen Grenze festgenommen und inhaftiert.

Die Umstände der Festnahme legte der Chef des 16. Grenzpostens, Unterleutnant Skiba, in einer Meldung an den Kommandanten des 4. Grenzabschnitts, Oberleutnant Ustinskij, dar: „Am 15.10.40 um 0:30 Uhr wurden im Bereich der Grenzposten 119–120, Koordinaten 501b, 800 Meter von der Grenzlinie durch die Grenzeinheit (…) 6 Personen festgenommen, die die Grenze, aus Richtung Deutschland kommend, verletzt hatten. Die Umstände der Festnahme sind folgende: Von einer Streife wurden in einer Entfernung von 100–150 Metern 2 Personen bemerkt, die sich halbgebückt von der Grenzlinie weg bewegten. Zwei bis drei Minuten später tauchten in der gleichen Richtung weitere vier Personen auf, die sich hintereinander ebenso wie die ersten fortbewegten. Nachdem der Rotarmist Bogdanov seinem Unterstellten den Auftrag erteilt hatte, den Rückweg zur Grenze abzuschneiden, und gewartet hatte, bis die Grenzverletzer etwas näher an ihn herangekommen waren, rief er sie mit dem Wort ‚Stehenbleiben!' an, woraufhin die Grenzverletzer den Versuch unternahmen, in Richtung Grenze zu fliehen, doch von dort ertönte die gleiche Aufforderung. Das zwang sie stehenzubleiben, und sie wurden festgenommen. Die Festgenommenen waren polnische Soldaten, derzeit in deutscher Kriegsgefangenschaft. Das Ziel ihres Grenzübertritts erklären sie damit, dass sie in die Heimat zurückkehren wollten. (…) Die Grenzverletzer trugen lediglich persönliche Dinge und Dokumente bei sich." Bei der Festnahme leisteten die Grenzverletzer keinen Widerstand.

Nachdem sie den Boden der Sowjetunion erreicht hatten, wurden die ehemaligen Militärangehörigen der polnischen Armee und ehemaligen Kriegsgefangenen des Deutschen Reiches unerwartet für sich selbst zu Diversanten und Spionen des deutschen Geheim-

ния следующие: нарядом были замечены, на расстоянии 100–150 метров две фигуры, двигавшиеся в полусогнутом виде от линии границы, спустя две-три минуты показалось в том же направлении еще четыре человека, продвигавшихся один за другим так же, как и первые. Дав задачу своему младшему отрезать путь отхода к границе, красноармеец Богданов, выждав, когда нарушители приблизятся к нему поближе, дал окрик „Стой", после чего нарушители сделали попытку к побегу в сторону границы, но оттуда последовал такой же оклик, что их заставило остановиться, где последние были задержаны. Задержанные оказались бывшие польские солдаты, ныне находящиеся в германском плену. Цель перехода границы объясняют возвращением на родину. (…) У нарушителей обнаружены только личные вещи и документы». Нарушители при задержании сопротивления не оказали.

Оказавшись на территории Советского Союза, бывшие военнослужащие польской армии, бывшие военнопленные германского Рейха неожиданно для себя оказались диверсантами и шпионами германской разведки. Ситуация кажется сейчас абсурдной, но в действительности в глазах идеологических противников – сотрудников НКВД и бывших пленных – одни и те же события выглядели по-разному. Шесть западнобелорусских крестьян, бежавших из плена на родину к своим родным и близким, выглядели преступниками в глазах следователей НКВД. Трагедия этих людей заключалась лишь в том, что о войне они узнали гораздо раньше, чем их соотечественники из БССР, в том, что после 17 сентября 1939 г. они не приняли белорусское гражданство, поскольку являлись военнослужащими польской армии и принимали участие в боевых действиях против немецкой армии. Бывшие военнослужащие польской армии, бывшие военнопленные немецкого Рейха – белорусы А. Микулич, В. Гиба, Н. Почебут, Е. Жук, Д. Лавринчик, Б. Романко вновь оказались в плену, но уже на родине.

На многочисленных допросах каждый из них отвечал на бесконечно повторяющиеся вопросы о целях нелегального перехода

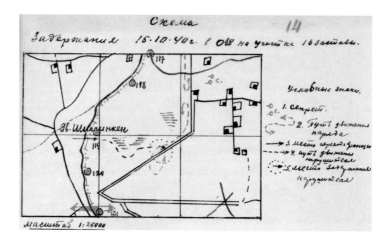

Skizze der Festnahme von sechs ehemaligen Kriegsgefangenen, 15. Oktober 1940, 0.30 Uhr
Схема задержания шести бывших военнопленных 15 октября 1940 г. в 0.30 ч.

Urteil der Sonderberatung des NKWD vom 21. Juni 1941:
Aleksej Mikulič erhält wegen illegalen Grenzübertritts eine Strafe von drei Jahren Arbeitsbesserungslager (GULag)
Приговор Особого совещания НКВД от 21 июня 1941 г.:
Алексей Микулич за нелегальный переход границы приговаривается к трем годам исправительно-трудовой колонии (ГУЛаг)

dienstes gemacht. Die Situation erscheint uns heute absurd, jedoch sahen die ideologischen Gegner – die NKWD-Mitarbeiter einerseits und die ehemaligen Gefangenen andererseits – die gleichen Ereignisse mit unterschiedlichen Augen. Sechs westweißrussische Bauern, die aus der Kriegsgefangenschaft in die Heimat zu ihren Verwandten und Angehörigen geflohen waren, stellten in den Augen der NKWD-Untersuchungsführer Verbrecher dar. Die Tragödie dieser Menschen bestand darin, dass sie weit früher in den Krieg hineingezogen worden waren als ihre Landsleute aus der Weißrussischen SSR und dass sie nach dem 17. September 1939 nicht die weißrussische Staatsbürgerschaft angenommen hatten, da sie Angehörige der polnischen Armee waren und an den Kampfhandlungen gegen die deutsche Armee teilgenommen hatten. Die ehemaligen Angehörigen der polnischen Armee und ehemaligen Kriegsgefangenen des Deutschen Reiches, die Weißrussen Mikulič, Giba, Počebut, Žuk, Lavrinčik und Romanko waren erneut in Kriegsgefangenschaft geraten, aber nun schon in der Heimat.

Bei zahlreichen Vernehmungen beantwortete jeder von ihnen immer wieder die gleichen Fragen nach den Zielen ihres illegalen Grenzübertritts, nach ihren Marschzielen ins Hinterland der UdSSR, nach speziellen Aufträgen, die sie vom deutschen Geheimdienst erhalten hätten, u.ä. Die Untersuchungsführer interessierte sogar, ob sie 1939 nicht am Krieg gegen die Rote Armee teilgenommen hätten. Und obwohl jeder der Geflohenen beteuerte, er habe die Grenze wegen der unerträglichen, unmenschlichen Bedingungen in der Gefangenschaft mit dem einzigen Ziel übertreten, in die Heimat, zu seiner Familie, an seinen ständigen Wohnsitz zurückzukehren, gab es keine Beweismittel, um das zu belegen. Die sechs Männer bekannten sich schuldig, illegal die deutsch-sowjetische Grenze überschritten und das Territorium der UdSSR betreten zu haben. Ihr weiteres Schicksal verlief unterschiedlich.

Mikulič wurde auf Beschluss der Sonderberatung des NKWD der UdSSR vom 21. Juni 1941 wegen illegalen Übertretens der Staatsgrenze zu drei Jahren Haft verurteilt. Seine Strafe verbüßte er im Unžlag (Rjazansk). Im August 1941 wurde er auf der Grundlage eines Beschlusses des Präsidiums des Obersten Sowjets der UdSSR

границы, направлении следования в тыл СССР, специальных заданиях, полученных от германской разведки и тому подобное. Следователей интересовало даже, не принимали ли они участия в войне против Красной Армии в 1939 г. И хотя каждый из участников побега твердил, что перешел через границу ввиду невыносимых, бесчеловечных условий в плену, с единственной целью, вернуться на родину, к семье, на постоянное место жительства, доказательств, чтобы оправдать каждого из них, не было. А. Микулич, В. Гиба, Н. Почебут, Е. Жук, Д. Лавринчик, Б. Романко признали себя виновными в том, что нелегально перешли через германо-советскую границу на территорию СССР.

Далее судьба их сложилась по-разному. Микулич по решению Особого Совещания при НКВД СССР от 21 июня 1941 г. за нелегальный переход государственной границы был приговорен к 3 годам заключения. Наказание отбывал в Унжлаге (г. Рязанск). В августе 1941 г. на основании Постановления Президиума Верховного Совета СССР был амнистирован и направлен в создававшуюся в советском тылу польскую „Армию Андерса". Принимал участие в боевых действиях в Иране, Ираке, Египте, Италии. В 1948 г. в порядке репатриации А. Микулич вернулся в Беларусь. Но на этом его злоключения не закончились. 18 августа 1951 г. он, как военнослужащий бывшей польской армии генерала Андерса, по постановлению Особого Совещания при МГБ БССР был выслан в административном порядке на спецпоселение в Иркутскую область вместе со своей семьей. В настоящее время Алексей Микулич по всем ранее вынесенным в отношении его приговорам внесудебных органов реабилитирован.

В. Гиба, Н. Почебут и Е. Жук в ноябре 1940 г. были переданы для продолжения следствия Управлению НКВД Белостокской области и помещены в тюрьму г. Белостока. Постановлением Особого Совещания при НКВД СССР от 21 июня 1941 г. за нелегальный переход государственной границы СССР все трое были приговорены к 3 годам заключения в исправительно-трудовых лагерях. Однако решение Особого Совещания не было приведено в ис-

НАРОДНЫЙ КОМИССАРИАТ ВНУТРЕННИХ ДЕЛ БССР

Управление Государственной Безопасности

ПРОТОКОЛ ДОПРОСА

К ДЕЛУ № 84336

1940 г. Октября мес. 16 дня. Я Зам. Коменданта
(должн, наимен. органа, фамилия)
лейтенант Соловей допросил в качестве обвиняемого

1. Фамилия   Жук
2. Имя и отчество   Евгений Алексеевич
3. Дата рождения   1914 год
4. Место рождения   д. Камчатка Гродненской области
5. Местожительство   д. Камчатка Гродненской области
6. Нац. и гражд. (подданство)   Белорус Польского подданства
7. Паспорт   Нет
(когда и каким органом выдан, номер, категор. и место приписки)
8. Род занятий   Чернорабочий фелдлитбао Германия
(место службы и должность)
9. Социальное происхождение   Из крестьян
(род занятий родителей и их имущественное положение)
10. Социальное положение (род занятий и имущественное положение):
а) до революции   Крестьянин
б) после революции   Крестьянин
11. Состав семьи   Отец - Жук Алексей Григорьевич, 77 лет,
(близкие родственники, их имена, фамилия, адрес и род занятий)
проживает д. Камчатки, работает в своем хозяйстве,
мать - Жук Мария Семеновна, 58 лет, работает своем
хозяйстве д. Камчатки, брат - Жук Иван Алексеевич
18 лет, проживает в д. Камчатки, работает в своем хозяйстве.
Жук Евгений

Показания обвиняемого (свидетеля) Жук Евгений Алексеевич
16 октября 1940 г.
Допрос начат в 12.30

Вопрос: Расскажите Вашу цель перехода границы.

Ответ: Моя цель перехода границы из Германии в СССР шел на родину к своим родителям которые проживают в Гродненской области.

Вопрос: Кто содействовал в переходе границы.

Ответ: Границу перешли самостоятельно и содействия нам никто не оказывал.

Вопрос: Где перешли границу и во сколько.

Ответ: Границу перешли где, этого я не знаю, время было при переходе около 12 часов ночи 14.10 нынешнего года.

Вопрос: Кем Вы были задержаны.

Ответ: Как только мы перешли границу же речку и метров в 100-150 были задержаны советскими пограничниками.

Вопрос: Сколько вас было при переходе границы.

Ответ: Границу перешло нас 6 человек и все были задержаны.

Вопрос: Следствие располагает данными, что Вы прибыли на территорию СССР с целью шпионажа.

Ответ: Нет. Это я отрицаю, при уходе из Германии мы никого не видели, а ушли 8.10.40 г в 7 часов вечера.

подпись Жук Евгений

Vernehmungsprotokoll Evgenij Žuk vom 16.Oktober 1940. Andere Aussagen sind ähnlich

Протокол допроса Евгения Жука от 16 октября 1940 г. Другие показания аналогичны

amnestiert und der im sowjetischen Hinterland gebildeten polnischen „Anders-Armee" zugewiesen. Er nahm an Kampfhandlungen
im Iran, Irak, Ägypten und Italien teil. 1948 kehrte Mikulič im Zuge
der Repatriierung nach Weißrussland zurück. Doch damit war sein
Leidensweg noch nicht zu Ende. Am 18. August 1951 wurde er als
Angehöriger der ehemaligen polnischen Armee des Generals
Anders auf Beschluss der Sonderberatung des MWD der Weißrussischen SSR in einem so genannten administrativen Verfahren mit
seiner Familie zur Sonderansiedlung in das Gebiet Irkutsk verbannt.
Heute ist Aleksej Mikulič hinsichtlich aller von den außergericht-
lichen Organen gegen ihn verhängten Urteile rehabilitiert.
Giba, Počebut und Žuk wurden im November 1940 zu weiteren
Ermittlungen an die NKWD-Verwaltung des Gebiets Belostok übergeben und in das Stadtgefängnis von Belostok überstellt. Durch
Beschluss der Sonderberatung des NKWD der UdSSR vom
21. Juni 1941 wurden alle drei wegen illegalen Übertretens der
Staatsgrenze der UdSSR zu drei Jahren Haft im Arbeitsbesserungslager verurteilt. Dieser Beschluss der Sonderberatung wurde
jedoch nicht vollstreckt – „mangels Informationen über den Auf-
enthalt der Inhaftierten, die im Zusammenhang mit der militärischen Lage aus dem Frontbereich evakuiert wurden". Im Juni 1947
wurde das Strafverfahren gegen Giba, Počebut und Žuk und die
Fahndung nach ihnen eingestellt. Heute sind Vladimir Giba, Nikolaj
Počebut und Jewgenij Žuk rehabilitiert.
Romanko und Lavrinčik befanden sich vom Zeitpunkt ihrer Festnahme durch die Grenzposten bis zum 25. November 1940 in Tau-
roggen (Litauische SSR) in Haft, beschuldigt des illegalen Übertretens der Staatsgrenze der UdSSR. Am 26. November 1940 wurden
sie an die NKWD-Verwaltung des Gebiets Baranoviči übergeben
und in das Stadtgefängnis von Baranoviči überstellt. Am 19. Februar
1941 wurden die Ermittlungen gegen sie abgeschlossen und das
Verfahren der Sonderberatung des NKWD zur Prüfung übertragen.
Im Zusammenhang mit dem Beginn der Kampfhandlungen im Juni
1941 wurden die Gefangenen von den deutschen Truppen aus dem
Gefängnis Baranoviči befreit. Es klingt unwahrscheinlich, ist aber
Tatsache: Die deutsche Armee, aus deren Kriegsgefangenschaft

полнение в связи с „отсутствием сведений о местонахождении
арестованных, эвакуированных в связи с военной обстановкой
из прифронтовой полосы". В июне 1947г. уголовное дело в отношении В. Гибы, Н. Почебута и Е. Жука и их розыск были прекра-
щены. В настоящее время Владимир Гиба, Николай Почебут и
Евгений Жук реабилитированы.
Б. Романко и Д. Лавринчик с момента задержания пограничниками до 25 ноября 1940г. содержались под арестом в г. Тауроген
на территории Литовской ССР по обвинению в нелегальном переходе госграницы СССР. 26 ноября 1940 г. они были переданы в
распоряжение Управления НКВД по Барановичской области и
содержались в тюрьме г. Барановичи. 19 февраля 1941 г. следствие в отношении Б. Романко и Д. Лавринчика было закончено и
уголовное дело направлено на рассмотрение Особого Совещания при НКВД СССР. В связи с началом боевых действий в июне
1941 г. заключенные были освобождены из Барановичской
тюрьмы германскими войсками. Невероятно, но факт: герман-
ская армия, плена которой Б. Романко и Д. Лавринчику с таким
трудом удалось избежать, на этот раз освободила их от тюрем-
ного заключения на родине. Дальнейшая судьба Бронислава
Романко и Демьяна Лавринчика не была установлена, и 23 февраля 1948г. уголовное дело было прекращено Управлением
МГБ по Барановичской области.

История одного побега – всего лишь небольшой очерк из жизни
белорусских граждан в период второй мировой войны. О судьбах многих других могут рассказать исследователям и общественности европейских стран документальные материалы архивов КГБ Республики Беларусь. Безымянные герои, павшие на
полях сражений в годы войны, военнопленные и репатрианты,
пропавшие без вести и потерпевшие от национал-социалистских
преследований - в истории самой страшной войны XX века еще
много „белых пятен". Вернуть из небытия забытые имена солдат второй мировой войны - главная задача участников международного совместного проекта. Это наш долг перед памятью
погибших и пострадавших в годы военного лихолетья.

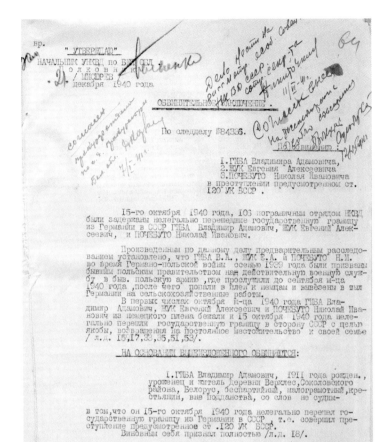

вр.

"УТВЕРЖДАЮ"
НАЧАЛЬНИК УНКВД по Б... ОБЛ
ПОЛКОВНИ...
"..." декабря 1940 года.

ОБВИНИТЕЛЬНОЕ ЗАКЛЮЧЕНИЕ.

По следделу #84335.

По обвинению:

1. ГИБА Владимира Адамовича,
2. ЖУК Евгения Алексеевича
3. ПОЧЕБУТО Николая Ивановича
в преступлении предусмотренном ст.
120 УК БССР .

15-го октября 1940 года, 103 пограничным отрядом НКВД были задержаны нелегально перешедшие государственную границу из Германии в СССР ГИБА Владимир Адамович, ЖУК Евгений Алексеевич, и ПОЧЕБУТО Николай Иванович.

Произведенным по данному делу предварительным расследованием установлено, что ГИБА В.А., ЖУК Е.А. и ПОЧЕБУТО Н.И. во время Германо-польской войны осенью 1929 года были призваны бывшим польским правительством над действительную военную службу в быв. польскую армию, где прослужили до сентября м-ца 1940 года ,после чего попали в плен к немцам и вывезены в тыл Германии на сельскохозяйственные работы.
В первых числах октября м-ца 1940 года ГИБА Владимир Адамович, ЖУК Евгений Алексеевич и ПОЧЕБУТО Николай Иванович из немецкого плена бежали и 15 октября 1940 года нелегально перешли государственную границу в сторону СССР с целью якобы, возвращения на постоянное местожительство к своей семье / л.д. 15,17,33,35,51,53/.

НА ОСНОВАНИИ ВЫШЕИЗЛОЖЕННОГО ОБВИНЯЕТСЯ:

1. ГИБА Владимир Адамович, 1911 года рожден., уроженец и житель деревни Верхлес,Соколовского района, Белорус, беспартийный, малограмотный,крестьянин, вне подданства, со слов не судим-

в том,что он 15-го октября 1940 года нелегально перешел государственную границу из Германии в СССР , т.е. совершил преступление предусмотренное ст .120 УК БССР .
Виновным себя признал полностью /л.д. 18/.

2. ЖУК Евгений Алексеевич, 1914 года рожд., уроженец и житель дер. Камчатка ,Гродненского р., белорус, беспартийный, грамотный, крестьянин, вне подданства, со слов не судим.

в том,что он 15 октября 1940 года нелегально перешел государственную границу из Германии в СССР, т.е. совершил преступление предусмотренное ст.120 УК БССР.

2.-

Виновным себя признал полностью / л.д. 36/.

3. ПОЧЕБУТ Николай Иванович, 1916 года рождения, уроженец города Ростов на Дону, белорус, беспартийный, малограмотный, проживал в Германии ,со слов не судим-

в том,что он 15-го октября 1940 года нелегально перешел государственную границу из Германии в СССР , т.е. совершил преступление предусмотренное ст. 120 УК БССР:
Виновным себя и знал полностью / л.д. 54/.

Руководствуясь ст.ст. 210 и 211 УПК БССР, следственное дело № 84335 по обвинению ГИБА В.А., ЖУК Е.А. и ПОЧЕБУТА Н.И. в преступлении предусмотренном ст.120 УК БССР, по согласованию с прокурором направить на рассмотрение Особого Совещания при НКВД СССР.

Составлено 11 Декабря 1940 года , г.Белосток.

МЛ СЛЕДОВАТЕЛЬ УНКВД по БО   /ВОРОНЦОВ /

"СОГЛАСНЫ":СТ СЛЕДОВАТЕЛЬ УНКВД, по БО
Мл.Лейтенант Госбезопасн.   / МАРЧЕНКО /

ЗАМ.НАЧ.СЛЕДЧАСТИ УНКВД по БО
Ст.Лейтенант Госбезопасн.   / ВОДНЦЕВ /

СПРАВКА:Обвиняемые содержатся в тюрьме г.Белостока.
Вещдоказательств в деле нет.
Личные документы находятся в деле.

МЛ СЛЕДОВАТЕЛЬ УНКВД по БО   /ВОРОНЦОВ /

Anklageerhebung gegen Vladimir Giba und Evgenij Žuk
wegen illegalen Grenzübertritts
Обвинительное заключение в деле против Владимира
Гибы и Евгения Жука за нелегальный переход границы

Romanko und Lavrinčik unter so großen Mühen fliehen konnten, befreite sie diesmal aus der Gefängnishaft in der Heimat. Das weitere Schicksal von Bronislav Romanko und Dem'jan Lavrinčik konnte nicht festgestellt werden, und am 23. Februar 1948 wurde das Strafverfahren von der MGB-Verwaltung des Gebiets Baranoviči eingestellt.

Die Geschichte dieser Flucht ist lediglich eine kleine Episode aus dem Leben weißrussischer Staatsbürger während des Zweiten Weltkriegs. Über das Schicksal vieler anderer können die Dokumente aus den KGB-Archiven der Republik Belarus den Forschern und der Öffentlichkeit in den europäischen Ländern berichten. Namenlose Helden, die im Krieg auf den Schlachtfeldern gefallen sind, Kriegsgefangene und Repatrianten, die vermisst sind oder Opfer nationalsozialistischer Verfolgung wurden – in der Geschichte des schrecklichsten aller Kriege im zwanzigsten Jahrhundert gibt es noch viele „weiße Flecken".

Vergessene Namen von Soldaten des Zweiten Weltkriegs aus dem Nichts zurückzuholen – darin sehen die Teilnehmer am internationalen Gemeinschaftsprojekt ihre Hauptaufgabe. Dies sind wir dem Andenken an die Gefallenen und die anderen Opfer der schlimmen Kriegsjahre schuldig.

* Die Bezeichnungen von Lagern sowie Ortsnamen werden hier entsprechend den Angaben der an den Ereignissen beteiligten Personen wiedergegeben.

* Названия лагерей и населенных пунктов приведены в соответствии с показаниями участников описываемых событий.

"УТВЕРЖДАЮ"

НАЧАЛЬНИК УПРАВЛЕНИЯ МГБ
ПО БАРАНОВИЧСКОЙ ОБЛАСТИ
ПОЛКОВНИК

/СОТСКИЙ/-

" 25 " февраля 1948 года.

З А К Л Ю Ч Е Н И Е

/По довоенному архивно-следственному делу/

" 21 " февраля 1948 года.   гор. Барановичи.

Я, Следователь 3 от-ния Следотдела УМГБ Барановичской
области - мл. лейтенант ШУКАН, рассмотрев довоенное архивно-
следственное дело № 060239 на,-

РОМАНКО Бронислава Ивановича, 1907
года рождения, уроженца дер. Тешевля,
Новомышского района, Барановичской
области, белоруса, грамотного, б/п,
гр-на СССР, крестьянина.

ЛАВРИНЧИКА Демьяна, 1914 года рождения,
уроженца дер. Свираны, Городищенского
района, Барановичской области, белоруса, грамотного, б/п, гр-на СССР, из
крестьян.

Н А Ш Е Л :-

15 октября 1940 года 106 погранотрядом НКВД, как нарушители государственной границы, были арестованы: РОМАНКО Бронислава Ивановича и ЛАВРИНЧИК Демьян.

Произведенным по делу расследованием было установлено,
что обвиняемые РОМАНКО и ЛАВРИНЧИК, в сентябре 1939 года во
время военных действий между Германией и Польшей попали в плен
к немцам, откуда в начале октября 1940 года бежали. 15 октября
1940 года нарушили государственную границу, перейдя из Германии
на территорию СССР.

2.-

19 февраля 1941 года следствие по делу было закончено
и дело направлено на рассмотрение Особого Совещания при
НКВД СССР.

В связи с началом военных действий Германии и СССР
обвиняемые РОМАНКО и ЛАВРИНЧИК из-под стражи немцами были
освобождены.

Произведенной проверкой местожительства РОМАНКО и
ЛАВРИНЧИК в настоящее время не установлено.

На основании ст. 4 УПК БССР и руководствуясь директивой
МГБ БССР за № С/А/503 от 24/У-47 года.

П О С Т А Н О В И Л :

Довоенное архивно-следственное дело № 060239 на РОМАНКО
Бронислава Петровича и ЛАВРИНЧИКА Демьяна дальнейшим про-
изводством прекратить и сдать в отдел "А" УМГБ для хранения
в архиве.

Следователь 3 от-ния Следотдела УМГБ БО
мл. лейтенант /ШУКАН/-

НАЧАЛЬНИК 3 ОТ-НИЯ СЛЕДОТДЕЛА УМГБ БО
СТ. ЛЕЙТЕНАНТ /НАКВАНИН/-

"СОГЛАСЕН"   НАЧАЛЬНИК СЛЕДОТДЕЛА УМГБ БО
МАЙОР /ПАХОМОВ/

Einstellung des Strafverfahrens gegen Bronislav Romanko und Dem'jan Lavrinčik
am 21.Februar 1948, da nach ihrer Befreiung durch die deutsche Wehrmacht das
weitere Schicksal nicht geklärt werden konnte

Прекращение уголовного дела против Бронислава Романко и Демьяна Лавринчика
от 21 февраля 1948 г., так как не удалось выяснить дальнейшую судьбу после их
освобождения немецким вермахтом

Die Rekonstruktion von Gefangenenfriedhöfen am Beispiel des Lagerfriedhofes des Stalag 326 (VI K) Senne in Ostwestfalen

Реконструкция кладбищ военнопленных на примере лагерного кладбища шталага 326 (VI K) Зенне в восточной Вестфалии

Reinhard Otto | Райнхард Отто

Das Kriegsgefangenenlager Stalag 326 (VI K) nahe der heutigen Stadt Schloss Holte-Stukenbrock lag am Rande des Truppenübungsplatzes Senne in Ostwestfalen. Als am 10. Juli 1941 die ersten 4000 sowjetischen Gefangenen dort eintrafen, fanden die Männer lediglich ein umzäuntes Areal vor, auf dem keinerlei Vorkehrungen für Unterbringung oder einen hygienischen Mindeststandard getroffen worden waren. Das Leben unter freiem Himmel oder in Erdhöhlen dauerte bis in den Spätherbst jenes Jahres. Da die Gefangenenzahl in den folgenden vier Wochen auf 12000 anstieg, traten schnell Seuchen auf. Während die Zahl der Fleckfieberopfer wegen des Baus einer Entlausungsanlage gering blieb, forderte allein die Ruhr bis zum Jahresende 1941 über 600 Tote. Haupttodesursache waren jedoch „allgemeine Schwäche" und „Unterernährung", denn die von der Wehrmacht zugestandenen Rationen reichten nicht aus, die von Kämpfen und langen Transporten bereits geschwächten sowjetischen Soldaten auch nur ansatzweise zu kräftigen, zumal zu diesem Zeitpunkt Kranke ohnehin weniger Verpflegung erhielten als Arbeitsfähige. Etwa 2100 gefangene Rotarmisten verstarben bis zum Jahreswechsel 1941/42. Ihre Leichname wurden zunächst auf dem Gemeindefriedhof, ab Anfang September auf einer gesonderten, oft als „Russenfriedhof" bezeichneten Grabstätte beigesetzt.

Organisatorische Änderungen gaben dem Stalag 326 vom Sommer 1942 an eine immense reichsweite Bedeutung. Wegen der vielen Einberufungen zur Wehrmacht sollten sowjetische Kriegsgefangene trotz erheblicher Sicherheitsbedenken in großer Zahl im Bergbau zum Einsatz kommen. In Absprache mit der Reichsvereinigung Kohle verfügte das OKW, dass im Lager in der Senne sämtliche potentiell für den Bergbaueinsatz an der Ruhr geeigneten sowjetischen Soldaten gemustert und, soweit noch nicht zuvor geschehen, registriert werden sollten. Außerdem hatten sie eine dreiwöchige Fleckfieberquarantäne zu durchlaufen. Anschließend sollten sie in das Stalag VI A Hemer südlich von Dortmund versetzt werden, das ausschließlich zur Steuerung des Bergbaueinsatzes vorgesehen war. Diejenigen, die sich als untauglich für die Arbeit in den Zechen erwiesen, wurden auf andere Lager im Reich verteilt. Infolgedessen

Лагерь для военнопленных 326 (VI K) был расположен на окраине полигона Зенне в восточной Вестфалии недалеко от современного города Замок Хольте-Штукенброк. Когда 10 июля 1941г. первые 4000 советских военнопленных прибыли туда, они увидели лишь огороженную забором территорию, на которой ничего не было подготовлено для размещения людей, а санитарно-гигиенические условия не соответствовали даже минимальным требованиям. До поздней осени люди вынуждены были жить под открытым небом или в землянках. В течение следующих четырех недель число военнопленных возросло до 12.000, и вскоре начались эпидемии. Благодаря строительству дезинфекционной установки количество умерших от сыпного тифа, было сравнительно низким, но лишь от дизентерии до конца 1941 года скончалось не менее 600 человек. Однако главной причиной смерти являлись „общая слабость" и „недоедание", ведь пайков, предоставленных вермахтом, было недостаточно, чтобы хоть немного подкрепить советских солдат, обессиленных после боев и транспортных перевозок, тем более что к этому времени больные пленные и без того получали меньшую порцию пищи, чем работоспособные. До конца 1941г. умерло около 2100 пленных красноармейцев. Их хоронили сначала на деревенском кладбище, а с сентября - в особом месте, которое часто называют „кладбищем русских".

В результате перемен организационного порядка летом 1942г. шталаг 326 приобрел огромное значение для всего рейха. Так как многие немецкие мужчины были призваны на военную службу в вермахт, планировалось привлечь к работе в горной промышленности большое количество советских военнопленных, несмотря на опасения о безопасности подобных действий. Согласившись с Имперским объединением „Уголь", ОКВ распорядилось, чтобы в лагере Зенне производилось освидетельствование всех советских солдат, потенциально годных для такой работы в Рурской области. Если военнопленные еще не были зарегистрированы, их следовало зарегистрировать. Кроме того, они должны были пройти трехнедельный карантин от сыпного тифа. После этого их надлежало переправить в шталаг VI A Хемер на юге от

durchliefen bis zur Befreiung Anfang April 1945 mehr als 310 000 gefangene Rotarmisten das Lager in der Senne, so viele wie kein anderes Lager im Deutschen Reich.

Die Lagerverwaltung war von den stoßweise eintreffenden großen Transporten – Ende September 1942 kamen beispielsweise in nur 12 Tagen 22 000 Gefangene – völlig überfordert. Geschwächt von früheren Lageraufenthalten sowie dem langen Transport zumeist ohne ausreichende Versorgung, wurden die Männer für die kurze Zeit, die sie dem Lager zugeordnet waren, lediglich in Zelten untergebracht. Diese behelfsmäßige Unterbringung forderte eine hohe Zahl von Opfern. Allein im letzten Quartal 1942 kamen fast 5 000 Gefangene ums Leben, weitaus mehr als in jedem anderen Kriegsgefangenenlager im Deutschen Reich zu dieser Zeit.

In Bergbau und Industrie wurde die Arbeitskraft der Gefangenen skrupellos ausgebeutet, so dass ihre durchschnittliche Lebenserwartung nach der Versetzung in die Zechen noch etwa ein halbes Jahr betrug. Zumeist Tbc-krank schickte man sie in das Sterbelager Wietmarschen im Emsland oder aber zurück nach Hemer bzw. in die Senne. Circa 70 Prozent der Todesfälle der Jahre 1944/45 sind dort auf die Tuberkulose zurückzuführen.

Etwas besser erging es denjenigen, die im Umfeld des Stalag 326 in Betrieben oder bei Bauern zur Arbeit eingesetzt wurden. Doch auch ihr Zustand war auf Grund der geltenden Vorschriften und weltanschaulicher Vorbehalte bei Arbeitgebern und Bevölkerung für gewöhnlich schlechter als der der anderen Gefangenen, wenn man von Italienischen Militärinternierten absieht. Das Vorhandensein von „Russengräbern" auf fast sämtlichen Friedhöfen der Region spricht eine eindeutige Sprache.

Unmittelbar nach Kriegsende gestalteten die ehemaligen Kriegsgefangenen den Lagerfriedhof des Stalag 326 zu einer ihrer verstorbenen Kameraden würdigen Gedächtnisstätte um. An das Ende einer jeden von insgesamt 36 je 112 m langen Grabreihen stellten sie einen Stein mit einer kurzen Texttafel, die mahnend auf das Schicksal der hier Beigesetzten hinwies. Die Reihen selbst waren klar hervorgehoben und mit Grabzeichen versehen.

Дортмунда, предназначенный исключительно для управления работой военнопленных в горной промышленности. Военнопленные, которые оказались негодными для работы в шахтах, распределялись в другие лагеря на территории рейха. Вследствие этого до освобождения в начале апреля 1945 г. через лагерь Зенне прошло более 310 000 пленных красноармейцев, что было намного больше, чем в любом другом лагере Германского рейха. Лагерное управление не справлялось с большим количеством прибывающих военнопленных – только за 12 дней в конце сентября 1942 г. поступило 22 000 человек. Обессиленные пребыванием в других лагерях и недоедавшие мужчины, на то короткое время которое они были закреплены за лагерем, были размещены только в палатках. Такое наспех оборудованное укрытие унесло много жизней. Только в последнем квартале 1942 г. погибли почти 5 000 военнопленных, что намного больше, чем в это же время в любом другом лагере военнопленных в рейхе.

В горной и других отраслях промышленности беспощадно эксплуатировали рабочую силу военнопленных, так что продолжительность жизни военнопленного после перевода на работу в шахты составляла в среднем полгода. В большинстве случаев страдающих от туберкулеза военнопленных направляли либо в лагерь для умирающих Витмаршен (Эмсланд), либо возвращали в Хемер или Зенне. В лагере Зенне около 70 % из тех, кто умер в 1944 – 1945 гг., погибли от туберкулеза.

Не лучше приходилось и тем, кто работал на предприятиях или в сельском хозяйстве недалеко от шталага 326. И их положение из-за действующих предписаний и нацистского мировоззрения работодателей и населения обычно было хуже, чем других военнопленных, не считая интернированных итальянских военных. Тот факт, что почти на всех кладбищах данного региона имеются „могилы русских", однозначно свидетельствует об этом. Непосредственно после окончания войны бывшие военнопленные превратили лагерное кладбище шталага 326 в мемориал, достойный памяти покойных товарищей. В конце каждого из 36 рядов могил, длиной 112 метров каждый, они поставили камень

Nach jahrelangem Verfall und einer Umgestaltung Anfang der 60er Jahre erscheint der Friedhof in der Senne heute als ein mit Birken und Kiefern bewachsener quadratischer Hain von etwa 150 m Seitenlänge. Außer den 36 Steinen erinnert nichts mehr an die ursprüngliche Begräbnisstätte. Die Parklandschaft erweckt den Eindruck eines riesigen anonymen Gräberfeldes, für das auf einem Obelisken die Zahl von 65 000 hier ruhenden Opfern angegeben wird. Der „Sowjetische Soldatenfriedhof" gilt als einer der größten „Russenfriedhöfe" in Deutschland – zu nennen sind etwa die ähnlich aussehenden in Zeithain bei Riesa in Sachsen, Bergen-Belsen in der Lüneburger Heide oder Dalum im Emsland –, deren weite Rasenflächen die seit den 50er Jahren geltende Auffassung, dass man seinerzeit diese sowjetischen Opfer des Weltanschauungskrieges weder gezählt noch in irgendeiner Weise nachvollziehbar begraben habe, nachdrücklich zu bestätigen scheinen.

Seit 1996 wurden in mühsamen und langwierigen Recherchen vor allem in der Deutschen Dienststelle in Berlin und im Zentralarchiv des Verteidigungsministeriums der Russischen Föderation in Podolsk (CAMO) Materialien erschlossen, die einen präzisen Überblick über die Entwicklung dieses Friedhofes und über die dort Bestatteten ermöglichen. Auf der Basis der dabei gewonnenen Erkenntnisse können inzwischen die meisten großen Grabstätten sowjetischer Gefangener in ihrem Aufbau als entschlüsselt oder als entschlüsselbar angesehen werden.
Eine gemeinsame Veröffentlichung 1998 lieferte die maßgebliche Begründung – die Möglichkeit zur Klärung des Schicksals von Hunderttausenden verschollener sowjetischer Soldaten – für das in diesem Band vorgestellte, seit Juli 2000 laufende deutsch-russische Projekt. Die seither für das Stalag Senne erschlossenen Karteikarten Verstorbener bestätigen die damaligen Forschungsergebnisse.

с памятной доской, короткий текст на которой напоминал о судьбе похороненных здесь военнопленных. Сами ряды были четко выделены, и на могилах были поставлены надгробные знаки. После того, как в течение многих лет кладбище подвергалось разрушительному воздействию окружающей среды, в начале 60-х годов оно было реконструировано, и сегодня кажется квадратной рощей, длина сторон которой составляет 150 м. Кроме 36 камней, уже ничего не напоминает о том, что первоначально это место предназначалось для захоронений. Похожий на парк ландшафт, где растут березы и сосны, производит впечатление огромного безымянного поля захоронений, а на обелиске указана цифра 65 000 жертв. „Советское воинское кладбище" считалось самим большим из „кладбищ русских" в Германии; кроме него подобные кладбища находятся еще в Цайтхайне под Ризой, Берген-Бельзене в Люнебургской пуще или Далюме в Эмсланде. Их обширные газоны, кажется, подтверждают мнение, бытующее с 50-ых годов: раньше не считали, сколько жертв унесла война, и умерших советских военнопленных не хоронили так, чтобы можно было достоверно указать, кто и в какой могиле покоится.

С 1996 г. мы, осуществляя сложный и требующий много времени поиск материалов, прежде всего в Немецкой службе ВАСт в Берлине и в Центральном архиве Министерства обороны Российской Федерации в Подольске (ЦАМО), нашли документы, которые содержат информацию об истории данного кладбища и похороненных там лицах. На основании полученных данных представляется возможным идентифицировать большинство крупных захоронений советских военнопленных. Кроме того, оказалось, что установление судеб советских военнопленных пропавших без вести, возможно. Таким образом, результаты нашего поиска, опубликованные в книге 1998 г., послужили точкой отсчета для реализации германо-российского проекта, положения которого изложены в данном сборнике. Доступные с тех пор карточки умерших в шталаге Зенне подтверждают результаты исследования того времени.
Исходным материалом для размышлений о реконструкции кладбища стала схема кладбища в Зенне, которая была нарисована

Sowjetischer Soldatenfriedhof Stukenbrock-Senne/
Nordrhein-Westfalen 2002
Советское солдатское кладбище Штукенброк-Зенне/
Северный Рейн - Вестфалия 2002 г.

Sterbefallnachweis des Gefangenen Petr Dolgow
Извещение о смерти военнопленного Петра Долгова

Personalkarte des Gefangenen Petr Dolgow
Персональная карточка пленного Петра Долгова

Ausgangspunkt der Rekonstruktionsüberlegungen ist ein Plan des Friedhofes in der Senne, den die Gefangenen des Stalag 326 im Mai 1945 nach ihrer Befreiung anfertigten. Er liegt allerdings nur in einer sehr stark verkleinerten Kopie vor; wo das Original zu finden ist, weiß niemand. Dargestellt sind die 36 Reihen, die ersten bis zur Mitte der Reihe 24 als langgestreckte leere Rechtecke, die folgenden bis zur Mitte der Reihe 35 in jeweils mehr als 30 Abschnitte mit kaum lesbaren Zeichen darin unterteilt. Für die leeren Reihen hatten die Befreiten selbst notiert: „Für die Grabreihen 1–24 der zu Tode Gequälten fehlt die Registrierung." Diese Feststellung wurde später auf den gesamten Friedhof übertragen, ohne dass man jemals versucht hätte, die Zeichen in den Reihen 24 bis 35 zu entziffern. Gerade sie jedoch ermöglichen den ersten wesentlichen Schritt auf dem Weg zur Rekonstruktion des Friedhofes.

Bevor man sich um seine Rekonstruktion bemühen kann, muss man ein wenig über den Umgang mit Sterbefällen von Kriegsgefangenen wissen. Das zuständige Stammlager (Stalag) schickte zunächst einen „Sterbefallnachweis" mit allen Angaben zur Person, zum Tod und zur Grablage an die Wehrmachtauskunftstelle (WASt) nach Berlin. Ein Durchschlag ging an die Wehrkreisverwaltung, die zusätzlich eine inhaltlich weitgehend gleiche „Verlustmeldung" erhielt. In ebenfalls nach Berlin gehenden „Abgangslisten" erstellte die Lagerverwaltung zusätzlich einen Überblick über die Verstorbenen eines bestimmten Zeitraumes. Die WASt schließlich fügte sämtliche Unterlagen des Toten zu einer Akte zusammen, darunter seine Personalkarte, auf der häufig Tod und Grablage eingetragen worden waren.

In der Deutschen Dienststelle in Berlin, der Nachfolgerin der WASt, liegen etwa 1 500 Sterbefallnachweise aus dem Stalag 326, die meisten von ihnen aus der Zeit vom Frühjahr 1944 bis zum März 1945, dazu etliche Verlustmeldungen. Die Formulare sind vollständig ausgefüllt. In den wenigen Fällen, wo das nicht geschah, heißt es, die entsprechenden Angaben seien nicht verfügbar gewesen, da die Personalkarte des Betreffenden nicht vorgelegen habe. Das

военнопленными шталага 326 после освобождения в мае 1945г. Однако эта схема существует лишь в виде значительно уменьшенной копии, а где находится оригинал – неизвестно. На схеме изображены упомянутые 36 рядов могил; первые могилы до середины 24-ого ряда представляют собой длинные пустые четырёхугольники, а следующие за ними могилы до середины 35-ого ряда разделены более чем на 30 частей каждая с мало разборчивыми знаками. Относительно пустых рядов освобожденные военнопленные сами записали: „В рядах могил от № 1 до № 24 нет счета замученным". Это впоследствии отнесли к кладбищу в целом, не пытаясь расшифровать знаки в рядах 24–35. Но как раз эти цифры позволяют сделать первый важный шаг на пути к реконструкции кладбища.

Прежде чем приступить к реконструкции кладбища, напомним о том, какие предписания были в Германском рейхе в случае смерти военнопленных. Лагерь, в котором содержался военнопленный, сначала направлял „Извещение о смерти" в ВАСт в Берлин. Копия шла в управление военного округа, которое одновременно получало так называемое „Сообщение о потерях", совпадающее, в основном, по содержанию с извещением о смерти. Кроме того, лагерное управление направляло в Берлин „Списках убытий", которые также, представляли обзорные сведения об умерших за определенный период. ВАСт в результате объединяла все документы на данного умершего, в т. ч. личную карточку, на которой часто были зафиксированы факт смерти и место захоронения, и заводила архивное дело.

В Немецкой службе в Берлине, являющейся преемницей ВАСт, хранятся около 1 500 извещений о смерти из шталага 326, большинство из которых относится к периоду весны 1944 г. – марта 1945 г., а также ряд сообщений о потерях. Данные формуляры заполнены полностью. В единичных случаях указано, что соответствующие данные отсутствуют, потому что отсутствуют персональные карточки на данного человека. Но это касается в основном времени непосредственно перед окончанием войны. Место захоронения, однако, указано и здесь.

betrifft allerdings fast ausschließlich die unmittelbare Zeit vor Kriegsende. Die Grablage ist jedoch auch bei diesen angegeben. Ordnet man die Sterbefallnachweise chronologisch, so ergibt sich sehr schnell eine Systematik in der Formularzeile „Grablage: Russenfriedhof Forellkrug/Senne". Dort wird unterschieden nach Reihe, Grab und Liste, bei Petr Dolgow z.B., einem 21jährigen Feldscher, der am 5. Mai 1944 starb und am Tag darauf begraben wurde, heißt es auf dem Nachweis, ebenso auf seiner Personalkarte[1]: Reihe 30, Grab 1399, Liste 13 333.

Die Zusammenstellung zeigt, dass es pro Reihe durchschnittlich etwa 35 fortlaufend nummerierte Gräber gibt. Diese Einteilung ist jedoch offensichtlich nur bürokratischer Natur, denn innerhalb der Gräber besitzt jeder Beigesetzte eine ebenfalls aufsteigend durchgehend gezählte so genannte Listennummer. Teilweise lässt sich ein Grab lückenlos mit maximal 10, oft aber weniger Listennummern „füllen", in etlichen Fällen ist der Übergang zu den Gräbern davor und danach oder zu nächsten Reihe nahtlos, so dass sich an Hand der Sterbefallnachweise genau feststellen lässt, von wann bis wann dort bestattet wurde. Reihe 30 beispielsweise beinhaltet die Gräber 1381 bis 1412, die erste Beisetzung fand dort am 15. April, die letzte am 19. Mai 1944 statt.

Eine genaue Untersuchung des oben genannten Planes zeigt nun, dass die dortige Unterteilung von der Mitte der Reihe 24 an eben diese Grabeinteilung wiedergibt. Aus Platzgründen haben die befreiten Gefangenen freilich die ersten beiden, sich ständig wiederholenden Ziffern weggelassen, im Falle von Petr Dolgow also statt 1399 nur 99 notiert. Darunter werden die Listennummern der in diesem Grab liegenden Personen aufgeführt, allerdings auch hier wieder verkürzt, bei Grab (13) 99 sind das statt 13 332 bis 13 337 lediglich 332 bis 337.
Der folgende Überblick belegt, dass zu jedem Toten im Grab 1399 ein ausgefüllter Sterbefallnachweis vorliegt, ebenso zum vorangehenden Grab 1398, wobei sich die Grabeinteilung offensichtlich am Beisetzungstermin orientierte.

Если систематизировать извещения о смерти в хронологическом порядке, то очень быстро можно обнаружить, что в строке формуляра „Место захоронения: кладбище русских Форелькруг/Зенне" прослеживается четкая система. Указан номер ряда, могилы и списка. Так, на карточке Петра Долгова, который умер 5 мая 1944 г. и был похоронен на следующий день, и на свидетельстве о смерти, и на личной карточке[1] указаны 30-ый ряд, 1399-ая могила, список 13 333.

Систематизация извещений о смерти показывает, что в каждом ряду находится примерно 35 могил, пронумерованных в текущем порядке. Данное деление рядов, очевидно, чисто бюрократическое, внутри могилы каждый похороненный также имеет свой текущий регистрационный номер, т.е. номер по списку в книге регистрации смертных случаев в лагере. Иногда могилу можно „заполнить" без пробелов максимум десятью, а часто меньшим количеством номеров из списка. В некоторых случаях номера в соседних могилах или соседних рядах непосредственно продолжают предыдущие, следовательно, на основании свидетельств о смерти можно точно установить, с какого по какой номер были захоронены люди в этих могилах. Так, в 30-ом ряду имеются могилы с номерами 1381–1412, первые захоронения там были осуществлены 15 апреля, последние – 19 мая 1944 г.

Детальный анализ схемы показывает, что деление рядов, начиная с середины 24-ого ряда, в точности отражает установленный на основании свидетельств о смерти порядок могил. Правда, из-за того, что места на составленной схеме было мало, освобожденные военнопленные не указывали первые две цифры, постоянно повторяющиеся, т.е. в случае Петра Долгова вместо 1399 записали только 99. Ниже приводятся номера по списку похороненных в этой могиле лиц, опять-таки в сокращенном виде, т.е., по примеру могилы (13)99, вместо 13 332–13 337 – 332–337. Следующая таблица свидетельствует о том, что на каждого захороненного в могиле 1399, а также в предыдущей 1398-ой могиле имеется заполненное свидетельство о смерти. Деление ряда на могилы, очевидно, было ориентировано по дате захоронения.

Reihe	Grab	Liste	Tod	Beisetzung	Name	Vorname	Erkennungs-markennummer
30	1398	13329	4.5.	4.5.	Badulin	Alexej	326/67768
30		13330	4.5.	4.5.	Ignatjew	Gerassim	326/160546
30		13331	4.5.	4.5.	Zazamidse	Wladimir	366/1056
30	1399	13332	4.5.	6.5.	Sisow	Petr	326/162086
30		13333	5.5.	6.5.	Dolgow	Petr	326/115588
30		13334	6.5.	6.5.	Shukow	Iwan	305/16974
30		13335	6.5.	6.5.	Bashanow	Wassilij	366/8765
30		13336	6.5.	6.5.	Chalmusaew	Machmudsman	352/53163
30		13337	6.5.	6.5.	Patschepzew	Iwan	315/190211
30	1400	13338	5.5.	6.5.	Tkatschenko	Nikolaj	367/32476
30		13339	5.5.	6.5.	Dowetschuk	Fedor	326/161074

Tabelle 1: Verstorbene sowjetische Soldaten in der Reihe 30, Grab 1398–1400

Ряд	Могила	Номер в списке	Дата смерти	Дата захоронения	Фамилия	Имя	Личный номер военнопленного
30	1398	13329	4 мая	4 мая	Бадулин	Алексей	326/67768
30		13330	4 мая	4 мая	Игнатьев	Герасим	326/160546
30		13331	4 мая	4 мая	Цамцамидзе	Владимир	366/1056
30	1399	13332	4 мая	6 мая	Сизов	Петр	326/162086
30		13333	5 мая	6 мая	Долгов	Петр	326/115588
30		13334	6 мая	6 мая	Жуков	Иван	305/16974
30		13335	6 мая	6 мая	Бажанов	Василий	366/8765
30		13336	6 мая	6 мая	Халмузаев	Махмудсман	352/53163
30		13337	6 мая	6 мая	Пачепцев	Иван	315/190211
30	1400	13338	5 мая	6 мая	Ткаченко	Николай	367/32476
30		13339	5 мая	6 мая	Дошечук	Федор	326/161074

Таблица 1: Советские солдаты, захороненные в 30-м ряду, могилы 1398–1400

Insgesamt wurden in dieser Reihe 253 Verstorbene bestattet; 237 von ihnen sind durch die Nachweise namentlich bekannt und in ihrer Grablage präzise bestimmbar. Die Lage der noch unbekannten Fehlenden ist durch Lücken in der Listenzählung offenkundig. Die „Liste" ist damit als die Belegungsübersicht des Friedhofes zu definieren, in die jeder Verstorbene einzeln gezählt und mit seiner individuellen Grablage eingetragen wurde.
Als erster Toter der im Plan unterteilten Reihen 24 bis 35 Mitte ist zur Zeit Wladimir Girenko nachweisbar (Reihe 25, Grab 1216, Listennummer 12 051, gestorben am 27. August 1943), als vorerst letzter ein Unbekannter[2] zu nennen, Todesfall am 10. März 1945 (Reihe 35, Grab 1612, Liste 14 684).
Demgegenüber suggeriert der Plan, für die Reihen 1 bis 24 Mitte sei keine einzige Beisetzung registriert, denn Unterteilungen und Eintragungen fehlen dort völlig: „Für die Grabreihen 1–24 der zu Tode Gequälten fehlt die Registrierung."

Всего, в данном ряду, было похоронено 253 умерших; из них, благодаря сохранившимся извещениям о смерти, 237 известны поименно, и можно точно установить места их захоронения. Пробелы в списке указывают на места захоронения лиц, о которых пока еще ничего не известно. Таким образом, „список" является обзорным документом о местах захоронения, в котором каждому умершему присвоен индивидуальный номер и зафиксировано место захоронения каждого военнопленного.
В данный момент документально подтверждается, что первым в одной из оформленных могил в рядах № 24 - № 36, был похоронен Владимир Гиренко (25-ый ряд, 1216-ая могила, номер в списке 1 205, умер 27 августа 1943 г.), последним – человек, фамилия которого неизвестна[2], умерший 10 марта 1945 г. (35-ый ряд, 1612-ая могила, номер в списке 14 684).
Вместе с тем, схема производит впечатление, что захороненные в рядах с № 1 до середины № 24 никак не регистрировались, так как в этих рядах нет деления на могилы и полностью отсутствуют регистрационные записи.

Verlustmeldung Jorko Kluka
Извещение об убытии Йорко Клука

Plan des sowjetischen Soldatenfriedhofs in
Stukenbrock-Senne aus dem Jahre 1945
План советского солдатского кладбища в
Штукенброк-Зенне 1945 г.

Ausschnitt aus dem Plan
Отрывок из плана

Die bisher für diesen Bereich vorliegenden 278 Sterbefallnachweise, Personalkarten und Verlustmeldungen bieten jedoch so
viele diesbezügliche Informationen, dass auch hier ein eindeutiges
Bild entsteht.

Jorko Kluka beispielsweise wurde am 23. November 1941 im Grab
Nr. 850 beigesetzt, eine Reihen- oder Listenangabe fehlt allerdings
bei ihm wie bei allen anderen im diesem Bereich Bestatteten. Ordnet man die Grabnummern, so ergibt sich gleichwohl eine eindeutig an der Chronologie ausgerichtete aufsteigende Reihenfolge.
Bis Anfang September 1941 sind danach 41 Männer gestorben, die
alle ihre letzte Ruhestätte auf dem nahen Gemeindefriedhof fanden,
jeder mit einer eigenen Grabnummer.[3] Als die Zahl der Sterbefälle
stieg, richtete man den „Russenfriedhof" ein, auf dem als Erster
am 6. oder 7. September 1941 Wiktor Litwinow beigesetzt wurde.
Er erhielt allerdings nicht die Grabnummer 1, sondern 42, ein ein-
deutiger Beleg dafür, dass man individuell weiterzählte und dafür
die Zahl der vom Stalag 326 Bestatteten insgesamt verwendete.
Die folgende Übersicht zeigt als Beispiel die bisher für die Zeit
vom 10. bis 29. Mai 1942 nachweisbaren Sterbefälle.

Однако имеющиеся в нашем распоряжении 278 извещений о
смерти, персональных карточек и сообщений о потерях, касающихся данного участка кладбища, предоставляют такое количество данных, что и здесь вырисовывается однозначная картина.
Так, Йорко Клука был похоронен 23 ноября 1941 г. в могиле №850,
но номер ряда или номер в списке у него, как и у других похороненных на данном участке, не указан. Если номера могил привести в определенный порядок, то вытекает, что захоронения
осуществлялись в хронологическом порядке. Согласно этому до
начала сентября умер 41 человек, и все они нашли свое последнее пристанище на близлежащем деревенском кладбище, при
этом могила каждого из них получила свой индивидуальный номер[3]. Когда возросло число умерших, было создано „кладбище
русских", на котором 6 или 7 сентября первым был похоронен
Виктор Литвинов. Однако его могиле был присвоен не номер 1,
а 42, что однозначно свидетельствует о том, что подсчет и нумерация продолжались в индивидуальном порядке и в дальнейшем.

Grabnummer	Todesdatum	Name	Vorname	Vatersname	Erkennungsmarke
3445	10.5.?	Schischkin	Iwan	Iwan	326/13316
3454	17.5.	Gronskij?	Dmitrij	Chil	326/11303
3468	19.5.	Kurkin	Gawril	Gawril	326/35342
3470	20.5.	Plochotnik	Semen	Abram	326/11800
3491	25.5.	Quelle zum Teil zerstört; Namen nicht lesbar			
3492	25.5.	Chasow	Alexander	Semen	326/6434
3493	25.5.	Petruschin	Wasilij	Maxim	326/13221
3496	25.5.	Schtscherbin	Fedor	Wasilij	326/19071
3499?	26.5.	Plotnikow	Grigorij	Fedor	326/5736
3500	26.5.	Karasew	Iwan	Prokopij	326/1342
3505	28.5.	Protopow	Fedor	Nikolaj	326/35762
3513	29.5.	Dukin	Tichan		18981

Tabelle 2: Sterbefälle sowjetischer Soldaten zwischen 10. und 29. Mai 1942

№ могилы	Дата смерти	Фамилия	Имя	Отчество	Личный номер военнопленного
3445	10.5.?	Шишкин	Иван	Иван	326/13316
3454	17.5.	Гронский?	Дмитрий	Хиль	326/11303
3468	19.5.	Куркин	Гаврил	Гаврил	326/35342
3470	20.5.	Плохотник	Семен	Абрам	326/11800
3491	25.5.	Источник частично поврежден, данные неразборчивы			
3492	25.5.	Хасов	Александр	Семен	326/6434
3493	25.5.	Петрушин	Василий	Максим	326/13221
3496	25.5.	Щербин	Федор	Василий	326/19071
3499?	26.5.	Плотников	Григорий	Федор	326/5736
3500	26.5.	Карасев	Иван	Прокопий	326/1342
3505	28.5.	Протопов	Федор	Николай	326/35762
3513	29.5.	Дукин	Тихон		18981

Таблица 2: Советские солдаты, умершие с 10-ого по 29-ое мая 1942г.

Greift man sich willkürlich den Zeitabschnitt zwischen dem 20. Mai und dem 25. Mai 1942 heraus, kamen in diesen Tagen wenigstens 27 (von Grabnummer 3470–3496) sowjetische Kriegsgefangene ums Leben.

Die genaue Grablage eines Verstorbenen war jedoch bei einer solchen Registrierung später nicht mehr zu bestimmen – ein klarer Verstoß gegen geltende militärische Bestimmungen. Das veranlasste das Wehrkreiskommando VI in Münster, bei dem die Sterbefallnachweise und Verlustmeldungen eingingen, die Lagerverwaltungen am 25. März 1943 scharf auf die Einhaltung der diesbezüglichen Vorschriften hinzuweisen. Auch bei sowjetischen Kriegsgefangenen habe die Kennzeichnung jeder einzelnen Grabstätte so zu erfolgen, dass eine Identifizierung des Beerdigten möglich sei, ebenso an Hand der dem Wehrkreiskommando einzureichenden Sterbefallnachweise. Weiter heißt es: „Es genügt z. B. nicht bei dem Gemeinschaftsgrab Nr. 288 (mit 10 oder mehr Beerdigten) die Angabe der Nr. 288. – Die genaue Lage jedes Beerdigten ist zusätzlich entweder durch die laufende Nr. der in den Kr. Gef. Stammlagern geführten Sterberegister (…) oder durch die Angabe der Reihenfolge innerhalb der Gemeinschaftsgräber (…) zu bestimmen. Die Zahl der in Gemeinschaftsgräbern zu Beerdigenden ist im Allgemeinen auf 10 als Höchstmaß (in Ausnahmefällen 20) zu beschränken.“

Dieser Befehl wurde auch zügig umgesetzt, wie der Plan der ehemaligen Kriegsgefangenen verdeutlicht. Während die Reihen 1 bis 24 Mitte leer sind, weisen die restlichen bis Reihe 35 präzise Unterteilungen auf.[4] Die bloße Zählung der Verstorbenen bis Mitte 1943 machte nämlich den ehemaligen Gefangenen, die die Übersicht nach der Befreiung anfertigten, eine eindeutige Definition der Grablagen bis zur Mitte von Reihe 24 unmöglich und suggerierte, es sei in diesem Zeitraum nicht registriert worden. Erst die auf die Anordnung aus Münster hin ab Mitte 1943 erfolgte zusätzliche Angabe von Reihe, Grab und Liste schuf eine nachvollziehbare und daher auch kartierbare Ordnung.

Таблица на предыдущей странице в качестве примера представляет документально подтверждаемые данные о военнопленных, которые умерли в период с 10-ого по 29-ое мая 1942 г. Согласно данным таблицы, в период с 20-го по 25-ое мая 1942 г. умерло не менее 27 советских солдат (могилы №№ 3470–3496). Однако при такой регистрации спустя некоторое время было невозможно определить точное место захоронения умершего, что являлось явным нарушением действующих военных правил. Поэтому командование IV-го военного округа в г. Мюнстере, куда поступали свидетельства о смерти и сообщения о потерях, в приказе от 25-ого марта 1943 г. строжайше указало управлениям лагерей, чтобы они соблюдали предписания. Было подчеркнуто, что даже когда речь идет о могилах советских военнопленных, обозначение каждого отдельного захоронения должно осуществляться таким образом, чтобы идентификация похороненного лица была возможна и извещения о смерти, поступающие в военкомат, позволяли опознавать покойного. Далее говорится: „Недостаточно, например, указать для всех похороненных в общей могиле № 288 (в которой покоятся 10 или более человек) только № 288. – Точное место каждого похороненного следует определить или на основании текущего номера, указанного в реестрах умерших, которые ведутся в шталагах (…) или на основании указания расположения внутри общих могил. Как правило, максимальное число лиц, захороненных в одной общей могиле, не должно превышать 10 (в исключительных случаях – 20)“.

Как показывает схема, сделанная бывшими военнопленными, предписания данного приказа впоследствии выполнялись. В отличие от пустых рядов с № 1 до середины № 24, остальные ряды до № 35 четко подразделены[4]. Причина кроется в том, что до середины 1943 г. велся простой подсчет умерших, а это не позволяло бывшим пленным, которые после освобождения рисовали схему, однозначно определить, кто похоронен в могилах до середины 24-ого ряда, и производило впечатление, будто в этот период регистрация пленных не проводилась. Только после приказа из Мюнстера с середины 1943 г. в регистрационных докумен-

Es dürfte der Lagerverwaltung freilich schwer gefallen sein, nach zwei Jahren mit Tausenden von Toten und einer rein numerischen Zählung plötzlich eine zusätzliche bürokratische Unterteilung der langen, nach und nach zugeschütteten Reihen in Gräber vorzunehmen. Diese musste gleichsam rückwirkend konstruiert werden. Dabei orientierte man sich offensichtlich an der im Befehl genannten Vorgabe „10 Tote pro Grab", teilte die aktuelle Zahl der Verstorbenen von 11900 durch zehn und begann bei Grab Nr. 1190.[5] Die fortlaufende Zählung jedes Einzelnen blieb allerdings bestehen. Um Missverständnisse auszuschließen, wurde jedoch ab jetzt nicht mehr der Begriff „Grabnummer" dafür verwendet, sondern „Listennummer".[6] Die Zahl der Toten je Grab richtete sich in der Folgezeit danach, wie viele pro Tag gestorben waren. Ein Grab konnte, wie oben gezeigt, durchaus weniger als zehn Personen, im „Extremfall" sogar nur einen Verstorbenen enthalten.

Die Richtigkeit dieser Rekonstruktion zeigt sich schon an einigen „Nebensächlichkeiten". Angaben, die durch ein Ordnen der Daten durch den Computer zunächst nicht in das System zu passen scheinen, lassen sich auf den zweiten Blick sofort und ohne Probleme korrigieren: Es handelt sich um damalige Schreibfehler, z.B. falsche Ziffernfolge, sowie Zuordnungsfehler etwa beim Übergang in die folgende Reihe oder um aktuelle Eingabefehler. Bisher liegt kein einziger Fall bei den immerhin etwa 1800 vorhandenen vor, der diesen Erkenntnissen widerspricht. Im Gegenteil, neue Unterlagen zu bislang unbekannten Personen fügen sich über die Grab-/Listennummer oder das Datum ebenso nahtlos ein wie sich Verstorbene, die irrtümlich dem Friedhof in der Senne zugeordnet werden, herausfinden lassen.

Ein Foto, das der Wehrmachtgräberoffizier des Wehrkreises VI Anfang 1944 bei einer Inspektionsfahrt von der Tafel des Grabes 1311 in Reihe 27 aufnahm, zeigt deren Beschriftung: „Grab Nr. 1311 Liste Nr. 12652". Demnach wurde dort lediglich ein einziger, namentlich noch unbekannter Gefangener mit der Listennummer 12652 beigesetzt – der entsprechende Planausschnitt weist das Grab 1311 mit der Nummer (12)652 als eines der ganz seltenen

тах дополнительно указывались номера ряда, могилы и списка, и, таким образом, появилась возможность определить и изобразить на схеме порядок расположения могил и умерших. Лагерному управлению, вероятно, было трудно теперь произвести бюрократическое деление длинных рядов, которые со временем были засыпаны землей, на могилы. Все же со дня создания кладбища прошло два года, в течение которых тысячи мертвых были подсчитаны простым способом. Деление нужно было осуществить как бы задним числом. Ориентацией послужило, очевидно, названное в приказе число „по 10 человек в каждой могиле". На этом основании общее число умерших (11900) было разделено на 10, и первая могила получила номер 11905. Но и в дальнейшем каждому умершему продолжали присваивать свой индивидуальный номер. Однако чтобы избежать недоразумений, уже не употребляли прежнее понятие „номер могилы", а использовали другое – „номер в списке"[6]. Количество захороненных в одной могиле зависело от того, сколько человек умерло в тот день. Как указано выше, в одной могиле вполне могло быть захоронено менее 10 человек, в „экстремальном случае" даже только один.

То, что реконструкция лагерного кладбища шталага 326 (VI K) Зенне осуществлена правильно, подтверждается и некоторыми второстепенными данными. Когда сведения, приведенные с помощью компьютера в определенный порядок, не вписываются в систему полученных данных, их быстро и без проблем можно скорректировать. В первую очередь, это касается описок, сделанных в послевоенное время (например, перепутаны цифры) или ошибок, связанных с тем, что при переходе к новому ряду могил неправильно были соотнесены номера. Сегодня же встречаются ошибки при вводе данных в компьютер. До сих пор нет ни одного случая ошибок – а их около 1800 – который противоречил бы системе полученных данных. Наоборот, новые материалы на неизвестных до сих пор лиц, с учетом номера могилы, номера в списке или даты похорон без проблем согласовываются с уже имеющимися сведениями. Кроме того, данные координаты позволяют выявить умерших, которые по ошибке считались похороненными на кладбище Зенне.

Zustand des sowjetischen Soldatenfriedhofs Stukenbrock-Senne Anfang 1944
Состояние советского солдатского кладбища Штукенброк-Зенне в начале 1944 г.

Einzelgräber innerhalb der Reihen auf dem Friedhof in der Senne aus. Bilder und Wochenschauen von der Einweihung im Mai 1945 schließlich zeigen für die Reihen ab Nr. 24 sehr viele solcher Tafeln, auf den Reihen zuvor ist nichts dergleichen zu erkennen.[7]

Schließlich existieren noch statistische Angaben, die die vorangegangenen Überlegungen untermauern.
· Ein erster offizieller Bericht der US-Armee vom 6. April 1945 gibt an, es sei von geschätzten 15 000 verstorbenen Gefangenen die Rede, die in der Nähe des Lagers begraben worden seien.[8]
· Die monatlichen Bestandsmeldungen für das Stalag 326 liegen komplett vom 1. Dezember 1943 bis zum 1. März 1945 vor. Sie geben auch die Zahl der im jeweiligen Zeitraum Verstorbenen an, allerdings nur derjenigen, die vom Lager Senne verwaltet wurden. Gefangene aus fremden Lagern, die vor einer formellen Versetzung in das ostwestfälische Stalag starben – etwa auf Transporten –, wurden zwar auf dessen Friedhof beigesetzt und mitgezählt, als Verluste an die WASt jedoch von dem Lager gemeldet, dem sie zum Todeszeitpunkt noch zugeordnet waren,[9] d.h. dass die Zahl der Toten auf dem Friedhof höher ist als die vom Stalag 326 als verstorben Gemeldeten.[10]
· Nach ihrer Befreiung fertigten die Gefangenen selbst rückblickend eine Übersicht über die Toten pro Monat vom Juli 1941 bis zum März 1945 an. Wenn ihre Angaben höher liegen als die der Grab-/ Listenzählung in den zeitgenössischen Dokumenten, so mag das darauf zurückzuführen sein, dass die bürokratische „Bewältigung" der Sterbefälle eine gewisse Zeit in Anspruch nahm: Die am Monatsende Gestorbenen wurden sozusagen erst zu Beginn des folgenden Monats „bearbeitet".
Zur Verdeutlichung werden die Halbjahreszahlen beider Statistiken im Folgenden genannt, dazu die Grabnummern (bis zum Sommer 1943) bzw. Listennummern der für den Zeitpunkt vorhandenen Sterbefallunterlagen

Фотография, снятая офицером вермахта по делам воинских захоронений VI-ого военного округа в начале 1944 г. во время инспекционной поездки, показывает надпись на доске 1311-ой могилы в 27-ом ряду: „Могила № 1311, номер в списке 12 652". Следовательно, в ней под номером из списка 12 652 был похоронен один единственный пленный, имя которого пока еще не известно – соответствующая часть схемы изображает 1311-ую могилу под номером (12) 652 как одну из крайне редких индивидуальных могил на кладбище в Зенне.
Фотографии и кинохроники о торжественном открытии мемориала кладбища в мае 1945 г. свидетельствуют, что в рядах, начиная с 24-ого, много таких досок, в то время как на рядах с меньшими номерами их не.[7]

Кроме списков убытий, сообщений о потерях и кладбищенских реестров, существуют иные статистические данные, которые подтверждают наши выводы и аргументы.
· В одном из первых официальных сообщений американской армии от 6 апреля 1945 г. говорится о 15 000 умерших пленных, похороненных недалеко от лагеря.[8]
· Имеется полная ежемесячная отчетность о прибывших и убывших по шталагу 326 за период с 1 декабря 1943 г. по 1 марта 1945 г. Там указано число умерших за данный период, однако только тех, которые находились в ведении лагеря Зенне. Пленные из других лагерей, которые умерли до того, как формально поступили в шталаг 326, например, во время транспортировки, действительно были захоронены на лагерном кладбище и фигурировали в подсчетах, но сообщения о потерях поступали в ВАСт из того лагеря, в ведении которого военнопленные находились на момент смерти.[9] Следовательно, количество похороненных на кладбище выше, чем число тех, о смерти которых сообщил шталаг 326.[10]
· После освобождения из лагеря пленные сами задним числом составили обзорный список умерших в период с июля 1941 г. по март 1945 г. в расчете на каждый месяц. Если их количественные данные выше, чем подсчет могил или номеров из списков в документах того времени, то это может быть результатом

Datum	Grab-/Listen-Nr.		Kgf.-Übersicht von 1945	monatliche Bestandsmeldung
1.8.1941	14		18	
1.1.1942	2046	(29.12.1941)	2198	
1.7.1942	3690		3802	
1.1.1943	9348	(29.12.1942)	9529	
1.7.1943	11829	(8.7.)	11916	
1.1.1944	12534	(3.1.1944)	12634	11279
1.7.1944	13698		13803	12505
1.1.1945	14293		14386	13191
1.3.1945	14638		14725	13496

Tabelle 3: Statistische Angaben zu den Sterbefällen im Stalag 326 (VI K)

Die bei der Rekonstruktion des Soldatenfriedhofes in der Senne gewonnenen Erkenntnisse haben es inzwischen ermöglicht, auch die meisten anderen Friedhöfe sowjetischer Kriegsgefangener zumindest in ihrer Systematik zu verstehen. Wenn sie – im Gegensatz zur Senne – momentan nicht rekonstruierbar erscheinen, so liegt das vor allem daran, dass ihr äußeres Erscheinungsbild in den Nachkriegsjahren bis zur Unkenntlichkeit umgestaltet wurde. Reihensteine, die eine Zuordnung ermöglichen, gibt es leider nur in der Senne.

Einige dieser Kriegsgräberstätten seien abschließend genannt:

· Stalag VI A Hemer bei Iserlohn mit zwei Friedhöfen, von denen der zweite ab Mitte 1943 genutzt wurde. Er ist genauso aufgebaut wie der des Stalag 326 (zusammen circa 8 000 Tote),

· Stalag VI C Bathorn (Emsland) mit mehreren Friedhöfen, vor allem dem in Dalum mit vermutlich mehr als 10 000 Toten, überwiegend Tbc-Kranken aus dem Ruhrbergbau,

· Stalag VI F Bocholt (circa 1700 Tote), wo sich noch heute auf jedem Grab ein kleines Betontäfelchen mit der Grabnummer und der Angabe der Erkennungsmarke befindet. Über Abgangslisten aus dem CAMO und Sterbefallnachweise aus der Deutschen Dienststelle lassen sich für Bocholt schon heute einige Dutzend der dort Liegenden identifizieren und lokalisieren,

того, что бюрократической машине требовалось определенное время, чтобы гсправиться" с обработкой смертных случаев: данные по пленным, которые умерли в конце месяца, „обрабатывались" только в начале следующего месяца.

Для пояснения сказанного, в следующей таблице сопоставляется общее число пленных, названное в упомянутых выше документах. Кроме того, приводится номер могилы (до лета 1943 г.) или номер в списке, указанные в документах о смертных случаях.

Дата	Номер могилы/ номер в списке		Обзорный список, составленный военнопленными	Отчетность лагеря
1 августа 1941 г.	14		18	
1 января 1942 г.	2046	(29 декабря 1941 г.)	2198	
1 июля 1942 г.	3690		3802	
1 января 1943 г.	9348	(29 декабря 1942 г.)	9529	
1 июля 1943 г.	11829	(8 июля)	11916	
1 января 1944 г.	12534	(3 января 1944 г.)	12634	11279
1 июля 1944 г.	13698		13803	12505
1 января 1945 г.	14293		14386	13191
1 марта 1945 г.	14638		14725	13496

Таблица 3: Статистические данные по смертным случаям в лагере 326 (VI K)

Данные, полученные в ходе реконструкции воинского кладбища Зенне, позволяют понять хотя бы систему построения кладбищ советских военнопленных. Их реконструкция, в отличие от Зенне, нам в данный момент не представляется возможной, потому, что они в послевоенные годы были реорганизованы до неузнаваемости. Камни, обозначающие отдельные ряды и позволяющие идентифицировать умершего и место его захоронения, к сожалению, остались только в Зенне. Заканчивая нашу статью, назовем еще некоторые из воинских кладбищ:

· в лагере VI A Хемер недалеко от Изерлона – два кладбища, одно из которых использовалось с середины 1943 г. Кладбища организованы по тому же принципу, что и кладбище шталага 326;

· в лагере VI C Батхорн (Эмсланд) – несколько кладбищ, главное

· Stalag 304 (IV H) Zeithain bei Riesa mit insgesamt vier Begräb-
nisplätzen (circa 30 000 Tote), dessen Tausende von Toten im
Winter 1941/42 in den Meldungen an die WASt und auf den
Personalkarten fortlaufend gezählt und den jeweiligen Friedhöfen
zugeordnet wurden,
· Stalag 308 (VIII E) Neuhammer (Niederschlesien), dessen vier-
bändiges Sterbefallregister den dortigen Friedhof komplett überliefert (13 527 Tote)
· Stalag 311 (XI C) Bergen-Belsen: Bis zum Grab 380 gibt es eine
Reihen-, Grab- und Listenzählung, von da an erfolgt eine individuelle fortlaufende Grabzählung bis zur Nummer 19 559 am
8. Januar 1945.

An all diesen und vielen anderen Orten wurden die Verstorbenen
präzise verzeichnet und bürokratisch nachvollziehbar, wenn auch
unter unwürdigen Umständen, beigesetzt. Die Unterlagen waren
bei Kriegsende verfügbar. Trotzdem lautete über Jahrzehnte hinweg in der Sowjetunion die Antwort auf Nachfragen in der Regel
nur „verschollen in Deutschland", Angaben, die die weiten Rasenflächen in Deutschland zu bestätigen schienen.

Dem größten Teil der verschollen Geglaubten kann jedoch heute
durch das gemeinsame deutsch-russisch-weißrussische Projekt
die Identität durch die Zuweisung eben der konkreten Grabstätte,
die sie bis 1945 besaßen und in der sie heute noch ruhen, zurückgegeben werden. Viele Anfragen, die die Dokumentationsstätte
Stalag 326 und andere Gedenkstätten von Familien nach dem
Verbleib von Angehörigen erhalten, lassen sich durch die bisherige
beharrliche Arbeit inzwischen positiv beantworten. Die Dankes-
briefe zeigen, dass der eingeschlagene Weg der richtige ist.

из которых в Далюме, где похоронены более 100 000 человек, в
основном, больные туберкулезом, работавшие в шахтах
Рурской области;
· в лагере VI F Бохольт и сегодня на каждой могиле стоит малень-
кое надгробье из бетона, на котором указаны номер могилы и
личный номер военнопленного. На основании хранящихся в
ЦАМО списков прибывших и убывших, а также хранящихся в
Немецкой службе ВАСт извещений о смерти уже сегодня возможна идентификация и локализация многих захороненных;
· в лагере 304 (IV H) Цайтхайн под Ризой находится 4 ареала захоронений. Умершие в этом лагере зимой 1941—42 гг. в сообщениях, направленных в ВАСт, и на персональных карточках про-
нумерованы по порядку, там же указано, на каком кладбище
они похоронены;
· в лагере 308 (VIII E) Нойхаммер (Нижняя Силезия) имеется че-
тырехтомный реестр смертных случаев, содержащий сведения
обо всех лицах, похороненных на данном кладбище;
· в лагере 311 (XI C) Берген-Бельзен до 380-ой могилы по порядку указаны номера ряда, могилы и списка, затем до 19 559-ого
номера (8 января 1945г.) указаны номера могил.
Во всех этих и многих других лагерях умершие были точно зарегистрированы, а факты захоронения документально подтверждены, хотя и проводились в условиях, недостойных человека.
Документы в конце войны существовали. Тем не менее, в течение десятилетий в Советском Союзе на запросы отвечали, как
правило: „Пропал без вести в Германии". Обширные газоны в
Германии, казалось, подтверждали эту информацию.

Благодаря совместному германо-российско-белорусскому проекту сегодня возможно установить судьбу большинства пропавших
без вести в Германии, а также идентифицировать место захоронения, где они покоились до 1945г. и покоятся по сей день. Благодаря настойчивой работе, на многие запросы, которые получены
документационным центром шталага 326 и другими мемориалами, можно дать конкретный ответ. Письма с выражениями благо-
дарности показывают, что мы идем по правильному пути.

1 Die Personalkarten der Verstorbenen liegen zum überwiegenden Teil im CAMO Podolsk. Bisher sind einige Hundert zum Stalag 326 bekannt. Sie weisen den auch auf der Karte von Petr Dolgow von links unten nach rechts oben verlaufenden, zumeist roten, markanten Doppelstrich mit Angabe zu Tod, Beisetzung und Grablage auf.

2 Auf dem Sterbefallnachweis steht ein Stempel „Weitere Angaben über den Verstorbenen können nicht gemacht werden, da der Gefangene krank und nicht mehr vernehmungsfähig aus dem Osten in das hiesige Lager kam."

3 Daher ist die Bezeichnung auf der Verlustmeldung „Einzel-/Kameradengrab" bei ihm eindeutig als Einzelgrab zu verstehen. Kameradengrab bedeutet, dass mehrere Verstorbene in ein Grab kamen.

4 Dass die Hälfte von Reihe 35 sowie Reihe 36 wieder ohne Unterteilungen ist, dürfte auf die chaotischen Verhältnisse der letzten drei Wochen vor der Befreiung am 2. April 1945 zurückzuführen sein. Die Unterlagen der in dieser Zeit Verstorbenen befanden sich sozusagen noch im laufenden Geschäftsgang und damit nicht bei denen, die den ehemaligen Gefangenen später zur Einsicht vorlagen. Dass weitergezählt wurde, zeigt der Tod von Dmitrij Solotar am 23. März 1945. Er wurde in Reihe 36 im Grab 1623 beigesetzt. Eine Listennummer fehlt in dieser Nachkriegsnotiz.

5 Die Grabnummer 11829 wurde am 8. Juli 1943 an Abas Iwanow vergeben. Die Zählung der Gräber beginnt laut Plan bei Grab 1190, der erste Sterbefallnachweis mit Listennummer liegt vor für Reihe 25, Grab 1216, Nummer 12051, gestorben am 27. August 1943 (s. o.).

6 Der Begriff „Grab" ist somit etwas anders zu sehen als der gängige, der immer als Einzelgrab verstanden wird. Ein „Grab" im militärischen Sinne kann nach den Vorschriften sein: das Einzelgrab („feste Zwischenwände"), das Reihengrab („Mann an Mann ohne Zwischenwände") und das Kameradengrab („Tote übereinander und durcheinander"). Bei den Gräbern auf den „Russenfriedhöfen" handelt es sich, euphemistisch formuliert, um „Kameradengräber". Die Listennummer bezeichnet die Einzelgräber herkömmlichen Sinnes in einem Grab, wie es das Militär versteht. Quelle: Deutsche Dienststelle Ref. IV, AOK 18, Merkblatt über die Gräberfürsorge Januar 1942.

7 Vermutlich gab es dort kleine Holztäfelchen mit den Listennummern, eventuell zusätzlich versehen mit der Nummer der Erkennungsmarke, die wiederum durch das Friedhofsregister zu erschließen gewesen wären. Siehe hierzu die im Aufsatz gemachten Angaben zum Friedhof des Stalag VI F Bocholt.

8 Spätere Angaben schwanken dann zwischen 30000 und 100000. Die erst im Sommer 1945 nachträglich auf dem Obelisken eingefügte Zahl von 65000 Opfern ist dem Vernehmen nach auf die Amerikaner zurückzuführen, die nahegelegt hätten, den Mittelwert, eben 65000, zu nehmen.

9 Deswegen liegen in der Deutschen Dienststelle auch etliche Sterbefallnachweise für in der Senne Verstorbene, die von anderen Lagern, beispielsweise vom Stalag VI D Dortmund oder VI J Krefeld-Fichtenhain ausgefüllt wurden.

10 Zu berücksichtigen ist dabei außerdem, dass in den Bestandsmeldungen die Gesamtzahl der im Verwaltungsbereich des Stalag 326 (VI K) Umgekommenen angegeben wurde, also z. B. auch derer, die an anderen Orten verstorben und dort beigesetzt worden waren. Die Zahl der Toten aus dem Stalag selbst und dem nahegelegenen großen Lazarett Staumühle, die ebenfalls auf dem Lagerfriedhof bestattet wurden, liegt also niedriger als die jeweils zitierten.

1 Подавляющее большинство личных карточек на умерших хранится в ЦАМО. До сих пор известно о нескольких сотнях по шталагу 326. На карточке Петра Долгова, как и на других карточках, мы видим двойную, в большинстве случаев яркую красную линию, проходящую из левого нижнего угла в правый верхний угол. Карточки содержат информацию о причине смерти, дате и месте захоронения.

2 На извещении о смерти имеется штамп: „Невозможно сообщить другие сведения об умершем, так как военнопленный болел и, поступив с востока в здешний лагерь, по состоянию здоровья не мог быть допрошен".

3 Поэтому указание в „Сообщении о потерях" индивидуальная/братская могила" здесь однозначно следует понимать как индивидуальная могила. Понятие „товарищеская могила" означает, что в одной могиле похоронены несколько человек.

4 То обстоятельство, что половина 35-ого ряда, а также 36-ой ряд вновь оказались без четкого деления на могилы, вероятно связано с хаотической ситуацией в последние три недели перед освобождением 2 апреля 1945 г. Документы на тех, кто умер в это время, находились как бы еще в стадии деловой обработки и были отделены от тех, которыми потом пользовались бывшие военнопленные. Подсчет и нумерация продолжались, как свидетельствует смерть Дмитрия Солотара 23 марта 1945 г. Он был похоронен в 1623-ей могиле 36-ого ряда. В сделанной уже после войны записи номер в списке отсутствует.

5 Номер 11829 получила 8-ого июля 1943 г. могила Абаса Иванова. Подсчет могил согласно схеме начинается с могилы № 1190, первое свидетельство о смерти, на котором указан номер в списке, касается пленного, умершего 27 августа 1943 г. и похороненного в могиле № 1216 (25-ый ряд, номер в списке 12051).

6 Понятие „могила", таким образом, не совсем то, что обычно подразумевается под этим – индивидуальная могила. „Могилой" в военном смысле могла быть: индивидуальная могила (с твердыми перегородками), могила с укладкой в ней умерших рядами и товарищеская могила (мертвые лежат друг на друге вперемешку). Могилы на „кладбищах русских" представляют собой „товарищеские" могилы. Номер в списке обозначает индивидуальную могилу в обычном понимании, находящуюся в могиле в военном понимании.

7 Предполагается, что там имелись маленькие деревянные доски с номерами из списков и дополнительно, может быть, еще и с личными номерами военнопленных, которые можно было узнать из кладбищенского реестра. По данной проблеме см. указанные в настоящей статье сведения о кладбище лагеря VI F (Бохольт).

8 Более поздние данные колеблются в пределах между 30000 и 100000 жертвами. Число 65000, которое летом 1945 г. задним числом было указано на обелиске, вероятно, является результатом того, что американцы якобы настоятельно рекомендовали указать там среднее количество, а это как раз 65000.

9 Вот почему в Немецкой службе ВАСт имеется ряд свидетельств о смерти военнопленных, умерших в Зенне, которые заполнены в других лагерях, например в шталаге VI D Дортмунд или VI J (Крефельд-Фихтенхайн).

10 Следует принимать во внимание и то обстоятельство, что в отчетности о прибывших и убывших указано общее число умерших, которые находились в ведении шталага 326 (VI K), в т.ч. тех, кто умер и был похоронен в других местах. Число умерших в самом шталаге и близлежащем госпитале Штаумюле, которые также похоронены на лагерном кладбище, ниже, чем приведенное количество.

Schicksalsklärung auf der Grundlage von Akten

Выявление судьбы на примере обработки архивных документов

Reinhard Otto | Райнхард Отто

Bei den Bemühungen und Überlegungen, die Akten des Zentralarchivs in Podolsk zu erschließen, ging es vor allem um eines: die Klärung des Schicksals Hunderttausender sowjetischer Soldaten, über deren Verbleib die Angehörigen bis heute so gut wie nichts wissen. In Russland – und das lässt sich ohne weiteres auf die anderen Nachfolgestaaten der Sowjetunion übertragen – ist das Bedürfnis nach Aufklärung und Information auch mehr als 58 Jahre nach dem Ende des Zweiten Weltkrieges enorm groß. Gleichzeitig gewann die Erschließung der Akten eine wichtige politische Bedeutung: Was konnte mehr der Aussöhnung dienen, als ein Projekt, in dem Deutsche und Russen gemeinsam versuchten, durch die Auswertung deutscher Unterlagen, die in Russland liegen, das Schicksal verschollener und vermisster sowjetischer Staatsbürger aufzudecken? Dass schon drei Jahre nach Beginn der Arbeit in Podolsk, im September 2000, in Moskau ein entsprechender deutsch-russischer Vertrag über ein Pilotprojekt zur digitalisierten Aufarbeitung der Offiziersunterlagen unterzeichnet werden konnte, zeigt, dass beide Seiten diese Einschätzung teilen. Die Bedeutung, die dem Vorhaben inzwischen beigemessen wird, kommt auch in der Bereitschaft der Inlandsgeheimdienste in Russland und Weißrussland zum Ausdruck, ihre Bestände für eine Erschließung zur Verfügung zu stellen.

Für gewöhnlich wird im Zentralarchiv des Verteidigungsministeriums in Podolsk nach dem Eingang einer Anfrage geprüft, welche Unterlagen zu dem Kriegsgefangenen in den Karteien vorhanden sind. Notwendige Voraussetzung dafür sind einige Daten: Name, Vorname, Vatersname, Geburtstag (zumindest Geburtsjahr) und Geburtsort. Suchkarteien weisen den Weg zu den eigentlichen Akten, seien es deutsche Akten – etwa Personalkarten, Lazarettkarten, Zu- und Abgangslisten –, seien es russische Übersetzungen oder nachträglich von sowjetischer Seite angefertigte Übersichten. Die dort vorhandenen Informationen werden den Anfragenden dann mitgeteilt, darunter auch, soweit ersichtlich, Todesdatum und -ort sowie die Grablage. Häufig ist das jedoch für den Recherchierenden nicht unmittelbar zu erkennen, was in der Vergangenheit oft

Когда мы задумывались над тем, как лучше всего обработать и ввести в научный оборот документы в отношении советских военнопленных находящихся на хранении в Центральном архиве министерства обороны в Подольске, в центре внимания находилось прежде всего одно: выявление судеб сотен тысяч советских солдат, о которых родственники и близкие до сих пор ничего не знают. В России, а также в странах бывшего Советского Союза потребность получить достоверную информацию и через 58 лет после окончания войны все еще велика. Одновременно выявление и обработка архивных документов приобрело важное политическое значение, ничего не может служить делу примирения больше, чем проект, работая над реализацией которого немцы и русские совместно прилагают все усилия, чтобы изучить немецкие документы, хранящиеся в России, и выявить судьбу пропавших без вести советских граждан. То, что уже через три года после проведения первых работ в Подольске, в сентябре 2000 г. в Москве был подписан соответствующий германо-российский договор о пилотном проекте по дигитализации документов на офицеров показывает, что обе стороны разделяют это мнение. Большое значение, которое приобрел проект на данном этапе, выражается и в готовности российской и белорусской служб безопасности предоставить свои фонды для научной обработки.

Обычно в Центральном архиве в Подольске после поступления запроса проверяют, какие документы на военнопленного имеются в картотеках. В запросе необходимо указать ряд данных: фамилию, имя, отчество, дату (или хотя бы год) рождения, место рождения. Находящиеся в наличии картотеки открывают путь к конкретным документам: немецким документам - персональные карточки, госпитальные карточки, списки прибывших и убывших и др. – или к обзорным документам, составленными советской стороной задним числом. Информация из этих документов, в том числе, если есть, дата смерти, место смерти и место захоронения, сообщается заявителю. Однако, не всегда исследователь это может заметить на первый взгляд, что в то время нередко приводило к неудовлетворительным для заявителей справкам,

zu für die Antragsteller unbefriedigenden allgemeinen Auskünften führte wie „verstorben in Deutschland" oder „in deutsche Kriegsgefangenschaft geraten und verschollen". Bei genauerer Kenntnis der Wehrmachtbürokratie und des deutschen Kriegsgefangenenwesens lassen sich freilich in viel mehr Fällen präzise Antworten auf derartige Anfragen geben, als es zunächst den Anschein hat. Im Folgenden werden an einigen Beispielen die Probleme aufgezeigt, vor denen man bei der Auswertung der deutschen Unterlagen hinsichtlich einer Schicksalsklärung steht. Sie zeigen aber zugleich, dass doch viel häufiger Klarheit möglich ist, als es zunächst den Anschein hat.

Die Überprüfung von Namen sowjetischer Soldaten auf einer Exekutionsliste des KZ Groß Rosen in Niederschlesien macht die Probleme, die allein schon auf Grund der unterschiedlichen Schreibweisen und Schriften entstehen, deutlich.[1] Die Liste führt insgesamt 25 kriegsgefangene Rotarmisten auf, die Ende März 1942 von einem Einsatzkommando der Stapostelle Frankfurt/Oder im Kriegsgefangenenlager Stalag III B Fürstenberg/Oder ausgesondert worden waren und am 10. April 1942 in Groß Rosen erschossen wurden.[2] Sie war Teil der Vollzugsmeldung, die der Kommandant von Groß Rosen anschließend vorschriftsgemäß dem Reichssicherheitshauptamt in Berlin zukommen ließ. Als Nummer 19 wird der 23jährige Leutnant Alexej (Dmitrijewitsch) Burgaschnik genannt. Dieser Kriegsgefangene ist zwar unter diesem Namen nicht in der Offiziersdatenbank zu finden, eine Suche mittels Varianten führt aber zu dem gewünschten Ergebnis und zeigt, dass der Schreiber in Groß Rosen den richtigen Namen des Kriegsgefangenen, „Buraschnikow", vereinfacht und dadurch verfälscht hatte. Beide Namen beziehen sich aber auf dieselbe Person, wie das wichtigste Zuordnungsmerkmal auf der Personalkarte und der Exekutionsliste, die identische Erkennungsmarke IV B 140 237, zeigt. Auf derselben Liste wird mit der Erkennungsmarke IV B 140 268 „Valentin Harasimenko" aufgeführt. Sie führt in der Datenbank zu Walerij Alexandrowitsch Gerasimenko, einem 21jährigen Leutnant. Unterlagen zu einer weiteren Person, dem jüdischen Soldaten

как, например, „умер в Германии" или „попал в немецкий плен и пропал безвести". Зная более подробно о бюрократии вермахта и делопроизводстве в управлении военным пленом, можно во многих случаях дать гораздо более точную справку, чем это казалось до недавнего времени.

Ниже мы покажем на ряде примеров проблемы, возникающие во время работы с немецкимими документами относительно выявления судьбы человека. Но несмотря на эти проблемы получить достоверную информацию возможно намного чаще, чем это кажется первоначально .

Проблемы, например, возникают уже тогда, когда сверяются фамилии советских солдат в списке экзекуций концлагеря Гросс Розен в Нижней Силезии, так как существуют разные варианты транскрипции, не говоря уже о разборчивом почерке.[1] Список содержит фамилии 25-ти пленных красноармейцев, которые в конце марта 1942 г. айнзатцкомандой гестапо во Франкфурте-на-Одере были отобраны от общего этапа военнопленных находящихся в шталаге III В Фюрстенберге-на-Одере и 10 апреля 1942 г. расстреляны в Гросс Розене.[2] Этот список был частью рапорта об исполнении расстрела, который комендант Гросс Розена согласно действующим правилам направил в Имперское ведомство безопасности в Берлин. 23-летний лейтенант Алексей Дмитриевич Бургашник проходит под номером 19. Банк данных на офицеров, правда, не содержит военнопленного с такой фамилией, но поиск с использованием разных вариантов написания привел к желаемому результату и показывает, что писарь в Гросс Розене упростил и таким образом изменил фамилию военнопленного, настоящая фамилия которого была „Бурашников". Обе фамилии относятся к одному и тому человеку – это доказывает самая важная информация на персональной карточке и в списке экзекуции: идентичный номер опознавательной марки IV B 140 237. В том же списке под номером опознавательной марки IV B 140 268 числится Валентин Харасименко. Номер в банке данных приводит к Валерию Александровичу Герасименко, 21-летнему лейтенанту. Документы на третьего рассматриваемого нами человека,

Grigorij Borisowitsch Liwschiz mit der Erkennungsmarke IV B 147 659, findet man im KGB-Archiv Minsk. Die Eintragungen auf der Rückseite aller drei Personalkarten sind nahezu gleich. Die drei Männer waren am 9. November 1941 vom Stalag IV B nach Fürstenberg gekommen; sie kannten sich demnach seit wenigstens einem halben Jahr. Unter „Versetzungen" steht weiterhin: „9.4.42 Gestapo Einsatz-Kdo (nach) KZ-Lager (später ergänzt um Gross-Rosen)". Einen Hinweis auf die Exekution findet man auf keiner der Personalkarten. Die Karten schickte das Stalag nach der Aussonderung an die WASt, wo sie in die Kartei der Verstorbenen und Entlassenen eingeordnet wurden. Bei der Sichtung der Kartei nach dem Krieg stufte jedoch offensichtlich ein Sachbearbeiter Buraschnikow und Gerasimenko als „Verstorben" ein; ihre Karten kamen nach Podolsk. Ein anderer hielt dagegen Liwschiz für einen „Überlebenden", so dass dessen Unterlagen in die Hände des KGB gelangten.[3]

Ihre Fälle zeigen beispielhaft die entscheidende Bedeutung der Erkennungsmarke für die Identifizierung einer Person. Sie ist unabhängig von der Dokumentenart und wurde zumindest im militärischen Schriftverkehr – etwa bei Fluchtmeldungen oder in Arbeitskommandolisten – immer angegeben; sie war letztlich wichtiger als der Name selbst. Der Name des Vaters, ein für die russische Seite maßgebliches Identifizierungsmerkmal einer Person, besaß demgegenüber für die deutsche Bürokratie kaum eine Bedeutung und wurde daher, abgesehen von der Personalkarte I, in der Regel nicht notiert. Daher ist in den Fällen, in denen der Vatersname in deutschen Dokumenten nicht aufgeführt wird, der Rückgriff auf die Suchkartei in Podolsk kaum möglich, denn die meisten Namen-Vornamen-Kombinationen kommen so häufig vor, dass der Suchaufwand ohne Kenntnis des Vatersnamens zu groß wird. „Simple" Namenlisten beispielsweise, die Zechen im Ruhrgebiet nach dem Krieg über die bei ihnen beschäftigten Kriegsgefangenen anlegten, lassen sich aus diesem Grund höchstens in Verbindung mit anderen Materialien zur Schicksalsklärung nutzen.

Auf der Rückseite der Personalkarte I des Technischen Intendanten (so seine Dienststellung) Issaj I. Saslawskij, registriert im Stalag 304 Zeithain bei Riesa, ist vermerkt „Am 31.10.1941 gemäß O.K.W.-Befehl zwecks Auslieferung an die Einsatzkommission

солдата Григория Борисовича Лифшица, еврея по национальности, (опознавательная бирка IV B 147659), хранятся в архиве КГБ в г. Минск. Записи на оборотной стороне всех трех персональных карточек почти одинаковы. Все трое 9 ноября 1941 г. поступили в лагерь Фюрстенберг из шталага IV B Мюльберг, т. е. они были вместе в одном лагере не менее полугода. Под заголовком „перевод в другие лагеря" написано: „9 апреля 1942 года передан айнзацкоманде гестапо (в) концлагерь (позже дописали: Гросс Розен)". На его карточке, как и на карточках Бурашникова и Герасименко, на первый взгляд ничего не указывало на экзекуцию. Шталаг после „отделения" направил карточки в ВАСт, где их распределили в картотеку умерших и освобожденных. Однако, после войны, видимо, ведущий делами этой картотеки классифицировал Бурашникова и Герасименко как „умерших"; их карточки попали в Подольск. А другой рассматривал Лившица как человека, пережившего плен, так что его документы попали в руки КГБ.[3]

Данные примеры показывают, какое большое значение для идентификации человека имеет номер опознавательной бирки. Он не зависит от конкретного вида документа и всегда указывался, по меньшей мере в военном делопроизводстве, как, например, в донесениях о побегах или в списках рабочих команд. Он был даже важнее, чем фамилия человека. Отчество, важнейший для российской стороны признак для индентификации человека, для немецкой бюрократии не имело значения и поэтому, как правило, в документах не записывалось; исключение составляет лишь персональная карточка I. В тех случаях, когда отчество в немецких документах не приводится, использование картотеки в Подольске вряд ли поможет, так как большинство комбинаций из фамилии и имени встречается так часто, что без знания отчества на поиск затрачивается слишком много времени. Таким образом, „простые" списки с фамилиями и именами, как они после войны составлялись в шахтах Рурской области о работающих у них военнопленных, для выявления судеб можно исползовать разве что в сочетании с другими матриалами.

На обратной стороне персональной карточки I технического интенданта (так называется эта должность) Исая Исаевича Саслав-

Personalkarte Grigorij Borisowitsch Livschitz
Персональная карточка Григория Борисовича Лившица

Personalkarte Walerij Alexandrowitsch Gerasimenko
ПК I Валерия Александровича Герасименко

S. D. aus der Kriegsgefangenschaft entlassen." Saslawskij war, wie an anderer Stelle notiert, Jude. Vor dem Hintergrund des Weltanschauungskrieges gegen die Sowjetunion hatte der Chef der Sicherheitspolizei und des SD, Reinhard Heydrich, am 21. Juli 1941 im Einsatzbefehl Nr. 9 verfügt, dass neben anderen auch die Stapoleitstelle Dresden ein Einsatzkommando aus bewährten Polizeibeamten aufzustellen habe, um das Lager Zeithain auf „unzuverlässige Elemente" hin zu überprüfen. Darunter verstand er unter anderem Kommissare der Roten Armee, so genannte Intelligenzler und eben Juden, die auszusondern und in einem Konzentrationslager zu liquidieren waren. Aus der Kenntnis dieser Zusammenhänge und dem Hinweis auf das hier fälschlich als „Einsatzkommission" bezeichnete Einsatzkommando ergibt sich, dass Saslawskij Anfang November 1941 in der Genickschussanlage des KZ Buchenwald ermordet worden sein muss, auch wenn die Personalkarte zu der Annahme verleitet, er sei freigelassen worden.[4]

Aus dem Stalag 308 (VIII E) Neuhammer in Niederschlesien findet man in der Offizierskartei viele grüne Karteikarten, auf denen es unter „Lager" lediglich heißt „Abgestellt n.(ach) d.(em) K.(onzentrations) Lager Gross-Rosen" (oder Auschwitz), so für Prokofij Shurawlow. Die Deutung, er sei „einfach so" dorthin gekommen und dann habe sich seine Spur verloren, liegt nahe. Für Neuhammer liegen jedoch für den Monat Oktober 1941 insgesamt acht Listen mit jeweils 20 Namen, Vornamen und Erkennungsmarken vor, auf denen vermerkt ist, die betreffenden Personen seien aus dem „S (= Sonder-) Block" des Lagers abtransportiert und in Groß-Rosen noch am selben Tag exekutiert und eingeäschert worden. Über die Erkennungsmarken lassen sich Shurawlow und mit ihm bisher neun weitere Kameraden den Listen zuordnen, so dass auf diesem Weg der Begriff „abgestellt" im Zusammenhang mit Groß-Rosen oder Auschwitz eindeutig als „überwiesen zur Exekution" zu entschlüsseln ist. Dadurch gibt es über das Schicksal von etwa 2 800 Männern Gewissheit.

Zeigte sich am letzten Beispiel schon deutlich, dass die Podolsker Unterlagen allein häufig nicht ausreichen, um eine solche Gewissheit über das Schicksal eines sowjetischen Soldaten zu erlangen, so lassen die folgenden drei erkennen, wie wichtig die Zusammen-

ского, зарегистрированного в шталаге 304 Цайтхайн под Ризой, имеется запись: „31 октября 1941 г. согласно приказу ОКВ выведен из статуса военнопленного для передачи айнзацкомиссии СД". Саславский был, как указано в другом месте, евреем. На фоне войны мировоззрений против Советского Союза начальник полиции безопасности и СД Райнхард Хайдрих указал в Приказе №9 от 21 июля 1941 г., чтобы наряду с другими и дрезденское управление стапо создало айнзацкоманду из надежных полицейских, которая должна проверить лагерь Цайтхайн относительно того, имеются ли там „ненадежные элементы". Ими считались прежде всего комиссары Красной армии, интеллигенция и евреи, которых следовало отделить и ликвидировать в концлагере. Зная эти обстоятельства и учитывая упоминание айнзацкоманды (здесь по ошибке обозначена „айнзацкомиссией"), можно сделать вывод, что Саславский, по всей вероятности, в начале ноября 1941 г. был расстрелян в концлагере Бухенвальд, хотя на основе персональной карточки можно было подумать, что его освободили.[4]

Среди документов из шталага 308 (VIII E) Нойхаммер, Нижняя Силезия, в картотеке на офицеров имеется множество зеленых карточек, на которых под заголовком „лагерь" записано только „переведен в к(онцлагерь) Гросс Розен" (либо Аушвитц). Это касается, например, карточки на Прокофия Журавлова. Можно предположить, что он „просто так" был переведен туда, а потом след его затерялся. Однако, на октябрь 1941 г. есть 8 списков и в каждом из них по 20 фамилий, имен и номеров опознавательных бирок. В списках отмечено, что указанные лица были переведены из „особого блока" лагеря в Гросс Розене и еще в тот же день были расстреляны и кремированы. Номера опознавательных бирок показывают, что в списках числится и Журавлов вместе с 9 товарищами, а значит, слово „переведен" в сочетании с Гросс Розеном или Аушвитцом следует расшифровывать как „переведен на экзекуцию". Таким образом, прояснилась судьба около 2 800 пленных.

На последнем примере можно понять, что подольских материалов часто недостаточно для получения достоверной информации о судьбе военнопленного и следующие три примера показы-

Personalkarte Issaj Issajewitsch Saslawskij
Персональная карточка Исая Исаевича Заславского

Grüne Karteikarte Prokofij Schurawlew
Зеленая карточка Прокофия Журавлева

führung mit anderen Archivbeständen und Datenbanken ist.
Aleksej Stepanowitsch Bulynin wurde, wohl im Zusammenhang
mit einem Fluchtversuch, ausweislich seiner Personalkarte I, am
„7. 8. 44 Gestapo München" übergeben. Die dazugehörige grüne
Karteikarte ist mit dem Vermerk „zur Sonderbehandlung der Gestapo Müchen überstellt" versehen. In den Häftlingsunterlagen der KZ-
Gedenkstätte Dachau findet man ihn unter dem Namen Burinin am
30. Juli 1944 als Zugang eingetragen. Eine Sonderbehandlung im
Form einer Exekution erfolgte jedoch nicht. Nach einem sechs-
wöchigen „Zwischenaufenthalt" in Natzweiler wurde er 1945 in
Rosenheim befreit. Sein weiteres Schicksal ist nicht bekannt. Nur
mit den Wehrmachtunterlagen allein wären diese Erkenntnisse
unmöglich, denn der Abgabe an die Gestapo ging die Entlassung
aus der Kriegsgefangenschaft voraus. Was danach mit dem Gefangenen geschah, war für das Militär ohne Belang und fand dementsprechend auch keinen Niederschlag in seinen Akten.

Die Karteikarte von Wassilij Sergejewitsch Burjanskij, einem
25jährigen Artillerieleutnant, weist auf der Vorderseite einen Dia-
gonalstempel „überwiesen an Gestapo: 22. Juli 1943" auf. Weitere
Angaben fehlen. Ein solcher Stempel ist typisch für die Stapostelle
Nürnberg-Fürth, die bis zum Sommer 1942 solche Gefangene in
das KZ Dachau zumeist zur Exekution überstellte, später kamen sie
in das Konzentrationslager Flossenbürg. In den dortigen Nummern-
büchern ist seine Aufnahme unter dem Datum des 29. Juli 1943
notiert. Fünf Monate später, am 21. Dezember 1943, verstarb er.
Zu Iwan Danilowitsch Bulgakow schließlich liegen verschiedene
Karteimittel vor, sein Schicksal schien gleichwohl unklärbar. Der
letzte Eintrag auf seiner PK I lautete „Am 12. 7. 1944 der Gestapo
Nürnberg-Fürth überstellt". Dann verliert sich seine Spur. Weder in
Flossenbürg noch in Dachau finden sich in den Häftlingskarteien
Hinweise, wie sie für Bulynin und Burjanskij beschrieben wurden.
Die Lösung liefert der sowjetische Historiker Jefim A. Brodski in
seinem frühen Standardwerk über den antifaschistischen Wider-
stand sowjetischer Kriegsgefangener: „Im Nürnberger Industrie-
gebiet schufen die sowjetischen Widerstandskämpfer ein illegales

вают, как важно сверять эти материалы с другими архивными
фондами и банками данных. Алексей Степанович Булынин, согласно персональной карточке I, в связи с попыткой побега 7-го
августа был „передан в распоряжение гестапо г. Мюнхен".
Соответствующая зеленая карточка содержит пометку „передан
в распоряжение гестапо г. Мюнхен для спецобработки". В документах Мемориального комплекса концлагеря Дахау его можно
найти под фамилией Буринин в списке прибывших от 30 июля
1944 г. „Спецобработка" в виде экзекуции не была произведена.
Пробыв шесть недель „транзитом" в Натцвайлере, он в 1945 г.
был освобожден из лагеря Розенхайм. О дальнейшей его судьбе
ничего не известно. Использовав только материалы вермахта,
мы бы не пришли к этим выводам, ведь перед тем как передали
человека в руки гестапо, его вывели из статуса военнопленного.
То, что в последствии произошло с заключенным, военных уже
не интересовало и следовательно в их документации нигде не
фиксировалось.

На карточке Василия Сергеевича Бурянского, 25-летнего лейтенанта артиллерии имеется штамп по диагонале „переведен в
распоряжение гестапо 22 июля 1943 г.". Других данных нет. Такой штамп типичен для управления стапо г. Нюрнберг-Фюрт,
которое до лета 1942 г. таких заключенных переводило в концлагерь Дахау, чаще всего на экзекуцию, а позже в концлагерь
Флоссенбург. В номерных книгах данного лагеря указано, что он
поступил туда 29-ого июля 1943 г. Спустя 5 месяцев – 21 декабря
1943 г. – он умер.
На Ивана Даниловича Булгакова имеется несколько карточек, но
тем не менее сначала казалось невозможно установить его судьбу. Последняя запись на персональной карточке I гласит: „переведен в распоряжение гестапо г. Нюрнберг-Фюрт 12 июля 1944 г."
Потом след его затерялся. Ни во Флоссенбуге ни в Дахау картотеки на заключенных не содержат никаких таких сведений как на
Булынина и Бурянского.
Вопрос решил советский историк Ефим А. Бродский, который
писал в своем основополагающем произведении об антифашист-

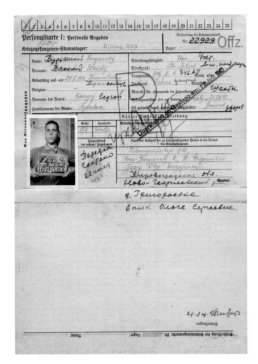

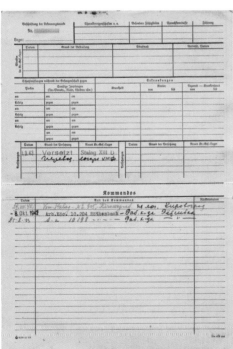

Personalkarte Wassilij Sergejewitsch Burjanskij

Персональная карточка Василия Сергеевича Бурьянского

Personalkarte Aleksej Stepanowitsch Bulynin

Персональная карточка Алексея Степановича Булынина

Komitee, das Stützpunkte in verschiedenen Städten Nordbayerns besaß. Wie aus geheimen Polizeiberichten hervorgeht, führten die Mitglieder der Organisation in Nürnberger Betrieben geschickt Sabotage durch und verübten einige bedeutende Diversionsakte in den Rüstungsbetrieben der Stadt. (…) Als die Aktivitäten der illegalen Organisation bedeutenden Umfang erreichten und die durch Himmlers Agenten drohende Gefahr sehr akut wurde, beschloss man, das Nürnberger Komitee im Lazarett für sowjetische Kriegsgefangene zu verstecken, das sich in Ebelsbach in der Nähe von Bamberg befand. (…)

Nach verschiedenen Angaben wurde Anfang Juli 1944 ein als Kranker getarnter Spitzel in das Lazarett für sowjetische Kriegsgefangene in Ebelsbach eingeschleust. Drei Tage später begannen Verhaftungen von Sanitätern und Ärzten. Am 8. Juli wurde von der Gestapo Würzburg Major N. J. Alexejew[5] festgenommen. Am 13. Juli traf in Ebelsbach ein Polizeisonderkommando aus Nürnberg-Fürth ein, das eine große Gruppe von Offizieren festnahm, die sich hier in Behandlung befanden. (…) Kurz darauf wurden sie alle in das Konzentrationslager Mauthausen überführt. Danach wurden alle Kriegsgefangenen festgenommen, die in den Jahren 1943/44 in Ebelsbach behandelt worden waren. Das waren ungefähr 500 Menschen; auch sie wurden in Konzentrationslager eingeliefert."[6]

Bulgakows Personalkarte besitzt wie mehrere Hundert andere mit dem Vermerk „12. (13.).7. 1944 der Gestapo Nürnberg-Fürth überstellt" auf der Rückseite den Eintrag „Laz. Ebelsbach", in seinem Fall für April und Juni des Jahres. Wie er sind die anderen weder in Flossenbürg noch in Dachau nachweisbar. Es handelt sich ohne Zweifel um eben die Widerstandsgruppe, die Brodski beschrieben hat, und daher muss man für alle das Kollektivschicksal annehmen, das der sowjetische Historiker an anderer Stelle erwähnt: die meisten seien in Mauthausen erschossen worden.
Ein Beleg für die Abgabe nach Mauthausen hat sich durch einen Zufall ergeben. Mitte 2002 ging in der Deutschen Dienststelle in Berlin eine Anfrage von Daniil Fomitsch Worona, ukrainischer Leut-

ском сопротивлении советских военнопленных: „В промышленном районе Нюрнберга советские участники движения сопротивления создали подпольный комитет, который имел опорные пункты в разных городах северной Баварии. Как видно из секретных донесений полиции, члены организации на предприятиях Нюрнберга умело вели саботаж и на военных заводах города совершили несколько террористических актов.… Когда деятельность подпольной организации значительно возросла и возникла угроза разоблачения со стороны агентов Гиммлера, было решено „спрятать" нюрнбергский комитет в госпитале для советских военнопленных в Эбельсбахе под Бамбергом…

Согласно различным данным в начале июля 1944 г. под видом больного в эбельбахский госпиталь для советских военнопленных был заслан провокатор. Через три дня начались аресты санитаров и врачей. 8-ого июля гестапо г. Вюрцбург арестовало майора Н. Я. Алексеева.[5] 13 июля в Эбельсбах из г. Нюрнберг-Фюрт прибыла полицейская команда особого назначения, которая арестовала большую группу офицеров, лечивших здесь… Вскоре они все были переведены в концлагерь Маутхаузен. После этого были арестованы все военнопленные, лечившиеся в Эбельсбахе в 1943—44 гг. Это было около 500 человек; они тоже все были направлены в концлагерь."[6]

Персональная карточка на Булгакова, как и на сотни других, содержит пометку „передан гестапо г. Нюрнберг-Фюрт 12 (13)-ого июля 1944 г.", а на оборотной стороне „госпиталь Эбельсбах", в данном случае указывается период апрель-июнь того года. На него и на других документах нет ни во Флоссенбюрге ни в Дахау. Нет сомнения в том, что речь здесь идет как раз о той группе сопротивления, которую описывал Бродский, и поэтому нужно предположить, что их всех постигла одинаковая судьба, о которой историк упоминает в другом месте: большинство из них было расстреляно в Маутхаузене.
Доказательство того, что они были переведены в Маутхаузен, обнаружилось случайно. В середине 2002 г. в Немецкую службу

Personalkarte Iwan Danilowitsch Bulgakow
Персональная карточка Ивана Д. Булгакова

Personalkarte Daniil Fomitsch Worona
Персональная карточка Даниила Фомича Вороны

nant der Roten Armee, ein, die dieser am 10. Mai 2000 an den Internationalen Suchdienst in Arolsen gerichtet hatte. Er bat darin um die Bestätigung von Haftzeiten, um Entschädigungsansprüche geltend machen zu können. Als Orte, an denen er festgehalten wurde, gab er die Lager Hammelburg und Mauthausen an, als Arbeitskommando ein Holzwerk in Zapfendorf. Seine Aussage wird durch seine Personalkarte II, die in der Deutschen Dienststelle liegt und die mit dem Stempel versehen ist „entlassen am: 11.8.44 nach: Gestapo Nürnberg-Fürth", bestätigt. Seine PK I schließlich liegt in Podolsk. Danach kam Worona am 17. August 1942 in das Arbeitskommando Zapfendorf und am 4. April 1944 für einen Monat in das Lazarett Ebelsbach. Als letztes wird seine Übergabe an die Gestapo auf der Karte vermerkt.

In den genannten Fällen und in Tausenden anderer – die Zahl von der Gestapo Übergebenen dürfte bis Kriegsende bei wohl 80 000 anzusetzen sein – war wenigstens einer der Personalunterlagen ein Hinweis auf das weitere Schicksal zu entnehmen. Der daraus mögliche Schluss, Karten ohne Eintragungen bezüglich Tod oder Gestapo/KZ seien mit dem Überleben der jeweiligen Personen gleichzusetzen, ist jedoch falsch, wie ein stichprobenartiger Abgleich der Datenbanken der KZ-Gedenkstätten Dachau und Flossenbürg mit unserer Offiziers-Datenbank ergeben hat. In beiden Konzentrationslagern befanden sich sowjetische Gefangene, die dort nicht als Kriegsgefangene klassifiziert waren und daher auch nicht als solche zu erkennen sind. Sie sind jedoch in der Offiziers-Datenbank enthalten, und bei einigen von ihnen fehlt in den zugehörigen Unterlagen wiederum jeglicher Hinweis darauf, dass sie zu irgendeinem Zeitpunkt in das KZ überstellt worden wären. Diesbezügliche Unterlagen liegen vermutlich in den zuständigen KGB-Archiven. Das bedeutet aber, dass letztlich nicht nur all diese Karten, sondern auch die Gedenkstätten-Datenbanken überprüft werden müssen, um zu einer umfassenden Schicksalsklärung zu gelangen.

ВАСт в Берлине поступил запрос украинца Даниила Фомича Вороны, лейтенанта Красной армии, обратившегося 10-ого мая 2000 г. в Международную Службу розыска в Арользене. Он попросил выдать ему справку о сроке пребывания в плену, чтобы можно было предъявить претензии на компенсацию за принудительный труд и другие лишения, и указал, что он содержался в лагерях Хаммельбург и Маутхаузен и работал на деревообрабатывающем заводе в Цапфендорфе. Его данные подтверждаются персональной карточкой II, хранящейся в Немецкой службе ВАСт, на ней поставлен штамп „выбыл из плена: 11 августа 1944 г., куда выбыл: гестапо г. Нюрнберг-Фюрт". Его персональная карточка I находится в Подольске. Согласно ей Ворона 17 августа 1942 г. приступил к работе в Цапфендорфе и 4 апреля 1944 г. на месяц попал в госпиталь Эбельсбах. Последняя запись на карточке подтверждает его передачу в распоряжение гестапо.

В указанных случаях так же как в тысячах других – предполагается, что число тех, кого передали в гестапо, составляет 80 000 – как минимум в одном из документов можно было найти сведения о дальнейшей судьбе человека. Однако, неправильно было бы думать, что если на карточке нет записи о смерти, передаче гестапо или переводе в концлагерь, это значит, что человек остался в живых. Об этом свидетельствует выборочное сравнение банков данных из мемориальных комплексов Дахау и Флоссенбург с нашим банком данных на офицеров. В обоих концлагерях содержались советские заключенные, которые в документах не числятся военнопленными, и поэтому их невозможно распознать как таковых. Они, правда, занесены в банк данных ЦАМО, но в материалах на некоторых из них нет упоминания о том, что они когда-либо переводились в концлагерь. Такие материалы, наверно, хранятся в архивах КГБ. Из этого вытекает, что для полного выявления судьбы следует рассматривать не только все карточки, но и банки данных, имеющиеся в мемориальных комплексах.

1 Einige Buchstaben des kyrillischen Alphabets haben im lateinischen keine Entsprechungen und umgekehrt. Die Schwierigkeiten bei der Transliteration hatte das OKW vorausgesehen und deshalb am 2. Juli 1941 für die sowjetischen Kriegsgefangenen die Benutzung von vierteiligen Grünen Karteikarten für alle Veränderungsmeldungen an die WASt verfügt. Diese Karten hatten die Gefangenen selbst auszufüllen. Grüne Karten sind noch zu Hunderttausenden im CAMO, aber auch in den KGB-Archiven und der Deutschen Dienststelle Berlin vorhanden. Die dort unter oder über dem in kyrillischer Schrift aufgeschriebenen Namen stehende lateinische Version zeigt sehr oft die Schwierigkeiten, mit denen man konfrontiert war (z. B. Verzicht auf Endungen wie -ow oder –ew, Probleme mit dem Weichheitszeichen oder den Zischlauten, Übernahme des Namens nach Gehör). Noch schwieriger war es bei Gefangenen, die aus dem asiatischen Teil der Sowjetunion stammten und deren Namen sich schon mit Schwierigkeiten ins Russische transliterieren ließen.

2 Auf der Ebene der Mittelinstanzen (Bezirke) wurden die Aufgaben der Geheimen Staatspolizei (Gestapo) von Staatspolizeistellen wahrgenommen, siehe hierzu Gesetz über die Geheime Staatspolizei vom 10. Februar 1936, abgedruckt in: Reinhard Rürup (Hrsg.), Topographie des Terrors. Gestapo, SS und Reichssicherheitshauptamt auf dem „Prinz Albrecht-Gelände". Eine Dokumentation, Berlin 1995, S. 58.

3 Im CAMO findet man von der Liste noch: Tscherkasow, Grigorij Ewsejewitsch (Datenbank Offizierskartei, Nr. 2 231 607, mit Bild), Sobtschenko, Wasilij Terentewitsch (Nr. 2 170 590), Starinskij, Iwan (Nr. 218 217), Pojmakow, Sergej Archipowitsch (Nr. 2 110 668) und Ljamsin, Aleksandr (Nr. 250 329).

4 Die russische Übersetzung auf der Karte lautet lediglich „entlassen S.D. 31.10.41". Vgl. PK I von Ilja Sanielowitsch Preskowski mit dem selben Vermerk wie Saslawskij, nur für den 29. Oktober 1941, im KGB-Archiv Minsk (Datenbank Minsk, Nr. 10044401 – 06); ebenso die verschiedenen Karteimittel zu Boris Leonidowitsch Busel, der am 7. November 1941 vom Einsatzkommando München dem KZ Dachau ausdrücklich zur Sonderbehandlung übergeben und dort erschossen wurde – ebd., (DB Minsk, Nr. 10019001). Bei der Überprüfung der deutschen Unterlagen wurden die Betreffenden jedoch offensichtlich als „überlebend" eingestuft – sonst lägen ihre Akten nicht in den KGB-Archiven.

5 Major Nikolaj Jakowlewitsch Aleksejew, geb. am 27. April 1902, wurde am 8. Juli 1944 in der Tat von der Stapo Würzburg festgenommen, PK I (DB Offizierskartei, Nr. 111099). N. J. Aleksejew kann gut als Beispiel für die Probleme bei der Datenbankeingabe dienen, denn für ihn liegt auch – an anderer Stelle – die Grüne Karteikarte vor, mit der die WASt die Abgabe gemeldet wurde (DB Offizierskartei, Nr. 110 290). Dadurch wurden in der Datenbank zwei verschiedene Personen geschaffen, die ohne Kontrolle auch nicht zusammengeführt werden können, weil in beiden Fällen unterschiedliche Erkennungsmarken eingegeben wurden: PK I: Oflag XI A (= 5 Wlodomierz/Ukraine) 907, Grüne Karte: Stalag XI A (= Altengrabow) 907. Alle in Altengrabow registrierten sowjetischen Gefangenen erhielten jedoch Nummern jenseits von 120 000, so dass A. nur im Oflag XI A Wlodomierz registriert worden sein kann. Auf der grünen Karteikarte wurde überdies nachträglich in Russisch fälschlicherweise das Übergabedatum „1.7.1944" eingetragen.

6 Jefim A. Brodski, Im Kampf gegen den Faschismus. Sowjetische Widerstandskämpfer in Hitlerdeutschland 1941–1945, Berlin (Ost) 1975, S. 485.

1 Некоторые буквы кириллицы не имеют соответствий в латинском алфавите и наоборот. Предвидев эти трудности, ОКВ 2-го июля 1941 г. распорядился употреблять для сообщений об изменениях в составе советских военнопленных, направляемых в ВАСт, зеленые карточки, состоящие из четырех частей. Пленные сами должны были заполнить эти карточки. Сотни тысяч зеленых карточек хранятся в ЦАМО, а также в архивах КГБ и в Немецкой службе ВАСт в Берлине. Наряду с фамилией, написанной русскими буквами, имеется вариант, написанный латинскими буквами. Если сравнить варианты, то обнаруживаются определенные трудности (окончания как -ов или -ев пропускались, были проблемы с мягким знаком или шипящими, фамилия была записана на слух и т. д.). Еще большие трудности возникали, когда пленный происходил из азиатской части Советского Союза и его фамилия уже с трудом транслитерировался на русский язык.

2 На уровне средних инстанций (округов) задачи Тайной государственной полиции (гестапо) решали органы Государственной полиции (стапо), см. об этом: Закон о Тайной государственной полиции от 10 февраля 1936 г. // Райнхард Рюруп (сост.): Топография террора. Гестапо, СС и Главное ведомство безопасности Рейха на территории Принца Альберта". Документация. Берлин, 1995, с. 58 (на нем. языке).

3 В ЦАМО из лиц, названных в списке, имеются документы еще на Черкасова Григория Евсеевича (запись 2231607 банка данных, с фотографией), Собченко Василия Терентьевича (2 170590), Старинского Ивана (218217), Поймакова Сергея Архиповича (2 110668) и Лямзина Александра (250329).

4 В переводе на русский язык на карточке указывается только „выпушен СД 31 октября 1941г.". Ср. ПК I на Илью Саниеловича Пресковского, запись на которой та же самая как у Саславского, только дата другая: 29 октября 1941г. (файл в архиве КГБ г. Минск №10044401–06), а также различные карточки на Бориса Леонидовича Буселя, который айнзатцкомандой г. Мюнхен был переведен в концлагерь Дахау для „спецобработки" и там был расстрелян (там же, файл 10019001). При рассмотрении немецких документов данные лица, вероятно, были классифицированы как „выжившие" – иначе их дела не находились бы в архивах КГБ.

5 Майор Николай Яковлевич Алексеев (дата рождения:27 апреля 1902г.) действительно 8-ого июля 1944 г. был арестован управлением стапо г. Вюрцбург (ПК I, файл 111 099). На его примере можно хорошо показать, с какими проблемами приходится сталкиваться при вводе информации в банк данных. Кроме персональной карточки на него есть – в другом месте – зеленая карточка, которая направлялась в ВАСт с сообщением о переводе человека в другой лагерь (файл 110290). Таким образом, в банке данных были созданы две записи как бы о разных людях, так как в обоих случаях были введены разные номера опознавательных бирок: персональная карточка I – офлаг XI A (Володимир/Украина) 907; зеленая карточка – шталаг XI A (Альтенграбов) 907. Однако, все советские военнопленные, зарегистрированные в Альтенграбове, получали номера выше 120000, так что с уверенностью можно сказать, что регистрация Алексеева, даже если на карточке в качестве принимающего лагеря указывается только XI A, была произведена в офлаге XI A Володимир. На зеленой карточке, кстати, задним числом на русском языке была неправильно указана дата передачи: 1 июля 1944г.

6 Ефим А.Бродский: В борьбе против фашизма. Советские бойцы сопротивления в гитлеровской Германии. (Восточный) Берлин 1975, с. 485 (на нем. языке).

Schicksalsklärung: Illarion Ivanovič Radčenko

Выяснение судьбы: Илларион Иванович Радченко

Rolf Keller | Рольф Келлер

Am 10. August 2001 erreichte folgendes Schreiben die Dokumentationsstelle der Niedersächsischen Landeszentrale für politische Bildung in Hannover:
„Mein Vater, Bürger der UdSSR, einfacher Soldat, Illarion Ivanovič Radčenko, Geburtsjahr 1906, starb am 25. Oktober 1941 in Gefangenschaft im Konzentrationslager XI D (321) Oerbke. Zu meinem großen Bedauern ist mir das erst im letzten Jahr durch das CAMO Podolsk bekannt geworden." Mit diesen Worten leitete Michail I. Radčenko seine Bitte um ausführlichere Informationen über seinen Vater ein, den er als Dreijähriger zuletzt gesehen hatte und über dessen weiteres Schicksal der Familie lange Jahrzehnte nichts bekannt war.

In deutschen Archiven waren jedoch keine Unterlagen mehr über Illarion I. Radčenko vorhanden. So konnten wir seinem Sohn zunächst lediglich Informationen über das Kriegsgefangenenlager und den Friedhof in Oerbke sowie eine Erläuterung der Eintragungen auf der Personalkarte von Radčenko liefern. Die Personalkarte I weist jedoch nur wenige Informationen auf. Demnach erreichte Radčenko, am 4. Oktober in gesundem Zustand gefangen genommen, das „Russenlager" XI D (321) Oerbke mit einem Transport aus dem Stalag 352 Minsk am 25. Oktober 1941. Dort wurde er unter der Erkennungsmarkennummer 19 694 registriert, in Quarantäne genommen und gegen Pocken und Typhus geimpft, zuletzt am 6. November 1941. Das war zugleich bis dahin die letzte unmittelbare Dokumenteninformation über sein Schicksal. Eine Versetzung in ein anderes Lager oder Arbeitskommando ist nicht eingetragen, Radčenko hat das Lager Oerbke also nicht wieder verlassen. Auf der Karte ist außerdem noch vermerkt: „Unbekannt verstorben". Dieser Stempelaufdruck bedeutet, dass Illarion I. Radčenko an einem nicht exakt festzustellenden Datum gestorben ist.

10 августа 2001г. Отдел документации Центра политического образования земли Нижняя Саксония в Ганновере получил следующее письмо: „Мой отец, гражданин СССР, рядовой Илларион Иванович Радченко, 1906 года рождения, умер 25 октября 1941г. в плену в концлагере XI D (321) Эрбке. К моему величайшему сожалению об этом мне стало известно только в прошлом году согласно полученной справки из ЦАМО в г.Подольске." Этими словами начиналось письмо Михаила Радченко в котором он обратился к нам с просьбой помочь ему получить более подробную информацию относительно его отца, которого он видел последний раз, когда ему было три года, и о судьбе которого семья многие десятилетия ничего не знала.

Однако, в немецких архивах документов на Иллариона Ивановича Радченко уже не было. Поэтому мы смогли сначала дать сыну только сведения о лагере военнопленных и кладбище в Эрбке и объяснить, что обозначают записи на персональной карточке Радченко, которая содержит, к сожалению, лишь незначительное количество фактов. Согласно этим записям, Радченко, был взят в плен 4-ого октября, состояние здоровья удовлетворительное, в „лагерь русских" XI D (321) Эрбке он был доставлен 25-ого октября 1941 г. эшелоном из шталага 352 располагавшегося в Минске. В Эрбке он был зарегистрирован под номером 19694, во время карантина ему сделали прививки против оспы и тифа, последний раз 6-ого ноября 1941 г. Это и являлось последней документально подтвержденной информацией о нем. Запись о том, что его перевели в другой лагерь или рабочую команду отсуствует. Значит можно с большой уверенностью сказать, что Радченко остался в лагере Эрбке. На карточке имеется штамп „умер – нет сведений", что означает, что точную дату смерти Иллариона И. Радченко установить невозможно. В нашем дальнейшем поиске мы обратились к имеещемуся уже банку данных на погибших на территории Германии советских офицеров.

Hier konnte die Offiziersdatenbank herangezogen werden. Während des Massensterbens im Lager Oerbke mit täglich über 100 Todesfällen hatte die Registratur zeitweise nicht Schritt halten können. Die Analyse der im CAMO vorhandenen Karteiunterlagen von Gefangenen, die in Oerbke gestorben sind, zeigt, dass der Stempel „unbekannt verstorben" zu Beginn des Jahres 1942 Verwendung fand, am Höhepunkt des Massensterbens. Der Todesfall des Illarion I. Radčenko wurde der Wehrmachtauskunftstelle vom Stalag Oerbke per Abgangsliste am 27. März 1942 gemeldet, wie ein entsprechender Eintrag auf der Karte vermerkt. Der Todesfall ist somit auf den Zeitraum Januar bis März 1942 einzugrenzen. Bei der Auswertung der Karteikarte durch die sowjetische Seite im Jahr 1947 war dagegen als Sterbedatum irrtümlicherweise der 25. Oktober 1941 festgehalten worden, der Tag der Ankunft in Oerbke.

Weitere Dokumente konnte das CAMO zunächst nicht zur Verfügung stellen. Die Lazarettkarte für den Gefangenen Radčenko oder die Abgangsliste des Stalag 321 könnten Hinweise zu einer Eingrenzung des Todesdatums sowie Informationen über die Todesursache und die Grablage geben, doch diese Dokumente werden erst im Zuge der Bearbeitung der Karteien in der Abteilung 9 des CAMO elektronisch erfasst und damit abrufbar, so dass der Sohn in dieser Beziehung weitere Geduld aufbringen muss. Letzte Klarheit über die Grablage ist aber auch dann wohl nicht zu erzielen, zumal auch der Belegungsplan des Friedhofs Oerbke bisher noch nicht wieder aufgefunden werden konnte.

Hinzu kommt, dass die „Kriegsgräberstätte Oerbke" nach dem Krieg wiederholt umgestaltet wurde. Auch das am 22. Juni 1945 eingeweihte sowjetische Mahnmal wurde in den sechziger Jahren abgebrochen, so dass heute nichts mehr übrig ist von der ursprünglichen Gestalt des Friedhofs. Die Gräberreihen sind einer Rasenfläche gewichen, auf der symbolische Grabsteine errichtet wurden.

Мы уже знаем сейчас, что был период массовой гибели в лагере Эрбке, когда в день умирало по 100 и более человек, и в это время отдел регистрации не справился с подробным занесением такого количества информации. Анализ имеющихся в ЦАМО картотек на пленных, умерших в Эрбке, показывает, что штамп „умер - нет сведений" использовался в начале 1942 г., когда наблюдался пик массовой гибели. О смерти Иллариона И. Радченко шталаг Эрбке сообщил в Справочную службу вермахта о военных потерях и военнопленных (ВАСт) в списке убывших от 27 марта 1942 г. – об этом есть пометка на карточке. Таким образом, смерть наступила в период с января по март 1942г. Когда советская сторона в 1947г. рассматривала карточку, в качестве даты смерти по ошибке было указано 25 октября 1941г., дата прибытия пленного в Эрбке.

Других документов ЦАМО на момент запроса предоставить не смог. Новые сведения относительно даты смерти, причины смерти или места захоронения могут дать или госпитальная карточка на пленного Радченко или список убывших из шталага 321, но информация из этих документов будет занесена в компьютерную базу данных только в ходе обработки картотеки 9-го отдела ЦАМО, и только тогда у нас появиться возможность использовать ее. Так что сыну придется еще немного потерпеть. Однако, мы и тогда вряд ли получим окончательную ясность о месте захоронения, тем более, что пока не удалось найти схему могил кладбища в Эрбке.

Следует учитывать, что „Место войнских захоронений Эрбке" после войны неоднократно реорганизовалось. В 60-ые годы снесли советский памятник, который был открыт 22-ого июня 1945 г., так что сегодня ничего не осталось от первоначального вида кладбища. Ряды могил уступили место газону, на котором возведены символические надгробные камни. Это место давно

„Friedhof der Namenlosen" wird die Stätte seit langer Zeit genannt. Die Dokumente im CAMO beweisen jedoch, dass die Identität der mehr als 12 000 sowjetischen Kriegsgefangenen, die in Fallingbostel-Oerbke gestorben sind, sehr wohl bekannt ist. Nach Auswertung der Unterlagen im CAMO werden alle Namen zur Verfügung stehen.

Der Sohn von Illarion Radčenko mochte jedoch nicht länger warten. Er beschloss, seinem Vater auf dem Friedhof in Oerbke einen Grabstein zu setzen. Mit Unterstützung der Landeszentrale und des Vorstehers des Gemeindefreien Bezirks Oerbke konnte die Reise schließlich im April 2002 durchgeführt werden. Im Handgepäck führte Michail Radčenko eine 40 Kilogramm schwere Granitplatte mit, die in einer kleinen Gedenkfeier auf dem Friedhof installiert wurde. Zurückgekehrt nach Moskau, bedankte sich Michail Radčenko für die Unterstützung von deutscher Seite: „Für meine Familie und meine Freunde war dies die Möglichkeit, sich von Ihrer Selbstlosigkeit und Ihrer Achtung gegenüber dem Gedenken an die Opfer des Krieges zu überzeugen."

называют „кладбищем безымянных". Однако, документы из ЦАМО подтверждают, что вполне можно установить личность более 12 000 советских военнопленных, умерших в Фаллингбостель-Эрбке и это будет возможно после обработки материалов хранящихся в ЦАМО.

Сын Иллариона Радченко ждать больше не захотел. Он решил сейчас поставить отцу на кладбище в Эрбке надгробный камень. По приглашению Центра политического образования земли Нижняя Саксония и Председателя управления округа Эрбке в апреле 2002 г. он приехал в Германию. В ручном багаже он привез гранитную плиту весом 40 килограммов, которая была торжественно установлена на кладбище.
Вернувшись в Москву, Михаил Радченко поблагодарил немецкую сторону за поддержку: „Для моей семьи и моих друзей эта поездка дала возможность убедиться в Вашем бескорыстии и уважении памяти жертв войны."

LOKALES   FREITAG, 19. APRIL 2002

36 Stunden mit Gedenkplatte im Bus

Nach 61 Jahren: Moskauer besuchte das Grab des Vaters in Oerbke

Am 25. Oktober 1941 starb Illarion Iwanowitsch Radtschenko im ehemaligen Kriegsgefangenenlager Stalag XI D / 321 in Oerbke. Am vergangenen Mittwoch, fast 61 Jahre später, besuchte sein Sohn Michail zum ersten Mal das Grab des Vaters – im Gepäck einen 40 Kilogramm schweren Gedenkstein.

Oerbke (ei). Auf dem Weg zur letzten Ruhestätte des ehemaligen Soldaten der Roten Armee bremst eine Stufe den kleinen, klappbaren Rollwagen, der Michail Radtschenko den Transport des Gedenksteins erleichtert. Nach 36 Stunden Busfahrt von Moskau nach Oerbke wird die gewichtige Erinnerung zur Last. Radtschenko weicht vom befestigten Weg ab, zieht den Stein über den aufgeweichten Rasen weiter.

Wortlos entfernt der 64-jährige Russe die Verpackung, Osterheides Bezirksvorsteher Hinrich Baumann hilft dabei. Mit vereinten Kräften heben die beiden die Erinnerung auf eine vorbereitete Konsole. Radtschenko stellt ein Glas Wodka daneben und legt ein Stück Brot dazu – russische Tradition. Still betrachtet er sein Werk.

Was er jetzt denkt? „Na ja", sagt der Gast aus dem Osten, „es ist wirklich sehr schön hier und gepflegt. Doch letztlich stehen wir auf einem Friedhof". Mehr möchte er über seine Gefühle nicht sagen, nicht jetzt. Es ist viel Zeit vergangen, er hat seinen Vater kaum gekannt, aber jetzt steht er immerhin vor seinem Grab. Nur das beständige Rauschen von der nahen Autobahn und der auf die Jackenkragen prasselnden Regentropfen begleiten die andächtigen Minuten.

Michail Radtschenko hat über den Vizekonsul des Generalkonsulats der Russischen Föderation in Hamburg und den Volksbund Deutsche Kriegsgräberfürsorge Auskünfte eingeholt über den Verbleib seines Vaters. Erst seit dem Fall des „Eisernen Vorhangs" ist es überhaupt möglich, die Spuren verstorbener Angehöriger zu verfolgen und nach Deutschland zu reisen. Heute sind die Namen vieler Toter bekannt, die auf dem Sowjetischen Kriegsgräberfriedhof in Oerbke ihre letzte Ruhestätte gefunden haben. Mit dabei: Illarion Iwanowitsch Radtschenko, geboren 1906, gestorben am 25. Oktober 1941 in Oerbke.

Im August 2001 hat Sohn Michail den Antrag gestellt, einen Gedenkstein für seinen Vater auf dem Gelände in Oerbke aufzustellen. Mit Erfolg: Die Lüneburger Bezirksregierung genehmigte das Vorhaben. Mit Hilfe von Hinrich Baumann und der Landeszentrale für politische Bildung (Hannover) gelang es jetzt, das erste Vorhaben dieser Art in die Tat umzusetzen. Michail Radtschenko hat sich gestern wieder auf den Weg gemacht, ist zu einer 36-stündigen Busreise nach Moskau gestartet – diesmal ohne schweres Gepäck.

Später Abschied: 61 Jahre nach dem Tod des Vaters besucht Michail Radtschenko (re.) das Grab auf dem sowjetischen Kriegsgefangenenfriedhof in Oerbke. Bezirksvorsteher Hinrich Baumann hilft beim Aufstellen einer Gedenkplatte.

Fotoaufnahme des Kriegsgefangenen
Illarion Ivanovič Radčenko
Фотография военнопленного
Илариона Ивановича Радченко

Zeitungsbericht über die Aufstellung eines
Gedenksteines für Illarion Ivanovič
Radčenko auf dem Friedhof Oerbke/Niedersachsen
im April 2002 durch seinen Sohn
Статья в газете о возведении в апреле 2002г.
мемориального камня для Илариона Ивановича
Радченко на кладбище Эрбке/Нижняя Саксония
сыном захороненного

Schicksalsklärung: Besuch aus Kasan

Выяснение судьбы: Гости из Казани

Wolfgang Scheder | Вольфганг Шедер

Im Jahre 1996 wandte sich Frau Alfija Bikmuchametova im Namen ihrer Mutter Raissa Sachapovna aus einem kleinen Dorf bei Kasan (russisches Tatarstan) mit der Bitte um Ermittlung des Grabes ihres Großvaters an die Stadt Dresden. Zuvor hatte sie sich an das Zentralarchiv des Verteidigungsministeriums in Podolsk mit der Bitte gewandt, bei der Suche nach Informationen zu Sachap Chusnutdinov, der während des Zweiten Weltkriegs vermisst wurde, behilflich zu sein. Bald darauf erhielt sie eine Antwort und eine Kopie eines deutschen Dokuments. Dort hieß es, dass Sachap Chusnutdinov 1942 als sowjetischer Kriegsgefangener im Lager Kleinschönau, dem heutigen polnischen Sienijawka, verstorben und im sächsischen Hartau begraben worden sei.

Das Büro des Dresdner Oberbürgermeisters leitete ihre Anfrage an die Geschäftsstelle des Volksbundes Deutsche Kriegsgräberfürsorge weiter. Diese ermittelte als konkreten Grabort den kleinen Kriegsgefangenenfriedhof Hartau bei Zittau und teilte Alfija Bikmuchmetova das mit. Im Herbst 2002 wandte sich Frau Bikmuchametova nochmals an die Stadt Dresden, um ihren Besuch für Ende Oktober anzukündigen. Gemeinsam mit ihrer Mutter wollte sie im Rahmen einer Busreise durch europäische Städte einige Stunden nach Dresden kommen und dabei auch den Friedhof in Hartau besuchen. Zwei Mitarbeiter der Stiftung Sächsische Gedenkstätten begleiteten Mutter und Tochter auf ihrem Weg zum Grab ihres Vaters und Großvaters. In Hartau, auf dem dortigen kleinen abseits gelegenen Areal, ehrten die Frauen den Verstorbenen nach tatarischem Brauch.

Der Besuch des Friedhofs war für beide Frauen ein besonderes Erlebnis und zeigt einmal mehr, welche positive und auch völkerversöhnende Wirkung für die Betroffenen von der Möglichkeit ausgeht, in einem persönlichen Akt Abschied von Angehörigen zu nehmen.

В 1996 г. Альфия Бикмухаметова по просьбе своей матери Раисы Сахаповны, проживающей в маленькой деревне, расположенной недалеко от Казани (Республика Татарстан), обратилась в городское управление г. Дрезден с просьбой помочь найти могилу дедушки. До этого они посылали запрос в Центральный архив министерства обороны г. Подольска с просьбой, помочь выяснить судьбу Хуснутдинова Сахапа пропавшего безвести во время Второй мировой войны. Вскоре ответ был получен и к нему прилагалась копия немецкого документа, в котором было отмечено, что Сахап Хуснутдинов, находясь в плену умер в 1942 г. в лагере Клайншёнау (ныне пос. Синявка на территории Польши) и был похоронен в саксонском городе Хартау.

Бюро дрезденского обербургомистра направило запрос в правление Народного Союза Германии по уходу за военными могилами. Там установили и сообщили об этом Альфии Бикмухаметовой, что конкретное место захоронения – небольшое по размеру кладбище военнопленных в Хартау под г. Циттау. Осенью 2002 г. А. Бикмухаметова сообщила в управление г. Дрезден, что она в конце октября собирается посетить Дрезден. Вместе со своей матерью она во время автобусного путешествия по разным городам Европы хотела на несколько часов заехать в Дрезден и посетить кладбище в Хартау. В сопровождении двух сотрудников Объединения Саксонские мемориалы мать с дочерью посетили могилу отца и дедушки на этом небольшом кладбище и отдали дань памяти по татарскому обычаю.

Посещение кладбища произвело на обеих женщин большое впечатление и показало лишний раз, какое положительное воздействие даёт возможность личного посещения могилы родственника и как это важно для примирения народов.

Wehrmacht – Gräberfürsorge
Wehrkreiskommando IV

Verlustmeldung

Abschied am Grab des Vaters und Großvaters Sachap Chusnutdinov
auf dem Friedhof in Hartau/Sachsen am 29. Oktober 2002
Прощание на могиле отца и дедушки Сахап Хуснутдинов на
кладбище в Хартау/Саксония 29 октября 2002г.

Verlustmeldung über den Tod des Kriegsgefangenen Sachar
Chosnodynek (Sachap Chusnutdinov) am 11. Februar 1942
Извещение об убытии военнопленного Захара Хознодынка
(Сахап Хуснутдинов) 11 февраля 1942г.

Schicksalsklärung: ein deutscher Fall aus der Nachkriegszeit

Выяснение судьбы: немецкий пример послевоенного времени

Ute Lange | Уте Ланге

Die besondere humanitäre Dimension des Gesamtprojekts hat gleichermaßen für die Bürger Deutschlands wie die Bürger der ehemaligen Sowjetunion Bedeutung. Die Stiftung Sächsische Gedenkstätten hat in den letzten Jahren mehr als 1000 Anfragen von Betroffenen, Hinterbliebenen oder amtlichen Stellen mit der Bitte erhalten, ihnen bei der Schicksalsklärung behilflich zu sein, nach Dokumenten zu suchen oder Auskünfte zu erhalten, die belegen können, dass die Gesuchten in Kriegsgefangenschaft oder verhaftet worden waren. In der Mehrzahl der Fälle können solche Anfragen nur auf der Grundlage von Akten aus russischen Archiven beantworten werden, was einmal mehr unterstreicht, dass hierfür eine enge Zusammenarbeit mit der russischen Seite unerlässlich ist. So erreichte uns im Mai 2001 auf Empfehlung des Bundesarchivs eine Anfrage von Erhard Schulze aus Thüringen. Sein Vater war 1946 verhaftet worden und nie wieder zurückgekehrt. Trotz vielfacher Bemühungen konnte Herr Schulze bis 2001 keine Auskunft über ihn bekommen. Um Informationen zu erhalten, haben wir im Auftrag des Betroffenen einen Antrag auf Rehabilitierung bei der russischen Hauptmilitärstaatsanwaltschaft eingereicht, ein Weg, der vielen Deutschen bis heute nicht bekannt ist.
Auf der Grundlage der ermittelten Akte ist durch die Militärstaatsanwaltschaft eine Rehabilitierung ausgesprochen worden. Aus diesem Dokument erfuhr Familie Schulze, dass der Vater am 2. August 1946 festgenommen und noch im Gefängnis gestorben war. Auf Wunsch und mit Vollmacht der Familie bekamen wir im Frühjahr 2003 die Möglichkeit, Akten in Moskau einzusehen. Neben eigenen handschriftlichen Aufzeichnungen, die der Familie als letztem Lebenszeichen des Verstorbenen in Kopie übergeben werden konnten, ergab die Akte, dass der Verhaftete am 14. August 1946 im Gefängnis von Erfurt um zwei Uhr früh verstorben war und anschließend 15 km südlich von Erfurt begraben wurde. Damit hatte eine Familie, immerhin 57 Jahre nach dem Tod des Vaters, Klarheit über sein Schicksal erhalten.

Особый гуманитарный аспект данного проекта имеет одинаковое значение как для граждан Германии так и граждан бывшего СССР. Объединение Саксонские мемориалы за последние годы получило и рассмотрело более 1 000 либо личных обращений граждан либо их родственников или официальных органов с просьбами, помочь им в поисках документов или получении справок доказывающих содержание в плену или заключении конкретного человека и/или могущих помочь установить их судьбу. В большинстве случаев положительные ответы на такие вопросы можно дать только на базе архивных документов российских архивов, что доказывает ещё раз необходимость тесной совместной работы с российской стороной.
В мае 2001 года мы получили письмо от Эрхарда Шульце из Тюрингии, которому Федеральный архив Германии рекомендовал обратиться к нам. Его отец был арестован в 1946г. и не вернулся из заключения. Несмотря на многочисленные обращения в различные инстанции Шульце до последнего времени не смог получить никакой информации в отношении своего отца.
Чтобы убедиться, что его отец действительно был арестован, мы посоветовали Шульце – т. к. он этого не знал – обратиться в Главную военную прокуратуру (ГВП) РФ с просьбой рассмотреть заявление на реабилитацию в отношении его отца.
На основании обнаруженного архивного дела ГВП вынесло заключение о реабилитации. Из выданной справки о реабилитации семья Шульце узнала, что их отец был арестован 2 августа 1946 г. и умер находясь в тюрьме. По просьбе семьи и получив от них доверенность, весной 2003 г. нам была предоставлена в Москве возможность ознакомиться с архивным персональным делом. Наряду с собственноручными записями, копия которых, как последнее известие от отца , была передана семье мы смогли сообщить ещё, что арестованный умер 14 августа 1946 г. в два часа утра в Эрфуртской тюрьме и был похоронен в 15 км на юге от Эрфурта.
Таким образом, спустя 57 лет после смерти отца, сын получил наконец-то достоверные сведения о его судьбе.

Stiftung Sächsische Gedenkstätten
Dokumentationsstelle Widerstands- und Repressions-
geschichte
Altenzeller Straße 19
01069 Dresden

> EINGANG
> 02. MAI 2001
> Erl. ....

Erhard Schulze
Schwabenstraße 45
99974 Mühlhausen

Sehr geehrte Damen und Herren!
Mein Vater, Fritz Schulze, geb. am 05. 12. 1901
in Mühlhausen, letzter Wohnsitz: Mühlhausen,
In der Klinge 66, wurde Anfang Februar 1946 von
der damaligen sowjetischen GPU abgeholt und inhaftiert.
Im Juni 1946 wurde er kurzzeitig aus dieser Haft
entlassen, wurde aber bald darauf erneut abgeholt
und inhaftiert. Aus der zweiten Haft ist er nicht
zurückgekehrt.
Trotz vieler Nachforschungen meinerseits habe ich
bis zum heutigen Tage keine Auskunft über den
Verbleib meines Vaters erhalten.
Meine letzte Anfrage richtete ich an das
Bundesarchiv Berlin. Im Antwortschreiben von dort
erhielt ich Ihre Adresse mit der Empfehlung,
mich an Sie zu wenden.

Brief mit der Bitte um Hilfe an die Stiftung Sächsische Gedenkstätten
Письмо с просьбой о помощи в адрес Объединения Саксонские мемориалы

Anklageerhebung gegen Fritz Schulze von August 1946 (Auszug aus der Strafakte, oben)
Постановление на арест Фритца Шульце с августа 1946г. (выдержка из уголовного дела, сверху)

Rehabilitierungsbescheid der Hauptmilitärstaatsanwaltschaft Moskau über Fritz Schulze vom 10. Januar 2002
Справка о реабилитации Фритца Шульце Главной Военной прокуратуры г. Москвы от 10 января 2002 г.

Sowjetische Kriegsgefangene (Mannschaften und Unteroffiziere) in deutscher Hand. Neue Dimensionen der internationalen Zusammenarbeit

Советские военнопленные (рядовой и сержантский состав) в руках Германии. Новые масштабы интернационального сотрудничества

Rolf Keller, Klaus-Dieter Müller, Reinhard Otto | Рольф Келлер, Клаус-Дитер Мюллер, Райнхард Отто

Während des Pilotprojekts wurde deutlich, dass sich außer im CAMO Podolsk auch in weiteren russischen Archiven, aber auch in Archiven in anderen Nachfolgestaaten der UdSSR, noch erhebliche Bestände an Karteiunterlagen zu sowjetischen Kriegsgefangenen befinden. Die Gespräche mit den Archivverantwortlichen ergaben schnell ihre Bereitschaft, zukünftig im Projekt mitzuarbeiten.
Das Projekt erhielt damit eine neue Dimension: Eine erhebliche Erweiterung der Zahl der Projektpartner in den Nachfolgestaaten der UdSSR, eine quantitative und qualitative Ausweitung des Umfangs der zu bearbeitenden Unterlagen sowie die Erweiterung der wissenschaftlichen Fragestellungen.

1. Die Projektpartner in Russland

Zu Beginn des Pilotprojekts war die russische „Assoziation für internationale militärmemoriale Zusammenarbeit Voennye Memorialy" alleiniger vertraglicher Projektpartner der deutschen Seite, über die es einen direkten Zugang zu den Unterlagen im Zentralarchiv des Verteidigungsministeriums in Podolsk (CAMO) gab. Mit dem die Archivalien aufbewahrenden CAMO waren nur mündliche Absprachen möglich.
Die neuen Dimensionen der Projektarbeit erforderten, für die elektronische/digitalisierte Erfassung der Daten eine professionelle russische Institution zu finden und die Zusammenarbeit zwischen den Archiven und der deutschen Seite auf ein stabiles, durch Verträge gesichertes juristisches Fundament zu stellen. Das „Elektronische Archiv" war bereit, diese Arbeiten durchzuführen.
Von Beginn an war die deutsche Seite bestrebt, auch die Unterlagen zu Überlebenden und später Repatriierten ausfindig zu machen und in die Erschließung einzubeziehen, um auch das Nachkriegsschicksal sowjetischer Kriegsgefangener erhellen zu können und zudem Forschungen zur politischen Haltung der Sowjetunion zu diesem Problem durchzuführen. Nach vielen intensiven Verhandlungen erklärte sich schließlich der Archivdienst des FSB bereit, im Projekt mitzuarbeiten und diese von ihm aufbewahrten Dokumente gleichfalls vom „Elektronischen Archiv"

В ходе реализации пилотного проекта выяснилось, что значительный массив документов в отношении советских военнопленных помимо ЦАМО г. Подольска находится на хранении как в других архивах России, так и в архивах государств-наследников бывшего Советского Союза. Во время обсуждения данного проекта с представителями этих архивных ведомств и они быстро выразили готовность сотрудничать по этому вопросу.
Таким образом, масштаб работы и перспективы проекта значительно изменились: Увеличилось количество партнеров участвующих в проекте, возрос качественный, а также количественный состав обрабатываемых документов, расширился круг вопросов, подлежащих научным исследованиям.

1. Партнеры по проекту в России

В начале пилотного проекта единственным договорным партнером немецкой стороны была российская Ассоциация международного военно-мемориального сотрудничества („Военные мемориалы"), через которую имелся прямой доступ к документам, хранящимся в Центральном архиве Министерства обороны (ЦАМО). При этом с ЦАМО, где находятся на хранении архивные материалы, имелись только устные договоренности.
Новые масштабы работы над проектом, а именно потребность дигитализации огромного количества прежде всего персональных данных, вызвали необходимость найти профессиональную организацию в России, способную осуществить работу над созданием такого банка данных. „Электронный архив" согласился выполнить эту работу. Привлечение целого ряда других российских партнеров потребовало поставить сотрудничество между этими архивами и немецкой стороной на стабильный юридически обоснованный фундамент.
С самого начала немецкая сторона стремилась найти и обработать и материалы на выживших и впоследствии репатриированных советских военнопленных, чтобы проследить их послевоенные судьбы, а также провести исследования официальной политики советского государства по этому вопросу. В результате много-

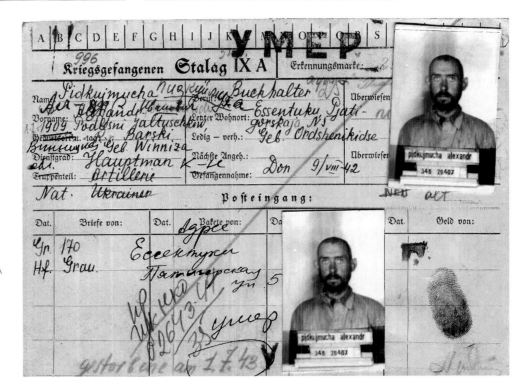

Beispiele für Karteiunterlagen
(S.141–151)
Примеры картотечных
документов (с.141–151)

Personalbogen
Dmitri Bajdalob (oben links)
Анкета Дмитрия Ьаидалова
(сверху слева)

Lagerkarteikarte Stalag X A
Petr Bimanin (oben rechts)
Лагерная карточка шталага X A
Петра Биманина
(сверху справа)

Personalkarte Stalag IX A
Alexandr Pidkujmucha
Персональная карточка
шталага IX A
Александра Пидкуймухи

Lagerkarteikarte Stalag XB Sandbostel Iwan Kusin
(oben links)
*Лагерная карточка шталага Зандбостель Иван Кузин
(сверху слева)*

Filtrations-Kontrollkarte und Rückseite Efim Anazkij
*Контрольно-фильтрационная карточка лицевая и
обратная стороны Ефима Анацкого*

Lagerkarteikarte Stalag 326 Senne Nikolja Uljanin
Лагерная карточка шталаг 326 Зенне Николая Ульянина

Kriegsgefangenenlager Auschwitz

Горенков Леонид Павлович

Familienname: GORJENKOW
Vorname: Leonid
geb. am: 2.12.9.5.(918) in: Opotschka, Kr. Opotschskij, Distr. Kalinin
Beruf: Tischler　Dienstgrad: Soldat
Religion: gr. orth.　Staat: U.d.S.S.R.　Stand: verh.
Wohnort: Opotschka, Krasnogorodskaja-str. 19 Distr. Kalinin
Name der Eltern: Pawel u. Anna geb. Kotter
Name der Ehefrau: Anna geb. Pjerwyschina
Name der nächst. Angeh.:
Anschrift: Ehefrau, wie oben

Personenbeschreibung:
Grösse: 177　Nase: eingeb.　Haare: d. blond
Gestalt: kräftig　Mund: klein　Bart: keinen
Gesicht: oval　Ohren: kleine　Augen: braun
Zähne: vollständ.　Sprache: russ.
Besondere Kennzeichen: Tätovier. auf der l. Hand, Schlitzaugen

Truppenteil: 166 Inf. Regt. in Starokonstantinow
Bisher. Parteizugehörigkeit: keine
Vorstrafen: 1 mal wg. Waffen versteckt mit 2 Jahre Gefängnis, Starokonstantin
Gefangennahme: wo Starokonstantin wann 9.7.1941
Von wo: Stalag 308.　Kenn-Nr.: 35364
eingeliefert: 7.10.1941
entlassen:
überführt:
zurück:
verstorben: 23.11.41. Akut. Magen u. Darmkatarrh
Fingerabdruck

PROHOROW
ИВАН ЗАХАРОВИЧ
Филтрационная карточка

K.-M.
Name: Sytschow Iwan
geb. 1903.
Versetzt am 3. März 1945

Lagerkarteikarte SS-Kriegsgefangenenlager
Auschwitz Leonid Gorenkow (oben)
Лагерная карточка лагеря СС для военнопленных
Освенцим Леонида Горенкова (сверху)

Filtrations-Kontrollkarte Iwan Prochorow
Контрольно-фильтрационная карточка Иван Ррохоров

Lagerkarteikarte Iwan Sytschow (nicht zuzuordnen)
Лагерная карточка Иван Сычов
(расположение не выяснено)

bearbeiten zu lassen. Aus allen Regionalarchiven des FSB werden diese Unterlagen nunmehr nach Moskau transportiert und dort – nach Vorgabe der deutschen Seite – gescannt und in einer zentralen Datenbank elektronisch verzeichnet.

Weitere Unterlagen zu sowjetischen Kriegsgefangenen sind auch in Archiven des Staatlichen Archivdienstes (ROSArchiv) vorhanden.[1] Hier sind in erster Linie das Staatsarchiv (GARF), das staatliche Archiv für sozialpolitische Geschichte (RGASPI), das Staatsarchiv für neueste Geschichte (RGANI) sowie das Russische Staatliche Militärarchiv (RGVA) zu nennen. Nach Abschluss einer für die Kooperation mit den Einzelarchiven notwendigen Rahmenkooperationsvereinbarung zwischen der Stiftung Sächsische Gedenkstätten und ROSArchiv im Mai 2002 begannen die ersten Arbeiten zur Sichtung und Bearbeitung von einschlägigen Archivunterlagen in den ROSArchiv unterstehenden Archiven.

Perspektivisch sollen auch die Bestände des zum Verteidigungsministerium gehörenden Militärmedizinischen Museums und Archivs in St. Petersburg einbezogen werden, mit dessen Leitung bereits erste Gespräche über die Zusammenarbeit geführt wurden. In diesem Archiv lagern die Dokumente, die das Sanitätswesen der russischen Streitkräfte bzw. deutsche Dokumente über den Gesundheitszustand sowjetischer Kriegsgefangener betreffen.

Wie schon erwähnt, führten erste veröffentlichte Projektergebnisse dazu, dass auch andere Nachfolgestaaten der UdSSR ihr Interesse an einer Projektbeteiligung bekundeten. Im Herbst 2001 kamen die ersten Gespräche mit Vertretern von Archivdiensten aus Weißrussland zustande. Es ergab sich, dass in den Archiven des KGB Weißrusslands sowie im Nationalarchiv erhebliche Bestände zu sowjetischen Kriegsgefangenen vorhanden sind. Am 29. April 2002 konnten mit den Archivdiensten des KBG und des Nationalen Zentrums für Archivwesen und Registratur Kooperationsverträge abgeschlossen werden, nachdem die Deutsche Botschaft in Minsk in einem Schreiben an die KGB-Leitung die Unterstützung der Bundesrepublik für dieses Projekt bekräftigt hatte.[2]

численных обсуждений проекта и архивная служба ФСБ дала согласие на участие в проекте и поручила обработку документов „Электронному архиву". Обработке подлежат и документы, хранящиеся в региональных архивах ФСБ. Все они будут сканированы и дигитализированы согласно заданным немецкой стороной параметрам и включены в единый банк данных.

В архивах Федеральной архивной службы России (Росархив) также хранятся материалы, относящиеся к советским военнопленным.[1] Здесь в первую очередь следует назвать Государственный архив Российской Федерации (ГАРФ), Российский государственный архив социально-политической истории (РГАСПИ), Российский государственный архив новейшей истории (РГАНИ), а также Российский государственный военный архив (РГВА). После заключения необходимого для совместной работы отдельных архивов типового соглашения о сотрудничестве между Объединением Саксонские мемориалы и Росархивом в мае 2002 г. начались первоначальные работы по просмотру и обработке соответствующих архивных материалов в архивах, подчиненных Росархиву.

В перспективе намечается также привлечь массивы документов Военно-медицинского музея и архива в Санкт-Петербурге, находящегося в ведомственном подчинении Министерства обороны, с руководством которого уже велись переговоры в отношении данного проекта. В этом архиве хранятся документы, касающиеся санитарной службы российских вооруженных сил, а также немецкие документы о медицинском обслуживании советских военнопленных.

Как уже было отмечено, после опубликования первых результатов работ по выполнению проекта и другие государства-наследники бывшего Советского Союза заявили о намерении принять участие в проекте. Осенью 2001 г. состоялись первые консультационные переговоры с представителями архивных служб Республики Беларусь, в рамках которых выяснилось, что в архивах КГБ, а также в Национальном архиве имеются значительные фонды данных, касающиеся советских военнопленных. После того, как посольство ФРГ в г. Минске подтвердило в письме руководству

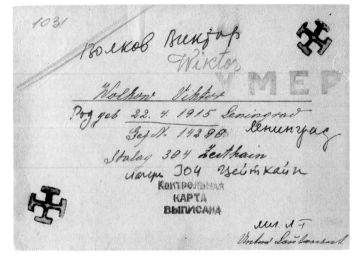

Lagerkarteikarte des verstorbenen
Kriegsgefangenen Stepan Kosloff,
Stalag 311 Bergen-Belsen (oben links)
Лагерная карточка на умершего
военнопленного Степана Козлова,
шталаг 311 Берген-Бельзен
(сверху слева)

Grabkarte Viktor Wolkow (oben rechts)
Кладбищенская карточка
Виктора Волкова (сверху справа)

Grabkarte Stalag 357 Sandomierz
Petr Kowalskij (unten)
Кладбищенская карточка шталага 357
Сандомирш на Петра Ковальского
(снизу)

Stalag Nr. 1295ol	Nationalität sowjet.	Geburtsort D.Wijdriche Kr.Schamorajewski Gau Semipalt.	Geburtsdatum 15.5.1o	Beruf Arzt.	4 5. Kon
Stalag X B	756				

951

F I R S O W *Фирсов*
(Zuname)

Paul *Павел*
(Vorname)

Datum	Arbeitseinsatz	Datum	Strafen	Füh
29.7.42 20.7.44	Gesamthafenbetrieb G.m.b.. *Gesamthafenbetrieb*	26.7.43		
		Datum	**Sonstige Vermerke**	
		29.7.42 20.7.44	Zug.v.Stlg.XB Sandbos Typhus-Impfung	

Arbeitskarte Paul Firsow (nicht zuzuordnen)
Трудовая карточка Павла Фирсова
(расположение не выяснено)

Filtrationslager-Kontrollkarte Iwan Prochorow
Карточка фильтрационного лагеря
Прохоров Иван

Filtrations-Kontrollkarte Wassilij Atuschin
Карточка фильтрационного лагеря
Атушин Василий

Sterbefallanzeige Piotr Krassawskij
SS-Kriegsgefangenenlager Sachsenhausen
Извещение о смерти Петра Красавского
лагерь СС для военнопленных Заксенхаузен

2. Quantitative und qualitative Ausweitung des Umfangs der zu bearbeitenden Unterlagen

Auf der Grundlage der für das Pilotprojekt entwickelten und im Verlaufe weiter modifizierten Datenbank ist inzwischen die Bearbeitung weiterer Bestände des CAMO in Podolsk, des russischen FSB und des KGB Weißrusslands aufgenommen worden. Hierbei geht es um

· circa 500 000 Karteiunterlagen zu kriegsgefangenen Mannschaften und Unteroffizieren aus dem Bestand „Unwiederbringliche Verluste" der Abteilung 9 im Militärarchiv Podolsk. Sie bestehen aus 3 221 Akten mit durchschnittlich gut 100 Blatt (PK I) sowie rund 350 Akten sehr unterschiedlichen Inhalts (Zugangs-, Abgangs- und Transportlisten, Sterbefallanzeigen, Lazarettkarten, Ersatzkarten, Versetzungskarten usw., im Schnitt etwa 500 Blatt pro Band). Diese Unterlagen sind in Podolsk in Aktenbänden und zudem nicht alphabetisch zusammengeheftet, ihre technische Bearbeitung wird daher aufwändiger als bisher sein. Neben der Karteikartenverarbeitung wird die Sichtung weiterer ausgewählter Bestände des CAMO fortgeführt. Hierbei handelt es sich um Sachakten sowie Personenübersichten. Zu nennen sind darüber hinaus Bestände über die Lager in den von der Wehrmacht besetzten Gebieten der Sowjetunion. So wurden z.B. deutsche Lagerübersichten gefunden oder, in originär russischen Beständen, Vorkriegsfotos von kriegsgefangenen Offizieren der Roten Armee, die im Kriegsgefangenenlager Zeithain bei Riesa untergebracht waren,

· schätzungsweise 350 000 Personalunterlagen von befreiten und repatriierten Kriegsgefangenen (Offiziere, Unteroffiziere und Mannschaften), über die in den Regionalarchiven des FSB Informationen aufbewahrt werden. Hierbei handelt es sich zum einen um deutsche Karteikarten in den so genannten Filtrationsakten und zum anderen um Personalberichte sowjetischer Provenienz. Ein Teil dieser Personen scheint jedoch nicht aus der Kriegsgefangenschaft zurückgekehrt zu sein und ihre Karteikarten sind wohl versehentlich in die Kartei der Überlebenden eingeordnet worden,

КГБ правительственную поддержку проекта, 29 апреля 2002 г. с Национальным центром по архивам и делопроизводству и архивной службой КГБ были заключены договоры о сотрудничестве.[2]

2. Количественное и качественное расширение объема обрабатываемых документов

На базе банка данных, созданного для реализации пилотного проекта и модифицированного в дальнейшем, началась обработка новых массивов документов ЦАМО г. Подольска, российской ФСБ и КГБ Белоруссии. При этом речь идет о следующих архивных материалах:

· Около 500 000 карточек о военнопленных рядового и сержантского составов из фонда „Невозместимые потери" 9-го отдела в Военном архиве г. Подольска. Сюда входит 3 221 дело со средним объемом около 100 листов (ПК I), а также примерно 350 дел различного содержания (списки прибытия, убытия и этапирования, извещения о смерти, лазаретные карточки, карточки-дубликаты, карточки перемещения из лагеря в лагерь и т. д., в среднем примерно по 500 листов). Эти документы подшиты в Подольске в дела, к сожаленнию, не в алфавитном порядке, поэтому их техническая обработка потребует больших затрат по сравнению с предыдущими работами.
Наряду с обработкой карточек будет продолжаться просмотр других избранных массивов данных ЦАМО, конкретно представляющих собой папки с материальными делами, а также персональные списки. Кроме этого, здесь следует также назвать архивные материалы о лагерях на территории Советского Союза, оккупированной силами вермахта. Так, например, были найдены немецкие лагерные списки, или в подлинно российских архивных фондах довоенные фотографии военнопленных офицеров Красной Армии, размещенных в лагере военннопленных в Цайтхайне под г. Риза.

· Приблизительно 350 000 личных дел освобожденных и репатриированных военнопленных (офицеры, сержантский и рядо-

Lagerkarteikarte Stalag VI C Bathorn
Fedor Russkow
Лагерная карточка шталага VI C Батхорн
Федер Русков

Lagerkarteikarte Stalag VI C Bathorn
Petr Sajzew
Лагерная карточка шталага VI C Батхорн
Петр Зайцев

· Karteiunterlagen und Akten über circa 60 000 Offiziere, Unteroffiziere und Mannschaften, die in den Regionalarchiven des KGB
Weißrusslands aufbewahrt werden. Hierbei geht es wiederum
zum einen um deutsche Karteikarten, die Bestandteil der so
genannten Filtrationsakten sind, zum anderen um sowjetische
Personalberichte, z. B. um Befragungen zu verschiedenen Zeit-
punkten nach der Befreiung. Eine erste Sichtung ergab aber, dass
sich auch in diesen Beständen, wie in denen des FSB, Unterlagen
von bereits in deutscher Kriegsgefangenschaft Verstorbenen bzw.
von der Gestapo übernommenen und in den KZ ermordeten
sowjetischen Soldaten befinden,
· mehrere Zehntausend Karteikarten sowjetischer Kriegsgefangener
im RGVA mit Fundstellenhinweisen auf dort gelagerte Archivalien.
Diese Bestände sollen der deutschen Seite im Rahmen einer
Kooperation mit dem Archiv zur Verfügung gestellt und dann
hinzugezogen werden, wenn zu Kriegsgefangenen detailliertere
Informationen erforderlich werden. Ein geschlossener Bestand im
Umfang von 4 000 Lagerkarteikarten des Kriegsgefangenenlagers
Stalag IV B Mühlberg ist bereits bearbeitet worden,
· die Verzeichnung und gegebenenfalls gemeinsame Bearbeitung
von Sach- und Personenunterlagen aus dem GARF, hier besonders aus den Fonds 7 021 („Außerordentliche Staatliche Kommission zur Ermittlung der Verbrechen der deutsch-faschistischen
Eroberer") und Fond 9 526 (Repatriierung) sowie von Unterlagen
mit Angaben über einzelne Kriegsgefangenenlager im Deutschen
Reich und in den besetzten Ländern und Einzelakten der Sowjetischen Militäradministration in Deutschland (SMAD) im Fond 7 317.

вой составы), информация по которым хранится в региональных архивах ФСБ. С одной стороны, это немецкие карточки в
так называемых фильтрационных делах, с другой стороны, документы фильтрационных лагерей советского происхождения.
Определенная часть этих лиц, по-видимому, не вернулась из
плена, и их карточки совершенно случайно попали в картотеку
выживших.
· Картотечная документация и дела на более 60 000 офицеров,
сержантского и рядового составов, хранящиеся в региональных архивах КГБ Белоруссии. Здесь также речь идет, с одной
стороны, о немецких карточках, являющихся составной частью
так называемых фильтрационных папок, с другой стороны, о
советских персональных отчетах, как например, опросах в раз-
личное время после освобождения. Но результаты первых про-
смотров показали, что также и в этих фондах, как и в архивах
ФСБ, находится документация о советских солдатах, умерших
в германском плену или взятых гестапо и убитых в концентра-
ционных лагерях.
· Несколько десятков тысяч карточек советских военнопленных
в РГВА с пометками о местонахождении хранящихся там архивных дел. Эти архивные фонды должны быть предоставлены
немецкой стороне в рамках сотрудничества с архивом и затем
привлечены для реализации проектных работ в тех случаях,
когда потребуются подробные сведения о военнопленных. Следует отметить, что архивный фонд в пределах 4 000 лагерных
карточек лагеря военнопленных Шталаг IV B в Мюльберге
уже обработан.
· Составление перечней и возможная совместная обработка
архивных документов из ГАРФ, в первую очередь из фондов
7 021 („Чрезвычайная комиссия по расследованию преступлений немецко-фашистких захватчиков") и 9 526 (репатриация), а
также документы со сведениями об отдельных лагерях военнопленных в Германском рейхе и оккупированных странах и отдельные архивные дела Советской военной администрации в
Германии (СВАГ) в фонде 7 317.

Lagerkarteikarte Stalag IV B Mühlberg Stepan Kurlob
Лагерная карточка Шталага IVB Мюльберг
Степан Курлоб

Lagerkarteikarte Stalag IV B Mühlberg Peter Kurak
Лагерная карточка Шталага IVB Мюльберг Петр Курак

Lagerkarteikarte Stalag IV B Mühlberg Wasilij Kaduschkin
Лагерная карточка Шталага IV B Мюльберг Василий Кадушин

3. Neue wissenschaftliche Fragestellungen

Durch die neu zugänglichen Archivunterlagen haben sich die wissenschaftlichen Fragestellungen des Projekts erheblich erweitert.

Das betrifft in erster Linie zwei Komplexe:
· eine früher für unmöglich erachtete detaillierte Darstellung exemplarischer Kriegsgefangenenschicksale auf der Grundlage verschiedener Karteiunterlagen sowohl für die Zeit vor 1945 als auch nach der Repatriierung,
· Antworten auf bis vor kurzem für unlösbar gehaltene Forschungsprobleme, die die Zahl der in deutsche Kriegsgefangenschaft geratenen und dort verstorbenen sowjetischen Soldaten sowie das Lagersystem in den besetzten Gebieten betreffen.

Komplex 1
a) Sowjetische Kriegsgefangene in deutschem Gewahrsam

Verschiedene deutsche Stellen (Militär, Polizei, Verwaltung, Arbeitgeber) legten für sowjetische Kriegsgefangene Personalunterlagen zumeist in der Form von Karteien an. Zur Zeit sind insgesamt 22 verschiedene Typen von Karteikarten vorhanden.
Die Überlieferungsdichte ist für die einzelne Person (noch) sehr unterschiedlich. Im Einzelfall kann das eine mit wenigen Angaben versehene grüne Karteikarte mit Name, Vorname, Erkennungsmarken-Nummer, Datum der Kriegsgefangenschaft, Versetzung in ein anderes Lager sein, doch sind aus dem CAMO Podolsk wie dem weißrussischen KGB-Archiv auch Unterlagen im Umfang von bis zu 10 Karteien zu ein und derselben Person vorhanden (Personalkarten, Lazarettkarten, Versetzungskarten, Sterbefallnachweis). Bei den nunmehr zu verzeichnenden Unterlagen zu Mannschaften und Unteroffizieren aus dem CAMO ist dies allerdings noch nicht genau überschaubar, weil momentan nicht sicher abzuschätzen ist, in welchem Umfang der Mischbestand zusätzliche Informationen zu den Personen enthält, deren Personalkarte jetzt gescannt wird. Eine Antwort ist erst nach Ende dieser Eingabephase möglich.

3. Новая научная постановка вопросов

Благодаря новым архивным документам, открытым для доступа, в значительной степени расширились область научной постановки вопросов в рамках реализации проекта.

В первую очередь это касается следующих двух комплексов вопросов:
· Детальное представление отдельных судеб военнопленных на базе различных картотек как за период до 1945 г., так и после репатриации, считавшееся ранее невозможным,
· Возможность получения ответов на исследовательские вопросы, считавшиеся неразрешимыми до недавнего времени, а именно: выявление числа советских солдат, попавших в немецкий плен и умерших там, а также исследование системы лагерей на оккупированных территориях.

Первый комплекс
a) Советские военнослужащие в немецком плену

Различные германские учреждения (армия, полиция, административные органы, работодатели) регистрировали персональные данные советских военнопленных преимущественно в форме карточек. В настоящее время существует 22 различных вида карточек.
При этом необходимо отметить, что полнота информации на одного человека весьма различна. В отдельных случаях, это может быть карточка зеленого цвета со сведениями незначительного объема, а именно: фамилия, имя, номер личного опознавательного знака, дата пленения, перемещение в другой лагерь. Но имеются также и архивные дела, например, из ЦАМО г. Подольска или белорусского архива КГБ, объем которых составляет до 10 карточек на одно и то же лицо (персональные карточки, лазаретные карточки, карточки перемещения из одного лагеря в другой, извещения о смерти). Кстати, что касается обрабатываемых в ЦАМО документов рядового и сержантского составов, то в

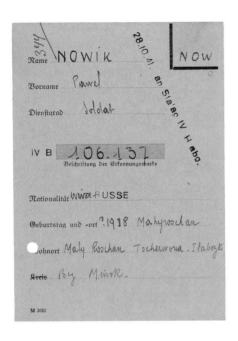

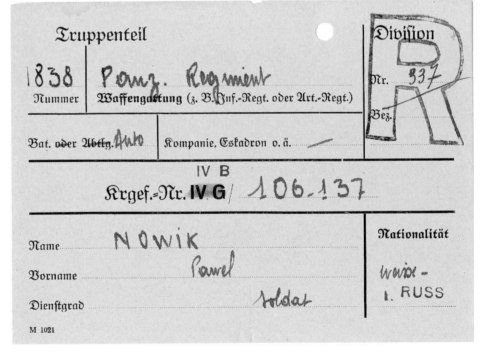

Karteikarten zum Kriegsgefangenen Pawel Nowik (S. 153–157)
Карточки на военнопленного Павла Новика (с. 153–157)

Lagerkarteikarte Stalag IV B Mühlberg (oben)
Лагерная карточка шталага IV B Мюльберг (сверху)

Lagerkarteikarte Stalag IV G Oschatz (rechts oben)
Лагерная карточка шталага IV G Ошатц (справа сверху)

Personalkarte II zur Lohnabrechnung (rechts unten)
Персональная карточка II для начисления заработной платы (справа снизу)

Der technische Aufwand der Verarbeitung der Akten sowie die
EDV-technische Zusammenführung der an verschiedenen Orten
bearbeiteten Datenbanken hat den Arbeitsumfang gegenüber
dem Pilotprojekt erheblich erhöht.

b) Die sowjetischen Kriegsgefangenen nach der Befreiung

Mit dem Befehl Nr. 270 der sowjetischen Führung, demzufolge
alle Rotarmisten, die in Gefangenschaft geraten waren, Vaterlandsverräter seien und ihre Angehörigen entsprechende Behandlung zu
erwarten hätten, hatte sich die Sowjetunion schon am 16. August
1941 auf die Behandlung befreiter oder entflohener Kriegsgefangener als potentielle Verbrecher festgelegt. Nach offizieller Sicht
waren die Soldaten nicht in Kriegsgefangenschaft geraten, sondern
hatten sich freiwillig in die Hand des Feindes begeben. Um den
Grad des „Vaterlandsverrates" und das weitere Schicksal zu bestimmen, wurden alle – auch während des Krieges – befreiten oder
aus Kriegsgefangenenlagern entflohenen Kriegsgefangenen in so
genannte Filtrationslager des NKWD überwiesen und überprüft.
Danach erfolgte die Wiedereingliederung in die Rote Armee, die
Überweisung in Strafbataillone, die Verhängung von GULag-
Strafen oder unbefristeter Zwangsarbeit. Von etwa 1 800 000 im
Jahr 1945 Befreiten kam ungefähr die Hälfte ohne unmittelbare
Diskriminierung zurück in die Heimat, gut 20 Prozent wurden wieder in die Armee eingegliedert, gut 15 Prozent wurden in Arbeitsbataillone eingezogen, und knapp 9 Prozent verurteilten Gerichte
wegen Vaterlandsverrat zu Zwangsarbeit oder Zwangsansiedlung.[3]
Die ehemaligen Kriegsgefangenen standen unabhängig vom Grad
der Diskriminierung ebenso wie zivile Zwangsarbeiter auf Dauer,
gelegentlich über Jahrzehnte hinweg, in ihren Heimatorten unter
Beobachtung, waren letztlich Bürger zweiter Klasse. Sowjetische
Kriegsgefangene waren somit Opfer zweier Diktaturen, auch wenn
diese mit unterschiedlichen Zielen und Methoden agierten.
Im Rahmen des Projektes erstmals zugänglich gewordene Filtrationsakten, die teilweise bis 1991 geführt wurden, erlauben jetzt
einen genaueren Blick auf ihr Nachkriegsschicksal. Sie enthalten
Aussagen zur Kriegsgefangenschaft selbst wie zum weiteren

настоящее время еще нельзя дать точную оценку объема допол-
нительной информации в смешанных архивных делах по лицам,
персональные карточки которых сейчас сканируются. Ответ на
этот вопрос может быть получен только после завершения этого
этапа работ по вводу данных.

б) Советские военнопленные после их освобождения

Приказ № 270, согласно которому все попавшие в плен красно-
армейцы являются предателями Родины, а их родственников
ожидает соответствующее обращение со стороны официальных
органов, показал позицию руководства Советского Союза уже
16 августа 1941 г. в вопросе обращения с освобожденными или
совершившими побег военнопленными как потенциальными
преступниками.
Согласно официальной точке зрения, солдаты не попадали в
плен, а добровольно сдавались в руки врага. Для определения
степени „предательства Родины" и дальнейшей судьбы все освобожденные (также и во время войны) или совершившие побеги
из лагерей военнопленные направлялись в так называемые
фильтрационные лагеря НКВД для проверки. После этого прове-
ренных ожидали следующие судьбы: возвращение обратно в
ряды Красной Армии, направление в штрафные батальоны, при-
суждение к отбыванию наказания в ГУЛАГе или к бессрочным
принудительным работам. Из 1 800 000 освобожденных в 1945 г.
примерно половина вернулась на родину без непосредственной
дискриминации, более 20 процентов вновь были включены в
армию, более 15 процентов направлены в рабочие батальоны, а
почти 9 процентов были приговорены судами за предательство
Родины к принудительным работам или же к принудительному
поселению.[3]
Бывшие военнопленные также как и гражданское население,
угнанное на принудительные работы в Германию, независимо от
степени дискриминации находились продолжительное время –
зачастую в течение десятилетий – под наблюдением по месту
жительства, т. е. были гражданами второго класса. Отсюда напра-
шивается следующий вывод: советские военнопленные стали

Card 1 (left):

Pawel 3 (margin)
Nowik (margin)

1. Name:
Фамилия   *Nowik*
            Новик
2. Vornamen: *Pawel*
Имя   *Павел*
3. Geburtstag: *1918г.*
День рождения
4. Geburtsort: *д. Малы-Роман*
Место рождения
5. Lager: *IV B.*   Stalag
Лагерь
Eingang 28.VIII.41
5a. Im Lager eingeliefert am: *2 Июля*
Доставлен в лагерь (число)
6. Dienstgrad: *солдат. Sold*
Чин
7. Truppenteil: *18-38. Танковая*
Воинская часть
8. Nr. der Erkennungsmarke des deutschen Lagers:
Номер военнопленного в германском лагере
023324 – 106132.IVB
9. Vorname des Vaters: *Новик Ларион*
Имя отца
10. Name der Mutter: *Бань Алена*
Имя матери
11. Anschrift der nächsten Angehörigen:
Адрес ближайших родственников
Бань Алена Микалаево-
д. Малы-Роман
Чырв-Слаб. Р-н. Минен обл
12. Beruf: *Крестьянин*
Профессия
13. Wann und wo gefangen: *2 Июля*
Когда и где попал в плен
у м. Дарминану
14. Nr. der Erkennungsmarke des eigenen Truppenteils:
Matrikel-Nr.
Номер в собственной части   *18-38.*
БССР

Card 2 (middle):

Pawel (margin)
Nowik (margin)

1. Name:
Фамилия   *Новик*
            Nowik
2. Vornamen: *Павел*
Имя   *Pawel*
3. Geburtstag: *1918*
День рождения
4. Geburtsort: *Малы-ронсен.*
Место рождения
Eingang 14.XI.41
5. Lager: *IVH*
Лагерь
Zugang v. Stalag   *IV g*
5a. Im Lager eingeliefert am: *28.10.41*
Доставлен в лагерь (число)
6. Dienstgrad: *Рядов.*
Чин
7. Truppenteil: *1838 танк. полк.*
Воинская часть
8. Nr. der Erkennungsmarke des deutschen Lagers:
Номер военнопленного в германском лагере
IVB 106132
9. Vorname des Vaters: *Ларион*
Имя отца
10. Name der Mutter:
Имя матери
11. Anschrift der nächsten Angehörigen:
Адрес ближайших родственников
Бань Я. Минская обл,
Червонослободцкий р-н,
д. Малы Ронсен.
12. Beruf: *земледелец*
Профессия
13. Wann und wo gefangen: *2.7.41*
Когда и где попал в плен
Минск.
14. Nr. der Erkennungsmarke des eigenen Truppenteils:
Matrikel-Nr.
Номер в собственной части

Card 3 (right):

Pawel 2 (margin)
Nowik (margin)

1. Name:
Фамилия   *Nowik*
2. Vornamen: *Pawel*
Имя
3. Geburtstag: *1918*
День рождения
4. Geburtsort: *Matyroschan*
Место рождения
5. Lager: Von S. IV g. z. St.IVG. abgeg
Лагерь
Eingang 10.XI.11
5a. Im Lager eingeliefert am: *7-8-41*
Доставлен в лагерь (число)
6. Dienstgrad:
Чин   *Sold.*
7. Truppenteil: *1838 Panz*
Воинская часть
8. Nr. der Erkennungsmarke des deutschen Lagers:
Номер военнопленного в германском лагере
106   137   IV B
9. Vorname des Vaters: *Laryon †*
Имя отца
10. Name der Mutter: *Bom*
Имя матери
11. Anschrift der nächsten Angehörigen:
Адрес ближайших родственников
Alena Bania Maly Roschan
Tcherwona Nabozki
Minsk
12. Beruf: *L. Arb.*
Профессия
13. Wann und wo gefangen: *2.7.41*
Когда и где попал в плен
Minsk
14. Nr. der Erkennungsmarke des eigenen Truppenteils:
Matrikel-Nr.
Номер в собственной части

Grüne Karteikarten (Versetzungsmeldung) Зеленые карточки (сообщение о переводе)

Schicksal der Kriegsgefangenen. Die in ihnen enthaltene Darstellung der Zeit der Gefangenschaft durch den ehemaligen Kriegsgefangenen selbst unmittelbar nach der Befreiung macht – bei aller notwendigen quellenkritischen Betrachtung – überdies zumindest teilweise den Mangel an veröffentlichten Erinnerungsberichten wett. Eine typische Akte enthält etwa:

Einen detaillierten Personalfragebogen, vom Kriegsgefangenen selbst unterschrieben, Schilderungen der Kriegsgefangenenerlebnisse, Angaben zu verschiedenen Lageraufenthalten und zum Arbeitseinsatz, immer wieder Befragungen zu den Daten der Kriegsgefangenschaft sowie Angaben zu Mitgefangenen.

Komplex 2
a) Die Lager in den besetzten Gebieten

Viele Kriegsgefangene wurden nicht erst nach ihrem Transport ins Reichsgebiet registriert, sondern bereits in Kriegsgefangenenlagern in den besetzten Gebieten. Für Weißrussland etwa wurde im Rahmen einer, auch durch das Projekt angeregten, vom Nationalarchiv in Minsk erarbeiteten Übersicht über deutsche Kriegsgefangenenlager bisher mehr als 40 Lagerstandorte erschlossen. Für einige der dazugehörigen Lager lassen sich nach Auswertung der Offizierskartei Registrierungen in fünfstelliger Größenordnung nachweisen. Neben der geografischen Lage der einzelnen Lager enthalten die Unterlagen überdies Angaben zum Lagerpersonal und zur Anzahl der festgehaltenen Kriegsgefangenen, zu Verlegungsmechanismen sowie zur Rolle der Lager in der Kriegswirtschaft in den besetzten Gebieten.[4]

Da ähnliche Materialien auch in russischen Archiven zu erwarten sind, dürfte ihre Erschließung das Fundament für eine wissenschaftliche Aufarbeitung des deutschen Kriegsgefangenenwesens im Osten überhaupt liefern. Auf Grund dieser Erkenntnisse erfolgt inzwischen eine neue Sichtung einschlägiger Bestände im Bundesarchiv-Militärarchiv Freiburg, deren vor Jahrzehnten erstellte Findbücher bedauerlicherweise nur am Rande auf die Lager und die Kriegsgefangenen in diesem geographischen Bereich eingehen. Umgekehrt enthalten russische Archive teilweise umfangreiche

жертвами обеих диктатур, хотя они и преследовали разные цели и применяли различные методы.

Дела фильтрационных лагерей, которые в незначительном объеме уже обрабатывались до 1991 г., но более широкий доступ к которым был открыт только в рамках выполнения проекта, позволяют в определенной мере воссоздать послевоенные судьбы репатриантов. В них приводятся сведения как о самом плене, так и о дальнейшей судьбе военнопленных. Время пребывания в плену, представленное в этих делах на основе воспоминаний бывших военнопленных непосредственно после освобождения компенсирует (с учетом необходимого критического отношения к источникам), по меньшей мере частично, недостаток опубликованных до этого воспоминаний. Примерное содержание типичного дела следующее: анкета, собственноручно заполненная военнопленным, описание пережитого в военном плену, данные по пребыванию в различных лагерях и выполняемым работам, повторные опросы по данным плена, а также сведения, касающиеся других военнопленных.

Второй комплекс:
а) Лагеря на оккупированных территориях

Регистрация многих военнопленных проводилась зачастую не после отправки в пределы третьего рейха, а уже в лагерях военнопленных, созданных на оккупированных территориях. Так, например, для Белоруссии на основе обзора бывших немецких лагерей военнопленных, составленного Национальным архивом в г. Минске в рамках реализации проекта, было выявлено более 40 местонахождений лагерей. Для некоторых из этих лагерей после анализа картотеки офицеров документально подтверждается регистрация военнопленных в количестве, выражаемом пятизначными числами. Наряду с географическим местонахождением отдельных лагерей, в документах содержатся сведения о лагерном персонале и количестве находящихся в заключении военнопленных, о механизмах перемещения из одного лагеря в другой, а также о роли лагерей в военном хозяйстве на оккупированных территориях.[4]

Lazarettkarten Lazarett Zeithain
Карточки госпиталя Цайтхайн

Bestände zu einzelnen Lagern im Reichsgebiet, deren Vorhandensein zwar bekannt, deren Erschließung aber erst jetzt durch die enge Kooperation in Angriff genommen werden kann. So liegen im russischen Staatsarchiv GARF 41 Aktenbände aus der Registratur des Stalag 326 Senne, aus denen sich exakt über Monate hinweg dessen Belegung, aber auch besondere Vorkommnisse wie Misshandlungen sowjetischer Kriegsgefangener, Fluchtversuche, Widerstand und Arbeitsverweigerung, Ernährung und medizinische Versorgung entnehmen lassen.

b) Die Zahlen der in deutsche Hand geratenen und in Gefangenschaft umgekommenen sowjetischen Soldaten

Hier unterscheiden sich nicht nur die von der jeweiligen Seite gemachten Zahlenangaben, sondern deutsche und sowjetische bzw. russische Quellen weichen auch untereinander stark voneinander ab. Auf deutscher Seite etwa schwanken die Angaben zwischen 2,53 Millionen Umgekommen bei 5,16 Millionen Gefangenen insgesamt[5] bzw. 3,3 Millionen bei 5,7 Millionen[6], um nur die gängigsten Autoren zu nennen. Auf (ex-) sowjetischer Seite sieht es ähnlich aus. Die Zahlen schwanken zwischen 4,6 Millionen mit 1,9 Millionen Umgekommenen bis zu 5,7 Millionen mit 3,3 umgekommenen Kriegsgefangenen.

Nun werden sich für Teilbereiche, für die bisher höchstens Schätzungen vorliegen – einzelne Lager, Kriegsgefangenen-Bezirkskommandanten, Rückwärtige Heeresgebiete – klare Zahlen nennen lassen. So liegen für das Durchgangslager 240 (Dulag) über einen längeren Zeitraum hinweg tägliche Zu- und Abgangsmeldungen vor, und das Stammlager 307 Deblin hat in mehreren Lazaretten präzise über die Verstorbenen Buch geführt.

Frühere Forschungen der Projektbeteiligten sowie die jetzige Erschließung der Offizierskartei ermöglichen auch für viele Friedhöfe im Reich sehr genaue Angaben über die dort Beigesetzten. Ihre Zahl liegt im Allgemeinen um einiges niedriger als überliefert. Eine weitere Präzisierung ist zu erwarten, da die Unteroffiziere und Mannschaften den überwiegenden Anteil unter den Verstorbenen ausmachen.

В связи с тем, что подобные материалы хранятся и в российских архивах, их ввод в научный оборот мог бы стать фундаментом научных исследований немецкой организации лагерей военнопленных на восточных оккупированных территориях. На базе этих выводов в настоящее время в Бундесархиве (военном) в г. Фрайбурге проводится также работа по поиску документов в отношении таких лагерей, так как описи, составленные десятки лет назад, к сожалению, только в незначительной степени содержат ссылки на имеющиеся документы по лагерям и военнопленным в этой географической зоне.

Российские архивы, наоборот, содержат отчасти обширные архивные фонды по отдельным лагерям на территории рейха, их существование хотя и было известно, но работа с ними может начаться только сейчас благодаря возможностям тесного сотрудничества. Так, в ГАРФе находится 41 архивное дело из отдела регистрации Шталага 326 в Зенне, по которым можно точно проследить за период в несколько месяцев состав его узников, а также такие особые случаи, как жестокое обращение с советскими военнопленными, попытки совершения побегов, случаи сопротивления и отказа выполнения работ, а также питание и оказание медицинской помощи.

б) Число советских солдат, попавших в немецкий плен и там погибших

Количественные данные, приводимые по этому вопросу немецкой и советской (или российской) сторонами в значительной степени отличаются не только по сравнению друг с другом, но и выводах разных исследователей каждой из сторон. Так, например, с немецкой стороны количественные данные колеблятся в пределах от 2,53 миллионов погибших из 5,16 миллионов общего количества пленных [5] и до соответственно 3,3 миллионов погибших из 5,7 миллионов [6], указывая здесь только данные, приводимых известными авторами. Сходная картина выявляется также с количественными данными, приводимыми (бывшей) советской стороной. Цифры колеблятся от 4,6 миллионов при 1,9 миллио-

c) Die Rolle und Bedeutung der Partisanen

Die Tätigkeit der Partisanen hat im deutschen Schriftgut zumeist unter dem Stichwort „Bandenbekämpfung" einen ebenso erheblichen Niederschlag gefunden wie in der sowjetischen Militärgeschichtsschreibung als „heldenhafter Kampf der Partisanen". Hier bieten die vorhandenen Materialien, zumal in Weißrussland, in Kombination mit den einschlägigen Akten aus dem Bundesarchiv-Militärarchiv Freiburg die Möglichkeit einer Neubewertung. Das betrifft die tatsächlichen Auswirkungen des Partisanenkampfes sowie die Bewertung seiner Wirksamkeit von deutscher wie von sowjetischer Seite damals und heute. Die bisher gesichteten Partisanenakten enthalten überdies viele Hinweise auf umgekommene deutsche Soldaten, deren Schicksal nach Auskunft der Deutschen Dienststelle bis heute ungeklärt ist.

d) Der Krieg gegen die Sowjetunion als Weltanschauungskrieg

In welchem Umfang die Quellen neue Erkenntnisse zum „Weltanschauungskrieg" gegen die Sowjetunion liefern, muss noch offen bleiben. Die Verbrechen an sowjetischen Kriegsgefangenen lassen sich durch die Karteimittel individuell in Zehntausenden von Fällen nachweisen: von der völkerrechtswidrigen Abgabe an die Gestapo mit der nachfolgenden Ermordung in einem Konzentrationslager über die unmenschlichen Arbeitsbedingungen bis hin zur Mangelernährung mit Todesfolge. Gerade an Einzelbeispielen wird oft die Variationsbreite des Handelns deutlich, wenn etwa in offiziellen Visitationsberichten von Lagern im Sinne der nationalsozialistischen Ideologie lobend festgestellt wird: „Das Lager ist vorbildlich geführt – 30 Kommissare wurden im Berichtszeitraum von der Abwehr festgestellt und dem SD zur Exekution übergeben". Auf der anderen Seite zeigt die umfassende Registrierung der Gefangenen, dass man sich zumindest teilweise an die Genfer Konvention von 1929 hielt, obwohl ansonsten dieses Abkommen in der Regel eklatant missachtet wurde. Die Archive scheinen hinreichend neues Material zu enthalten, um auch in diesem sensiblen Bereich zu weiterführenden Aussagen zu gelangen.[7]

нах погибших до 5,7 миллионов взятых в плен и 3,3 миллионов погибших.

Теперь представляется возможность назвать точные цифры для отдельных структур (лагеря, окружные комендатуры по делам военнопленных, территории тыловых армейских служб), по которым до сих пор имелись не более как приблизительные данные. К примеру, по пересылочному лагерю (Дулаг) 240 имеются за продолжительный период времени ежедневные отчеты о прибытии и убытии, а в стационарном лагере 307 в Деблине в нескольких лазаретах велась точная регистрация умерших.

Предыдущие исследования участников проекта, а также сегодняшнее освоение офицерской картотеки позволяют привести очень точные данные для множества кладбищ в рейхе по захороненным там военнопленным. Их количество в целом несколько меньше приведенных ранее сведений. Следует ожидать дальнейшего уточнения, так как сержантский и рядовой состав преобладает среди умерших.

в) Роль и значение партизанов

Деятельность партизан, представленная в немецких письменных источниках преимущественно под рубрикой „Борьба с бандитами", в советской военной историографии также нашла значительное отражение, а именно как „героическая борьба партизан". Имеющиеся по этой тематике материалы, особенно в Белоруссии, вместе с соответствующими документами из Бундесархива (военного) в г. Фрайбурге дают возможность провести соответствующую переоценку событий. Это относится как к действительному влиянию партизанской борьбы, так и к оценке ее эффективности как немецкой, так и советской сторонами в прошлом и сегодня. В просмотренных до сих пор партизанских делах содержатся, кроме того, сведения о погибших немецких солдатах, чья судьба – согласно немецким службам розыска – неизвестна до сих пор.

Die Fülle des jetzt zugänglich gewordenen Quellenmaterials eröffnet neue Perspektiven und ermöglicht die Bearbeitung von Fragen, deren potentielle Klärung bisher weitgehend außerhalb der Vorstellungen der Historiker beider Seiten lag. Die neuen Unterlagen werden mit Sicherheit zu einer weiteren notwendigen Fundierung der Forschung beitragen. Darüber hinaus sind die gemeinsamen Anstrengungen der ehemaligen Kriegsgegner ein Zeichen für das inzwischen erreichte Vertrauensverhältnis. Sie zeigen anschaulich, dass gerade das gemeinsame Bemühen um die Klärung dunkler Kapitel der Geschichte dazu beitragen kann, die Gräben der Vergangenheit zuzuschütten und damit die Folgen von Krieg und Leid gemeinsam zu überwinden.

г) Война против Советсткого Союза как война мировоззрений

Еще неизвестно, какой объем новых сведений дадут источники по „войне мировоззрений" против Советсткого Союза. На основании картотек можно индивидуально подтвердить преступления против советских военнопленных, исчисляющиеся десятками тысяч: это и противоречащая международному праву передача в руки гестапо с последующим унижтожением в концентрационном лагере, и нечеловеческие условия работы, а также недостаточное питание с последующим смертным исходом.

Именно на отдельных примерах зачастую проясняется спектр обращения с военнопленными: Так, например, в официальных отчетах об осмотрах лагерей в соответствии с духом националсоциалистической идеологии с похвалой отмечается: „Лагерь управляется образцово – за отчетный период разведкой выявлено 30 комиссаров, которые затем переданы госбезопасности (СД) для исполнения приговора". С другой стороны, всесторонняя регистрация военнопленных показывает, что по крайней мере частично выполнялись положения Женевского соглашения от 1929 г., хотя в остальном это соглашение, как правило, кричащим образом пренебрегалось. Остается надеяться, что в архивах содержится достаточно новых материалов, чтобы сделать далеко ведущие выводы также и в этой области.[7]

Изобилие ставших сейчас доступными источников открывает новые перспективы и позволяет исследовать вопросы, потенциальное разрешение которых историки обеих сторон считали до сих пор нереальным. Новые документы безусловно внесут вклад в дальнейшее необходимое обоснование научных исследований. Наряду с этим, совместные усилия бывших противников в войне свидетельствуют о достигнутых за последнее время отношениях доверия. Они наглядным образом демонстрируют, что именно совместные усилия по выяснению темных глав истории помогают вносить вклад, чтобы залечить раны прошлого и совместно преодолеть последствия войны.

1 In der Russischen Föderation unterhalten u. a. das Verteidigungsministerium, das Innenministerium und der FSB eigene Archivdienste, die außerhalb des Staatlichen Archivdienstes stehen.

2 Erste Sondierungen über die Nutzung von Unterlagen aus den Archiven der Ukraine sind für den Herbst 2003 geplant.

3 Zu den Zahlen siehe G. F. Krivošeev, Russland und die UdSSR in den Kriegen des 20. Jahrhunderts. Verluste der bewaffneten Kräfte. Statistische Forschungen, Moskau 2001, (russ.) S. 235–240 und W. Kundrjavcev/A. Trusov, Politische Justiz in der UdSSR, Moskau 2000, (russ.) hier S. 304 f.; zu den Filtrationslagern siehe Vladimir Naumov/Leonid Rešin, Repressionen gegen sowjetische Kriegsgefangene und zivile Repatriianten in der UdSSR 1941–1956, in: Klaus-Dieter Müller/Konstantin Nikischkin/Günther Wagenlehner (Hrsg.), Die Tragödie der Gefangenschaft in Deutschland und der Sowjetunion 1941–1956, Köln/Weimar 1998, S. 335–364, hier S. 338–351. Ausführlich zum Schicksal sowjetischer Repatriianten Pavel Poljan, Deportiert nach Hause. Sowjetische Kriegsgefangene im „Dritten Reich" und ihre Repatriierung, München 2001. Ursprünglich: derselbe, Opfer zweier Diktaturen. Ostarbeiter und Kriegsgefangene im Dritten Reich und ihre Repatriierung, Moskau 1996 (russ.).

4 Diese Übersicht des Nationalarchivs Minsk über die Kriegsgefangenenlager soll durch andere von der Projektgruppe erarbeitete Übersichten ergänzt und als gemeinsame Publikation mit dem Nationalarchiv Minsk 2004 veröffentlicht werden.

5 Alfred Streim, Sowjetische Gefangene in Hitlers Vernichtungskrieg. Berichte und Dokumente 1941–1945, Heidelberg 1982.

6 Christian Streit, Keine Kameraden. Die Wehrmacht und die sowjetischen Kriegsgefangenen 1941–1945, Bonn 1997.

7 Zum Verhalten einzelner Kommandanten in Bezug auf das Genfer Kriegsgefangenenabkommen siehe z.B. Christian Hartmann, Massensterben oder Massenvernichtung? Sowjetische Kriegsgefangene im „Unternehmen Barbarossa". Aus dem Tagebuch eines deutschen Lagerkommandanten, in: VfZ 49 (2001), S. 97–158. Ein anderer Vorgang bezieht sich auf das Kriegsgefangenenlager Linkunen bei Tilsit. Aus vielen erhalten gebliebenen Unterlagen, die in Form einer Dokumentation auch russischen Institutionen übergeben wurden, geht hervor, dass der Kommandant sich offenbar um menschenwürdige Zustände für die ihm unterstellten sowjetischen Kriegsgefangenen gekümmert hat.

1 В Российской Федерации такие ведомства, как Министерство обороны, Министерство внутренних дел и ФСБ имеют собственные архивные службы, которые не находятся в подчинении Государственной архивной службы.

2 Первые встречи по разведованию почвы о возможности использования документов, хранящихся в архивах Украины, намечены на осень 2003г.

3 Количественные данные см. Г.Ф.Кривошеев. Россия и СССР в войнах 20-го века. Потери вооруженных сил. Статистические исследования. Москва, 2001г, с. 235–240 и В. Кундрявцев/А.Трусов. Политическая юстиция в СССР, Москва 2000, с. 304 и сл.; по фильтрационным лагерям см. Владимир Наумов/Леонид Решин. Репрессии в отношении советских военнопленных и гражданских интернированных лиц в СССР в 1941–1956гг. В кн.: Клаус-Дитер Мюллер/Константин Никишкин/Гюнтер Вагенленер (ред.). Трагедия плена в Германии и в Советском Союзе 1941–1956гг. Кельн/Веймар 1998, с. 335–364 (на нем. языке), здесь с. 338–351; более подробно о судьбе советских репатриантов см. Павел Полян. Жертвы двух диктатур. Остарбайтеры и военнопленные в гТретьем Рейхе и их репатриация, Москва 1996.

4 Этот обзор лагерей военнопленных Национального архива в г.Минске должен быть дополнен на основе других обзоров, составленных проектной группой, и выйти в печать в 2004г. в качестве совместной публикации с Национальным архивом в г.Минске

5 Альфред Штрайм. Советские военнопленные в гитлеровской войне на уничтожение. Отчеты и документы за 1941–45гг., Гейдельберг, 1982г. (на нем. языке).

6 Кристиан Штрайт. Товарищей нет. Вермахт и советские военнопленные в 1941–1945гг., Бонн, 1997г. (на нем. языке).

7 По поведению отдельных комендантов в отношении соблюдения норм Женевской конвенции см., например, Кристиан Хартманн. Массовая гибель или массовое уничтожение? Советские военнопленные в „Планах Барбаросса". Из дневника немецкого коменданта лагеря. В кн.: Ежеквартальный журнал новейшей истории № 49 (2001), стр. 97–158 (на нем. языке). Другой случай относится к лагерю военнопленных в Линкуне под Тильзитом. Множество сохранившихся документов, которые были переданы в форме досье российским инстанциям, свидетельствуют о том, что комендант очевидно заботился о благополучии подчиненных ему советских военнопленных.

Deutsche Kriegsgefangene und Internierte in sowjetischer Hand

Немецкие военнопленные и интернированные в советских лагерях

Klaus-Dieter Müller, Alexander Haritonow | Клаус-Дитер Мюллер, Александр Харитонов

In der deutschen Historiographie wird die Zahl der während des Zweiten Weltkriegs bzw. in der unmittelbaren Zeit nach der Kapitulation Deutschlands in sowjetische Kriegsgefangenschaft geratenen Wehrmachtangehörigen mit etwa 3,2 Millionen angegeben. In den russischen Archiven befinden sich jedoch nur Unterlagen zu etwa 2,4 Millionen deutschen Kriegsgefangenen, von denen ungefähr 2 Millionen nach Beendigung der Kriegsgefangenschaft in die Heimat zurückkehrten. Das bedeutet, dass knapp 400 000 nach offiziellen sowjetischen statistischen Angaben während der Gefangenschaft verstorben sind.

Diese zahlenmäßige Diskrepanz macht deutlich, dass es auch heute unter dieser Kriegsgefangenengruppe eine hohe Zahl nicht geklärter Schicksale gibt. Dasselbe gilt gleichermaßen auch für die auf der Flucht umgekommenen Zivilisten aus den ehemaligen deutschen Ostgebieten, für die Umgekommenen unter den in die UdSSR Deportierten sowie für die in der sowjetischen Besatzungszone Verhafteten und Gestorbenen. Insgesamt gelten nach Angaben des Suchdienstes des Deutschen Roten Kreuzes – Wehrmachtangehörige und Zivilisten zusammengenommen – heute noch etwa eine Million Personen als vermisst.
Zum Teil handelt es sich um Gefallene oder Flüchtlinge, deren Tod von keiner der beiden kriegführenden Seiten registriert werden konnte. Bei ihnen ist keine Schicksalsklärung mehr möglich. Es ist auch zu berücksichtigen, dass ein Teil der Vermissten zurückgekehrt ist, ohne dass diese bei den deutschen Suchdiensten aus der Liste der Vermissten gestrichen worden wären.
Aber auch heute noch kann man Hunderttausenden von Menschen in Deutschland dabei helfen, die Schicksale ihrer nicht in die Heimat zurückgekehrten Familienangehörigen aufzuklären, indem in postsowjetischen Archiven Dokumente ausgewertet werden können, welche bis vor kurzem noch nicht detailliert untersucht worden sind.
Das Thema der deutschen Kriegsgefangenen in alliiertem, insbesondere sowjetischem Gewahrsam war gerade für die Öffentlichkeit in Nachkriegsdeutschland von Anfang an von herausragender

Согласно немецкой историографии, в период Второй мировой войны и в первые послевоенные годы около 3,2 млн. военнослужащих вермахта оказалось в советском плену. Однако, в российских архивах хранятся документы, содержащие сведения только на 2,4 млн. немецких военнопленных, из которых около двух миллионов вернулись на Родину. Следовательно, по официальным советским статистическим данным, в плену умерло почти 400 000 человек.

Такая разница в цифрах однозначно указывает на то, что и сегодня судьбы большинства немецуих военнопленных ещё не выяснены. То же самое можно сказать и о гражданских лицах из восточных районов Германии, погибших во время бегства или изгнания из родных мест, о лицах депортированных в СССР и умерших в пути следования или в местах пребывания в СССР, а также о тех, кто был арестован и погиб находясь на территории советской оккупационной зоны. В целом, согласно данным Службы розыска Немецкого Красного Креста, до настоящего времени около одного миллиона человек (военнослужащие вермахта и гражданские лица) числяться пропавшими без вести во время Второй мировой войны.
При этом следует учитывать, что часть из них – лица, погибшие во время боевых действий, полный учет которых был фактически не реален, а также гражданские лица, погибшие во время бегства или изгнания. Выяснить судьбы этих людей сегодня практически невозможно. Помимо этого, следует также иметь в виду, что часть людей, которые согласно официальной статистике считаются пропавшими без вести, вернулись на Родину, но информация об этом не была доведена до сведения Служб розыска Германии.
Еще и сегодня можно помочь сотням тысяч людей в Германии выяснить судьбы не вернувшихся на родину родственников, подробно изучив документы из архивов стран СНГ, которые вплоть до настоящего времени практически были недоступны для зарубежных исследователей.
Тема немецких военнопленных, находившихся в плену у союзников и, особенно, в советском плену, имела для общественности

humanitärer Bedeutung und spielte eine besondere politische Rolle, weil die letzten deutschen Kriegsgefangenen aus sowjetischer Gefangenschaft erst 1955/56 entlassen wurden, während die deutschen Kriegsgefangenen aus westalliierter Gefangenschaft im wesentlichen bis 1947 in die Heimat zurückgekehrt waren. Kurz nach der Gründung zweier deutscher Staaten wurde 1950 in der Bundesrepublik Deutschland beim Bundesjustizministerium eine Zentrale Rechtsschutzstelle eingerichtet, die die Interessen der deutschen Kriegsgefangenen im Ausland vertreten sollte. 1957 wurde zudem beim Bundesvertriebenenministerium eine „Wissenschaftliche Kommission für deutsche Kriegsgefangenengeschichte" gegründet, ab 1959 unter der Leitung des Heidelberger Wirtschafts- und Sozialhistorikers Prof. Dr. Erich Maschke, der selbst etwa 8 Jahre in sowjetischer Kriegsgefangenschaft gewesen war. Diese Kommission veröffentlichte im Laufe von 12 Jahren 22 Bände zur Geschichte der Kriegsgefangenschaft (1962–1974), von denen sich allein zehn mit der Kriegsgefangenschaft in sowjetischer Hand beschäftigen. Ihre Hauptquelle waren Heimkehrerberichte, Befragungen sowie sonstige Unterlagen deutscher Herkunft. Im Vordergrund der Darstellung standen Fragen zur Gefangennahme, zum Leben und Sterben in den Lagern, zur Arbeit der Kriegsgefangenen sowie ihrer Heimkehr. Sowjetische Unterlagen konnten nicht genutzt werden, weil die Archive für die Kommission verschlossen waren.

Die Ergebnisse der Maschke-Kommission blieben lange Jahre das Fundament zur Bearbeitung der Kriegsgefangenenfrage.[1] In den 80er Jahren kamen einige Spezialstudien hinzu, vor allem über verurteilte deutsche Kriegsgefangene, die ihren vorläufigen Abschluss in einem Sammelband über verurteilte deutsche Kriegsgefangene fanden.[2] In den 90er Jahren, als sich mit der partiellen Öffnung der osteuropäischen Archive neue Zugangsmöglichkeiten eröffneten, kamen auf deutscher Seite auch die Kriegsgefangenen insgesamt wieder in den Blick.[3] Auf russischer Seite setzte die erste unabhängige wissenschaftliche Beschäftigung nicht nur mit eigenen, sondern auch mit

послевоенной Германии особое значение и играла немалую политическую роль. Следует только вспомнить, что в отличие от немецких военнопленных, находившихся в плену у западных союзников и вернувшихся на Родину, в основном, до 1947 г., из советского плена последние немецкие военнопленные были освобождены только в 1955/56 г.

Вскоре после образования двух немецких государств в 1950 г. в ФРГ при Федеральном министерстве юстиции Германии была создана Центральная служба по зашите прав военнопленных, которая была призвана представлять их интересы за границей. В 1957 г. при Федеральном министерстве изгнанных лиц была образована специальная „научная комиссия по изучению истории немецких военнопленных" Второй мировой войны, во главе которой с 1959 г. стоял профессор университета Хайдельберг Эрих Машке – бывший военнопленный, накоторый сам около восьми лет находился в советских лагерях. За 12 лет работы (1962–1974 гг.) эта комиссия опубликовала двадцать два тома серии „К истории немецких военнопленных второй мировой войны". Десять из этих томов были посвящены положению немцев в советском плену. Основным источником информации служили воспоминания военнопленных вернувшихся из плена, результаты целенаправленных опросов, а также другие материалы немецкого происхождния. В основном в этих томах нашло отражение: вопросы взятия в плен, жизни и смерти в лагерях, труда военнопленных и возвращения на Родину. Советские материалы не использовались, архивы для членов комиссии были закрыты.

Результаты работы комиссии под руководством Э. Машке на протяжении многих лет служили фундаментом для большинства исследований по вопросам военного плена.[1] В 80-ые годы были опубликованы несколько специальных исследований, прежде всего по осужденным немецким военнопленным, завершающим трудом которых пока является сборник по данной тематике.[2] В 90-ые годы, когда восточноевропейские архивы частично открыли доступ к хранившимся у них по данной проблематике

deutschen Kriegsgefangenen ebenfalls zu diesem Zeitpunkt ein.
Zu den wichtigsten jüngeren Veröffentlichungen zählen die Doku-
mentenbände zweier Forschergruppen sowie einiger Einzelforscher.
Die einen basieren hauptsächlich auf Archivalien aus dem staatlichen Archivdienst, die anderen aus den Militärarchivbeständen.[4]

Diese sich ergänzenden Sammelbände haben für die Wissenschaft
wesentliche neue Erkenntnisse gebracht. Leider fanden diese viel-
fältigen russischsprachigen Veröffentlichungen in Deutschland
kaum eine breite Resonanz. Auch in der wissenschaftlichen Litera-
tur sind sie wenig berücksichtigt. Zudem ist der stark begrenzte
Zugang zu den Akten für die mit dem Thema befassten deutschen
Forscher bis in die jüngere Zeit immer noch ein Problem. Wichtige
Archivbestände sind noch nicht deklassifiziert oder nicht einmal
den Forschern bekannt.
Um diesen unbefriedigenden Zustand zu überwinden, sollten
Forscher aus beiden Ländern zukünftig enger zusammenarbeiten.
Dies hätte zudem die positive Konsequenz, dass eine gemeinsame
Archivdokumentenanalyse und die Herausgabe zweisprachiger
Publikationen auf dieser Basis durch deutsche und russische
Forscher nicht nur zu einer Vertiefung der Fragekomplexe führen
würde, sondern zweifelsohne auch zu neuen Gewichtungen.
Außerdem stehen diese Publikationen dann für die Öffentlichkeit
in beiden Ländern zur Verfügung.

Aufgrund der hier beschriebenen Mängel in der Historiographie
ist das Teilprojekt „Deutsche Kriegsgefangene und Internierte" in
seiner Anfangsphase zunächst einmal als ein Vorhaben zur Suche
nach den Dokumenten in verschiedenen Archiven ausgerichtet, die
nicht nur das Schicksal der oben genannten Gruppe, sondern auch
die Stalinsche Politik ihnen gegenüber betreffen. In vielen Berei-
chen werden sich daher in dem Gesamtprojekt enge Verbindungen
miteinander ergeben, wie zum Beispiel bezüglich der Behandlung
sowjetischer Kriegsgefangener im deutschen Kriegsgefangenenwesen und deren juristische Aufarbeitung durch sowjetische Organe.
Bei einem Vergleich der Kriegsgefangenenbehandlung in beiden

материалам и у исследователей появились новые возможности,
в Германии снова вернулись к проблемным вопросам советских
и немецких военнопленных.[3]

В это время и в России впервые стали серьезно заниматься не
только своими, но и немецкими военнопленными. К важнейшим
публикациям последнего времени относятся сборники документов двух групп ученых, а также отдельных исследователей. В основе одних сборников лежат материалы из архивов, подведомст-
венных государственной архивной службы, а в основе других –
документы из фондов военного архива.[4]

К сожалению в Германии публикации на русском языке не нахо-
дят широкого читателя, да и в научной литературе почти не по-
лучают отражения. Для немецких ученых, занимающихся темой
военнопленных, до недавнего времени являлось проблемой
сильно ограниченный доступ к архивным делам. Еще и сегодня
многие массивы документов не прошли рассекречивание или
просто не известно об их существовании.
Учитывая это следует признать, что необходим совместный анализ немецкими и российскими исследователями архивных документов и подготовка на их базе двухязычных публикаций. Это
приведет не только к углублению изучаемых вопросов и доведе-
нию полученных научных результатов до широкой общественности двух стран, но без сомнения и к некоторым другим оценкам
происходившего.

Поэтому на начальной стадии реализации подпроекта „Немецкие
военнопленные и интернированные" была проведена большая
работа по поиску находящихся в различных архивах документов
отражающих не только судьбы этих людей, но и сталинскую политику в отношении них.[5] По многим аспектам все части общего
проекта тесно переплетаются друг с другом, как, например, обращение с советскими военнопленными со стороны немецкой
системы по делам военнопленных и юридическое рассмотрение
данного вопроса советскими органами. Сравнивая политику

Staaten lassen sich Gemeinsamkeiten, aber gerade auch Unterschiede in der Behandlung der jeweiligen Kriegsgefangenen deutlich festmachen.
Unter Berücksichtigung der Ziele und Aufgaben der auf deutscher Seite beteiligten Suchdienste, Gedenkstätten und wissenschaftlichen Forschungseinrichtungen bestehen die Hauptziele[6], die in den nächsten Jahren erreicht werden sollen, in folgendem:

· Suche und Vorbereitungsarbeiten zur Nutzung von Archivunterlagen zur Schicksalsklärung,
· Digitalisierung (Mikroverfilmung/Scannen) und Registrierung großer Personal-, Straf- und Lagerakten für Suchdienstzwecke und wissenschaftliche Fragen,
· Erfassung der Daten zu Zivilinternierten,
· Durchführung gemeinsamer Forschungsprojekte für umfassende Fragekomplexe,
· Gemeinsame Bearbeitung und Herausgabe von Schlüsseldokumenten aus russischen, ukrainischen und weißrussischen Archiven in deutscher und russischer Sprache,
· Herausgabe wichtiger inzwischen in russischer Sprache erschienener Dokumenten- und Sammelbände in deutscher Übersetzung.

Zu den wichtigsten Forschungsthemen zählen
· die Entscheidungen der „Obersten politischen Ebene" der UdSSR für das Kriegsgefangenenwesen,
· die Schicksalsklärung – unter Berücksichtigung historischer Kontexte – deutscher Kriegsgefangener (Kriegsgefangenenzahlen, Friedhöfe, Gräber),
· die exemplarische Untersuchung einzelner Lager in Bezug auf Verurteilte und Nichtverurteilte (z.B. Workuta, Karaganda oder Kemerowo), ihre Geschichte, die Beschreibung des Lagerlebens (das alltägliche Leben, die Wege in die Kriegsgefangenschaft, Registratur), medizinische Versorgung und andere Aspekte,
· der Arbeitseinsatz von Kriegsgefangenen (Übersicht über den Arbeitseinsatz: Orte, Einsatzart, Arbeitsbedingungen),
· die Ahndung von Verhaltensverstößen gegenüber anderen Kriegs-

Управлений по делам военнопленных обоих государств можно точно установить и общие моменты, но в большей степени значительные различия.
Однако, учитывая цели и задачи участвующих с немецкой стороны служб розыска, мемориальных комплексов и научно-исследовательских институтов[6] основными целями, которые должны быть достигнуты в ближайшие годы, являются:

· выявление и подготовка к обработке архивных документов с целью установления судеб людей;
· Дигитализация (переснятие на микрофильмы, сканирование) и регистрация значительных комплексов лагерных учетных и архивно-уголовных дел для их использования службами розыска и научной обработки;
· сбор и учет информации в отношении гражданских интернированных лиц;
· проведение совместных исследовательских проектов по самому широкому кругу вопросов;
· обработка ключевых документов из российских, украинских и белорусских архивов и их совместные издания на немецком и русском языках;
· перевод на немецкий язык и издание важных сборников документов и других трудов, уже вышедших на русском языке.

К важнейшим темам исследований относятся:
· политика Верховного политического руководства СССР в отношении военнопленных;
· выявление судеб – в историческом контексте – немецких военнопленных (количество военнопленных, кладбища, захоронения);
· воссоздание на примере отдельных лагерей - для осужденных и неосужденных военнопленных (например, Воркута, Краганда, Кемерово) их истории, описание быта в плену (повседневная жизнь в лагере) взятие в плен и регистрация, состояние здоровья и другие аспекты;
· трудовое использование военнопленных (места работы, виды работ, условия работы);

gefangenen (sog. Kameradenschinder) nach der Repatriierung,
· sowjetische Strafverfahren, die wegen Kriegsverbrechen und Verbrechen gegen die Menschlichkeit gegen deutsche Kriegsgefangene und Zivilisten geführt wurden. Viele dieser Prozessakten
sind geeignet (und stellen manchmal auch nur die einzige Quelle
dar), um zu fundierteren Kenntnissen über die tatsächliche
Behandlung sowjetischer Kriegsgefangener vor Ort zu gelangen.
· das Problem der Zivilinternierten/Deportierten und deren (Kriegs-)
Gefangenschaft (Verhaftung, Arbeitseinsatz, Repatriierung,
Schicksalsklärung für Zivilinternierte).

Diese beispielhafte Aufzählung umreißt einige Themen weiterer
Forschungen in den nächsten Jahren und verdeutlicht, dass noch
viele Jahre intensiver Forschungsarbeit notwendig sind, um auch
diese Seite der Geschichte bekannt zu machen.

Mit Beginn der Realisierung des Projektes „Sowjetische und deutsche Kriegsgefangene und Internierte. Forschungen zum Zweiten
Weltkrieg und zur Nachkriegszeit" haben russische und weißrussische Archive eine ganze Anzahl von konkreten Themen für For-
schungs- und humanitäre Erfassungsprojekte vorgeschlagen. Auf
der Grundlage der oben genannten gemeinsamen Vereinbarungen
und Arbeitsverträge über die Zusammenarbeit sind erste Forschungs-
vorhaben bereits angelaufen und haben schon Resultate erbracht.

Als Beispiele kann man etwa anführen:

· Die gemeinsame Herausgabe eines Findbuches mit dem Nationalarchiv der Republik Belarus[7], das gleichzeitig in deutscher und
russischer Sprache unter dem Titel „Dokumente zur Geschichte
des Zweiten Weltkrieges in den Staatsarchiven der Republik
Belarus" erscheint,
· den baldigen Abschluss eines Findbuches über sowjetische
Kriegsgefangene in deutschen Lagern auf dem Territorium
Weißrusslands auf der Grundlage von weißrussischen und deutschen Archivdokumenten mit dem Titel „Nachschlagewerk über

· наказание за нарушение правил поведения по отношению к другим военнопленным (так называемые „мучители товарищей")
после репатриации в Германию (здесь наблюдаются некоторые
общие моменты с практикой советских фильтрационных
лагерей);
· наказания советскими судами за военные преступления и преступления против человечности, совершенные военнопленными и осуждёнными немцами. Дела многих процессов над
ними помогают ещё глубже понять и изучить практику поведения в отношении советских военнопленных и являются нередко единственным источником в исследовании этого вопроса.
· гражданские интернированные/депортированные лица и их
(военный) плен (арест, трудовое использование, репатриро-
вание, выявление судеб гражданских интернированных).
Данное перечисление только некоторых исследовательских тем
дает основание утверждать, что потребуются еще годы интен-
сивной работы чтобы и эта страница истории могла стать извест-
на широкой общественности.

С начала реализации проекта „Советские и немецкие военнопленные и интернированные. Изучение вопросов истории Второй мировой войны и послевоенного периода" российские и
белорусские архивы предложили целый ряд конкретных тем по
научным и гуманитарным вопросам. На основе выше названных
общих соглашений и отдельных договоров о кооперации они
уже включены в проект и сейчас имеются первые результаты.

Как примеры можно привести:

· совместное с Национальным архивом Республики Беларусь
издание, одновременно на двух языках, аннотированного
справочника „Документы по истории Великой Отечественной
войны в государственных архивах Республики Беларусь"[7];
· завершается подготовка к изданию, на базе белорусских и
немецких архивных документов, путеводителя „Справочник
мест принудительного содержания для военнопленных, соз-

С П И С О К

Военнопленных умерших и захороненных на кладбище
лаготделения № 5 УПВИ УМВД МО г. Клин Московской обл.

Фамилия,имя,отчество	Год рожд.	Нацио-нальн.	В/зван.	Дата Смер-ти	Дата захо-рон.	№ могилы и № квадрата
МАРК Вильгельм Франц	1917	немец	ун.офиц.	19/XII-46	21/XII-46	1/1
ГРИНЕТРОГ Вили Герман	1916	"	вахмист.	28/XII-46	30/XII-46	2/1
ШЛЕНЦИГ Артур Роберт	1906	"	об.ефр.	8/I-47	12/I-47	3/1
МАЛЬШТЕДТ Георг Иоган	1915	"	ст.ефр.	28/I-47	28/I-47	4/1
ГОМЕР Карл Рихард	1912	"	об.ефр.	25/I-47	28/I-47	5/1
РОДЕ Зигфрид Отто	1909	"	шт.ефр.	23/I-47	28/I-47	6/1
ГРАФМЮЛЛЕР Эмиль Вили	1913	"	ун.офиц.	22/I-47	28/I-47	7/1
ОРДЕНШТАЙН Курт Рихард	1909	"	об.ефр.	16/V-47	19/V-47	8/1
КУБА Вальтер Пауль	1921	"	"	25/VI-47	26/VI-47	9/1
АЛЬБРЕХТ Пауль Отто	1906	"	"	20/VII-47	23/VII-47	10/1

ID	Name	Vorname	geb	Geb.-ort	Lager	Region	Findort
76		ЛЮДВИГ	1926	ГЕРМАНИЯ	лагерь 379 г.махачкала	ДАГЕСТАН	фонд опись дело лист ПРИФОНДОВАЯ КАРТОТЕКА 22
77		АНТОН	1927	Д.ЭТЕХ ВЕНГРИЯ	лагерь 379 г.махачкала	ДАГЕСТАН	фонд опись дело лист ПРИФОНДОВАЯ КАРТОТЕКА 22
78		ГЕКРИ	1921	Г.ГАМБУРГ АЛЬТАНА	лагерь 379 г.махачкала	ДАГЕСТАН	фонд опись дело лист ПРИФОНДОВАЯ КАРТОТЕКА 22
79		ХОРСТ	1917	ПР.САКСОНИЯ	лагерь 379 г.махачкала	ДАГЕСТАН	фонд опись дело лист ПРИФОНДОВАЯ КАРТОТЕКА 22
80		ВИЛЛИ	1913	ПР.САКСОНИЯ	лагерь 379 г.махачкала	ДАГЕСТАН	фонд опись дело лист ПРИФОНДОВАЯ КАРТОТЕКА 22
81		ПАУЛЬ	1909	Д.БУРЦЛАВ ПР.ПОМЕРАНИЯ	лагерь 379 г.махачкала	ДАГЕСТАН	фонд опись дело лист ПРИФОНДОВАЯ КАРТОТЕКА 22
82		ГАНЦ	1921	Г.ФОРМАЙН ПР.БОВАРИЯ	лагерь 379 г.махачкала	ДАГЕСТАН	фонд опись дело лист ПРИФОНДОВАЯ КАРТОТЕКА 22
83		БЕРНГАРД	1905	ПР.ГАМБУРГ ГЕРМАНИЯ	лагерь 379 г.махачкала	ДАГЕСТАН	фонд опись дело лист ПРИФОНДОВАЯ КАРТОТЕКА 22
84		ФРИЦ	1910	ПР.БОВАРИЯ ГЕРМАНИЯ	лагерь 379 г.махачкала	ДАГЕСТАН	фонд опись дело лист ПРИФОНДОВАЯ КАРТОТЕКА 22
85		ОТТО	1000	Г.ДОЙХЕГН	лагерь 379 г.махачкала	ДАГЕСТАН	фонд опись дело лист ПРИФОНДОВАЯ КАРТОТЕКА 22
86		КЛЯЦС	1922	Г.ЭЛЬБЕФЕЛЬД ГЕРМАНИЯ	лагерь 379 г.махачкала	ДАГЕСТАН	фонд опись дело лист ПРИФОНДОВАЯ КАРТОТЕКА 22
87		ЮЗЕФ	1926	С.ГЕРДЕНГАН ГЕРМАНИЯ	лагерь 379 г.махачкала	ДАГЕСТАН	фонд опись дело лист ПРИФОНДОВАЯ КАРТОТЕКА 22
88		ГЮНТЕР	1921	Г.МАГДЕБУРГ-ЛЕМЕДОРФ ГЕРМАНИЯ	лагерь 379 г.махачкала	ДАГЕСТАН	фонд опись дело лист ПРИФОНДОВАЯ КАРТОТЕКА 22
89		ЕВАН	1909	С.СТАРТСЕВАН ЮГОСЛАВИЯ	лагерь 379 г.махачкала	ДАГЕСТАН	фонд опись дело лист ПРИФОНДОВАЯ КАРТОТЕКА 22
90		ИОГАН	1909	Г.МЕРШИ-ТРОЙБАХ	лагерь 379 г.махачкала	ДАГЕСТАН	фонд опись дело лист ПРИФОНДОВАЯ КАРТОТЕКА 22
91		ВЕРНЕР	1925	Г.СААРБРЮКЕН ГЕРМАНИЯ	лагерь 379 г.махачкала	ДАГЕСТАН	фонд опись дело лист ПРИФОНДОВАЯ КАРТОТЕКА 22
92		ГЮНШЕР	1922	Г.КРАНШТАТ РУМЫНИЯ	лагерь 379 г.махачкала	ДАГЕСТАН	фонд опись дело лист ПРИФОНДОВАЯ КАРТОТЕКА 22
93		ВАЛЬТЕР	1898	Г.МАГДЕБУРГ ГЕРМАНИЯ	лагерь 379 г.махачкала	ДАГЕСТАН	фонд опись дело лист ПРИФОНДОВАЯ КАРТОТЕКА 22
94		КУРТ	1913	Г.ДРЕЗДЕНЬ ГЕРМАНИЯ	лагерь 379 г.махачкала	ДАГЕСТАН	фонд опись дело лист ПРИФОНДОВАЯ КАРТОТЕКА 22
95		ЭАХИМ	1926	Г.КЕЛЬП ГЕРМАНИЯ	лагерь 379 г.махачкала	ДАГЕСТАН	фонд опись дело лист ПРИФОНДОВАЯ КАРТОТЕКА 22
96		ГЕОРГ	1909	Г.БИНКЕН ПР.ГЕСЕН ГЕРМАНИЯ	лагерь 379 г.махачкала	ДАГЕСТАН	фонд опись дело лист ПРИФОНДОВАЯ КАРТОТЕКА 22
97		РИХАРД	1900	Д.ФИГАВ ГЕРМАНИЯ	лагерь 379 г.махачкала	ДАГЕСТАН	фонд опись дело лист ПРИФОНДОВАЯ КАРТОТЕКА 22
98		МИХОЛЬ	1921	Д.ГРОСЭСТЕРГАР ВЕНГРИЯ	лагерь 379 г.махачкала	ДАГЕСТАН	фонд опись дело лист ПРИФОНДОВАЯ КАРТОТЕКА 22
99		ЛУДГЕР	1919	Г.ХОММ ПР.ВЕРСТФОЛИЯ ГЕРМАНИЯ	лагерь 379 г.махачкала	ДАГЕСТАН	фонд опись дело лист ПРИФОНДОВАЯ КАРТОТЕКА 22

Liste verstorbener deutscher Kriegsgefangener des Lagerpunkts 5 in der Stadt Klin/Oblast Moskau mit genauer Angabe der Grabstelle (oben)
Список умерших немецких военнопленных лагерного пункта № 5 г. Клина Московской области с точным указанием места захоронения (сверху)

Belegungsplan des Friedhofs Lager 466, Lagerpunkt 5 in Wladimirow/Republik Belarus, erstellt 3. August 1947 (links)
Схема расположения могил на кладбище лагеря 466, лагерный пункт 5 во Владимирове/Республика Беларусь, составленная 3 августа 1947г. (слева)

Lageskizze des Friedhofs Klein/Oblast Moskau vom 4. Juni 1949. (rechts)
Схема расположения кладбища Клейн Московской области от 4 июня 1949г. (справа)

Auszug aus einer Liste deutscher Kriegsgefangener aus dem Lager 379 in Machatschkala, Dagestan
Выдержка из списка немецких военнопленных лагеря 379 в Махачкале/Дагестан

Orte auf dem Territorium Weißrusslands, wo Kriegsgefangene zwangsweise von 1941–1944 festgehalten worden sind"[8],
· Erfassungs- und Verzeichnungsarbeiten von Friedhöfen und Listen von Begrabenen in Weißrussland,
· den Abschluss der Vorbereitungsarbeiten für die Auswertung und Sicherung von Dokumenten zu deutschen Kriegsgefangenen und Internierten, die im Russischen Staatlichen Militärarchiv aufbewahrt werden (als Gemeinschaftsvorhaben des RGVA, der Stiftung Sächsische Gedenkstätten und des DRK-Suchdienstes),
· den Abschluss der Vorbereitungsarbeiten für die Auswertung und Sicherung von Dokumenten zu deutschen Kriegsgefangenen und Internierten, die im Staatsarchiv der Russischen Föderation, im Russischen Staatlichen Archiv für sozialpolitische Geschichte, im Russischen Staatlichen Archiv für neueste Geschichte und einigen anderen aufbewahrt werden,
· die Durchführung ähnlicher Arbeiten in den Regionalarchiven des Russischen Innenministeriums sowie den staatlichen Archiven der Republik Komi,
· die Datenbankverzeichnung von Unterlagen zu Deutschen, die sich in der UdSSR befunden haben (als Kooperation des Zentrums für Rehabilitierung der Opfer politischer Repression und für Archivinformationen des Innenministeriums Russlands, der Stiftung Sächsische Gedenkstätten und der Deutschen Dienststelle).

Es gehört zu den grundlegenden Voraussetzungen dieses Teilprojekts, dass die jeweiligen konkreten Arbeitsvorhaben für die nächsten Jahre allein in enger Zusammenarbeit mit den russischen und weißrussischen Partnern entwickelt und umgesetzt werden können und dass zum ersten Mal große Aktenbestände für die wissenschaftliche Bearbeitung aufbereitet werden müssen. Der Umfang der Arbeiten ist so groß, dass es nur mit gemeinsamen Anstrengungen und durch Einbeziehung weiterer wissenschaftlicher Einrichtungen möglich ist, entscheidende Durchbrüche zu erzielen und innerhalb relativ kurzer Zeiträume für die Hinterbliebenen der Verstorbenen genaue Auskünfte geben zu können. In diesem Sinne versteht sich das Projekt auch als Grundlagenprojekt.

данных на территории Белоруссии в 1941–1944 гг."[8];
· ведется работа по учету и регистрации кладбищ в Республике Беларусь и лиц захороненых на них;
· Закончены подготовительные работы по анализу документов в отношении немецких военнопленных и интернированных хранящихся в Российском Государственном военном архиве (совместный проект РГВА, Объединения Саксонские мемориалы и Службы розыска Немецкого Красного креста);
· Закончена подготовительная работы по анализу документов в отношении немецких военнопленных хранящихся в Государственном архиве российской федерации, в Российском государственном архиве социально-политической истории, в Центре хранения современной документации и некоторых других архивах (в кооперации с данными архивами);
· Аналогичная работа проведена в региональных архивах МВД и государственных архивах Республики Коми;
· Проводиться работа по созданию базы банка данных на находившихся в СССР немцев (в кооперации с Центром реабилитации жертв политических репрессий и архивной информации МВД РФ, Объединения Саксонские мемориалы и Немецкой службы ВАСт).

Важнейшей предпосылкой для реализации данной части проекта является то, что все конкретные работы, намеченные на следующие годы, необходимо развивать и осуществлять в тесном сотрудничестве с российскими или белорусскими партнерами. Обьем работ таков, что только совместными усилиями и с привлечением многих других научных институтов возможно достичь глубоких результатов и в самое ближайшее время дать положительные ответы по запросам родственников погибших. В этом смысле можно считать, что проект является фундаментальным.

Сов.Секретно.

224

А К Т
========

1949 года, июля м-ца, 9 дня.

гор. Г о м е л ь.

Мы, нижеподписавшиеся, комиссия под председательством
зам.нач. МВД по Гомельской области подполковника тов. АРУТЮНОВА,
зам.председателя комиссии - зам.нач. ХОЗО МВД Гомельской обл.
капитана САМОЙЛЕНКО и членов: капитана ВЛАСЕНКО, капитана ПОЛУХОВ-
СКОГО, майора м/с КОНЕТКОВА, майора ПИЛАТОВА, ст.лейтенанта АППЕЛЬ
и старшины ДОРОНКИНА, на основании приказа начальника МВД Гомельской области № 047 от 30-го июня 1949 года и руководствуясь рас-
поряжением МВД БССР № 7/2/377 от 3-го июня 1949 года, в период с
1-го по 3-е июля с/года, произвели проверку состояния кладбищ и
учета захоронения умерших военнопленных бывших лагерных отделений
Управления лагеря № 189 МВД.

Путем проверки на местах кладбищ, где производилось захоронение умерших военнопленных - у с т а н о в л е н о :

I. Кладбище для военнопленных бывших лагерных
отделений № I - УСЗР-4 Белорусской ж.д., № 5 - УСВЗ-19, № II-
Облстройтрест гор. Гомель и 13 лагерного отделения - завод им.Киро-
ва.

Общее кладбище этих лагерных отделений расположено на расстоянии до 5 километров на окраине гор. Гомель, в районе з-да
"Штамп". Разрешения местных органов власти на занятие участка земли под кладбище не имеется. С момента расформирования лагеря № 189
кладбище под сохранность никому не передавалось, в результате чего
большая часть могил кладбища разрушена и по имеющейся схеме трудно
установить могилы расположения умерших военнопленных, так как даже
имеются посевы, на имеющихся холмиках, часть которых сохранилась,
опознавательные знаки и ограждения отсутствуют.

Учетная документация на умерших военнопленных, за период
с декабря 1945 г. по I-е января 1949 г. и схемы кладбищ, хранятся
в Гомельском госархиве, откуда взяты копии списков на умерших военнопленных.

II. Кладбище для военнопленных при заводе "Гомсельмаш" -
бывшее лагерное отделение № 2.

Расположено на окраине гор. Гомель, в пяти километрах от
центра города, на северной окраине завода "Гомсельмаш". Разрешения
местных органов власти, на занятия участка земли под кладбище,
не имеется, и под сохранность, после закрытия лагерного отделения,
никому не передавалось. Документы, по учету захороненных, находятся
в Гомельском облархиве. В настоящее время кладбище включено в территорию топливного склада завода "Гомсельмаш" и обнесено забором.
Холмики на могилах хорошо сохранились, в изголовьи каждого холмика
имеется металлическая дощечка на небольшом металлическом стержне.
Дощечки заржавлены и никаких опознавательных знаков, указывающих

Deckblatt des Friedhofsbuches von Lager Nr. 183,
1. Lagerpunkt
Титульный лист кладбищенской книги лагеря № 183,
лагерный пункт 1

Bericht über die Überprüfung eines Kriegsgefangenen-
friedhofs in der Nähe von Gomel / Republik Belarus vom
9. Juli 1949, Auszug (links oben)
Отчет о проверке кладбища военнопленных недалеко
от Гомеля / Республика Беларусь от 9 июля 1949 г.,
выдержка (сверху слева)

Übersicht über deutsche Begrabene auf dem Territorium
der Republik Belarus (links unten)
Обзор о захороненных немцах на территории
Республики Беларусь (снизу слева)

По состоянию на _1. 11. 2005_

СПРАВКА
о немецких военных захоронениях в Республике Беларусь

№№ п/п	Наименование захоронений	Брестская область	Витебская область	Гомельская область	Гродненская область	Могилевская область	Минская область	За Республику Беларусь
1.	Захоронения 2 мировой войны,							
1.1.	количество захоронений	7	68	116	21	40	45	297
1.2.	количество захороненных	9.586	30.019	16.080	3.657	13.591	16.753	89.686
2.	Захоронения погибших в лагерях НКВД,							
2.1.	количество захоронений	16	10	11	7	6	26	76
2.2.	количество захороненных	5.290	1.699	1.033	610	824	10.781	20.237
3.	Захоронения 1 мировой войны,							
3.1.	количество захоронений	12			1		6	19
3.2.	количество захороненных	461			—		2.146	2.607
	ИТОГО: захоронений	35	78	126	29	46	77	391
	захороненных	15.337	31.718	17.113	4.267	14.415	29.680	112.530

1 Zu den Nachkriegsbemühungen der deutschen Seite um die Kriegsgefangenen und zur Arbeit der Maschke-Kommission siehe Manfred Zeidler, Die Dokumentationstätigkeit deutscher Stellen und die Entwicklung des Forschungsstands zu den Verurteilungen deutscher Kriegsgefangener in der UdSSR in den Nachkriegsjahren, in: Andreas Hilger/Ute Schmidt/Günter Wagenlehner (Hrsg.), Sowjetische Militärtribunale. Band 1: Die Verurteilung deutscher Kriegsgefangener 1941–1953, Köln 2001, S. 25–69.
2 Hilger u.a., Sowjetische Militärtribunale, Band 1.
3 Kriegsgefangene – Voennoplennye. Sowjetische Kriegsgefangene in Deutschland – Deutsche Kriegsgefangene in der Sowjetunion. Begleitbuch zur Ausstellung, hrsg. von der Stiftung Haus der Geschichte der Bundesrepublik Deutschland, Düsseldorf 1995; Andreas Hilger, Deutsche Kriegsgefangene in der Sowjetunion 1941–1956. Kriegsgefangenenpolitik, Lageralltag und Erinnerung, Essen 2000; Michael Borchard, Die deutschen Kriegsgefangenen in der Sowjetunion. Zur politischen Bedeutung der Kriegsgefangenenfrage 1949–1955, Düsseldorf 2000; Stefan Karner, Im Archipel GUPVI. Kriegsgefangenschaft und Internierung in der Sowjetunion 1941–1956, Wien/München 1995, russ. Moskau 2002; derselbe (Hrsg.), „Gefangen in Russland". Die Beiträge des Symposions auf der Schallaburg 1995, Graz – Wien 1995.
4 Kriegsgefangene in der UdSSR 1939–1956. Dokumente und Materialien, hrsg. von M. M. Sagorulko, Moskau 2000 (russ.), 1118 S.; Ausländische Kriegsgefangene des Zweiten Weltkriegs in der UdSSR (Band 13/1), hrsg. von W. A. Solotarev, Moskau 1996 (russ.), 558 S. Deutsche Kriegsgefangene in der UdSSR 1941–1955. Band 13/2: Sammlung von Dokumenten; Band 13/3: Sammlung von Dokumenten und Materialien, hrsg. von W. A. Solotarev, Moskau 1999 und 2002 (russ.), 503 und 511 S.; A. E. Epifanow, Stalingrader Kriegsgefangenschaft 1942–1956. Deutsche Kriegsgefangene in der UdSSR (Tragödie des Krieges – Tragödie der Kriegsgefangenschaft, Band 2), Moskau 1999 (russ.); Band 1 befasst sich mit der anderen Kriegsgefangenengruppe unter dem Titel „Tragödie und Heroismus." Sowjetische Kriegsgefangene. 1941–1945, hrsg. von A. A. Krupennikow u.a., Moskau 1999 (russ.); W. B. Konasow, Das Schicksal deutscher Kriegsgefangener in der UdSSR: Diplomatische, rechtliche und politische Aspekte. Beiträge und Dokumente, Vologda 1996 (russ.); S. G. Sidorow, Der Arbeitseinsatz von Kriegsgefangenen in der UdSSR 1939–1956, Volgograd 2001 (russ.).
5 Das Projekt ist offen für die Beteiligung anderer Forschungsinstitutionen und Einzelforscher.
6 Zur Klärung humanitärer Fragen wurde 2002 in Abstimmung mit dem für die Suchdienste zuständigen Referat des BMI eine gemeinsame Konzeption als Grundlage der Zusammenarbeit der Suchdienste (DRK, WASt, ITS, VdK) mit der Stiftung Sächsische Gedenkstätten erarbeitet.
7 „Dokumente zur Geschichte des Zweiten Weltkrieges in den Staatsarchiven der Republik Belarus", gemeinsam herausgegeben von der Stiftung Sächsische Gedenkstätten mit dem Nationalarchiv Belarus und dem Ludwig Boltzmann-Institut für Kriegsfolgenforschung, Dresden/Minsk/Graz 2003 (im Druck).
8 Das Findbuch erschließt Bestände des Nationalarchivs Weißrusslands sowie des Bundesarchivs/Militärarchivs Freiburg.

1 О послевоенной деятельности немецкой стороны по военнопленным и о работе комиссии под руководством Э. Машке см. Манфред Цайдлер. Документационная деятельность немецких учреждений и развитие исследований по приговорам немецких военнопленных в послевоенные годы в СССР. В кн.: Андреас Хильгер, Уте Шмидт, Гюнтер Вагенленер (изд.). Советские военные трибуналы. Том 1: Приговоры немецких военнопленных 1941–1953, Кёльн 2001. – с. 25–69 (на нем. языке).
2 Андреас Хильгер, Уте Шмидт, Гюнтер Вагенленер (изд.). Советские военные трибуналы. Том 1: Приговоры немецких военнопленных 1941–1953, Кёльн 2001 (на нем. языке).
3 Kriegsgefangene - Voennoplennye. Советские военнопленные в Германии и немецкие военнопленные в Советском Союзе. Сопроводительная книга к выставке, составленная фондом „Дом истории Федеративной Республики Германии". Дюссельдорф 1995 (на нем. языке); Андреас Хильгер. Немецкие военнопленные в Советском Союзе 1941–1956. Политика военного плена, лагерная жизнь и воспоминания. Эссен 2000 (на нем. языке); Михаэль Борхард. Немецкие военнопленные в Советском Союзе. О политическом значении вопроса военного плена 1949–1955, Дюссельдорф 2000 (на нем. языке); Штефан Карнер. В архипелаге ГУПВИ. Военный плен и интернирование в Советском Союзе 1941–1956, Вена/ Мюнхен 1995 (данная книга опубликована на русском языке в Москве в 2000 г.); он же (сост.): „В российском плену". Статьи сипозиума в Щаллабурге в 1995 г., Грац/Вена 1995.
4 Военнопленные в СССР. 1939–1956. Документы и материалы. Сост. М.М. Загорулько, С.Г. Сидоров, Т.В. Царевская; Под ред. М.М. Загорулько. М.: Логос, 2000, 1118 с.; Русский архив: Великая Отечественная. Иностранные военнопленные второй мировой войны в СССР. Т. 24 (13). Под общей ред. В.А. Золотарева. Москва 1996, 558 с.; Русский архив: Великая Отечественная. Немецкие военнопленные в СССР. Документы и материалы. 1941–1955 гг. Т. 24 (13–2 и 13–3). Под общей ред. В.А. Золотарева. Москва 1999 и 2002, 503 и 504 с.; А.Е. Эпифанов. Сталинградский плен 1942–1956 гг. Немецкие военнопленные в СССР (Трагедия войны – трагедия плена, т. 2). Москва: Мемориальный музей немецких антифашистов, 1999, 324 с. Том 1 занимается второй группой военнопленных под названием „Трагедия и героизм". Советские военнопленные 1941–1945. Сост. А.А. Крупенников и др. Москва: Мемориальный музей немецких антифашистов, 1999, 343 с.; В.П. Конасов. Судьбы немецких военнопленных в СССР: дипломатические, правовые и политические аспекты проблемы. Очерки и документы. Вологда 1996, 318 с.; С.Г. Сидоров. Труд военнопленных в СССР 1939–1956 гг. Волгоград: Волгоградский Государственный Университет 2001, 318 с.
5 Проект является открытым, в работе могут участвовать другие научно-исследовательские учреждения, а также отдельные исследователи.
6 С целью решения гуманитарных вопросов в 2002 г. по согласованию с отделом БМИ, которому подведомственны поисковые службы, была разработана концепция, представляющая собой основу сотрудничества поисковых служб (Немецкий красный крест, ВАСт, Международная поисковая служба, Народный Союз Германии по уходу за военными могилами) с Объединением Саксонские мемориалы.
7 Книга „Документы по истории Второй мировой войны в государственных архивах Республики Беларусь" издана совместно Объединением Саксонские мемориалы, Национальнм архивом Республики Беларусь и Институтом им. Людвига Болтцманна по исследованию последствий войн, Дрезден/Минск/Грац 2003 (в настоящее время книга печатается).
8 В основе путеводителя лежат документы, хранящиеся в Национальном архиве Республики Беларусь, а также в Федеральном архиве/Военном архиве Германии.

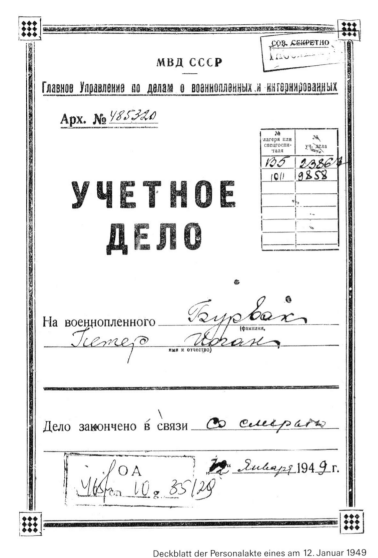

Deckblatt der Personalakte eines am 12. Januar 1949
verstorbenen deutschen Kriegsgefangenen
Титульный лист личного дела умерщего 12 января
1949 г. немецкого военнопленного

Übersicht über verstorbene Kriegsgefangene und
Internierte, Stadt Ustwym, 20. Lagerpunkt des MWD-
Lagers März bis September 1943, Republik Komi.
Обзор об умерших военнопленных и интернированных,
г.Устьвым, лагерный пункт № 20 лагеря МВД, с марта
по сентябрь 1943 г., Республика Коми

Liste deutscher Internierter, verstorben in Krankenstation
des 20. Lagerpunktes, Republik Komi.
Список немецких интернированных, умерших в мед-
пункте лагерного пункта № 20, Республика Коми

Pressespiegel

Обзор печати

ОБРАЩЕНИЕ ВЕТЕРАНОВ

ОБРАЩЕНИЕ ветеранов Санкт-Петербурга и Ленинградской области к жителям, выезжающим в Германию по личным и служебным делам

Из 12 тыс. воинских захоронений, находящихся на территории Германии, одну треть — 3598 — составляют советские. В их число входят огромные кладбища, такие, как Штуккенброк, где покоятся более 60 тыс. советских военнопленных, одиночные и братские могилы солдат, погибших в последние месяцы войны, захоронения советских граждан, угнанных насильственно на работы.

Все они находятся в хорошем состоянии, как и захоронения русских военнопленных, умерших в Германии в годы Первой мировой войны. На карте, подготовленной Народным союзом Германии по уходу за воинскими захоронениями, каждое из этих мест помечено красной точкой.

Недавно стало известно, что сохранились персональные данные на 660 тыс. умерших в плену советских граждан. Сегодня российские и немецкие эксперты занимаются созданием компьютерной базы, чтобы проинформировать родственников о дате и месте погребения их близких. Эта кропотливая работа рассчитана на несколько лет. Мы сможем ускорить ее, если привлечем к ней внимание общественности. На это и направлена акция "Цветок на русскую могилу".

Как мы себе ее представляем:

1. В апреле на пресс-конференции в Совете ветеранов мы рассказали о ней петербургским журналистам и уже получили первые положительные отклики.

2. На немецкой территории мы рассчитываем на помощь российских дипломатических представительств, а также на содействие сотрудников Народного союза Германии по уходу за воинскими захоронениями на всех уровнях.

3. Благодаря "народной дипломатии" нам, без сомнения, окажут поддержку немецкие граждане: ветераны войны, резервисты бундесвера, представители местных властей и религиозных организаций, которые многие годы бескорыстно ухаживают за могилами жертв войны и насилия. Со многими у нас уже установлены контакты.

Мы будем признательны, если кто-нибудь сделает фотографию русской могилы с посаженными им самим цветами и напишет нам.

Связаться с нами можно по адресу: 191187, Санкт-Петербург, наб. Кутузова, 22. Т/факс: (812) 273 6320; а также через газету "Вестник ветерана": 190031, Санкт-Петербург, а/я 707. Т: (812) 315 9717, факс: (812) 110 6799.

Председатель Совета организации ветеранов Санкт-Петербурга и Ленинградской области
А. Г. Викторов

Председатель Ленинградского комитета ветеранов войны, ВС однополчан
В. Н. Кубарев

Viktorov, A. G./ Kubarev V.N.
Aufruf der Veteranen, in: inflight review, june 2001

Викторов А.Г., Кубарев В.Н.
Обращение Ветеранов. В: inflight review, июнь 2001

Verstrickte Wehrmacht
Neue Daten zur Behandlung sowjetischer Kriegsgefangener

Der Vorwurf gegen die deutsche Wehrmacht, sie habe zwar nicht nur, aber doch auch einen Vernichtungskrieg geführt, ist nicht neu. Seit Christian Streits 1978 erschienenem Buch „Keine Kameraden. Die Wehrmacht und die sowjetischen Kriegsgefangenen 1941 bis 1945" und Gerhard Schreibers Studie über „Die italienischen Militärinternierten im deutschen Machtbereich 1943 bis 1945" (1990) ist in der Forschung und in Teilen der Öffentlichkeit bekannt, in welchem Umfang in der NS-Zeit unter Verantwortung der Wehrmacht Kriegsgefangene vernachlässigt, mißhandelt und systematisch dem Tod durch Verhungernlassen, Seuchen und „Vernichtung durch Arbeit" überantwortet wurden.

Nur in Umrissen war bisher das Massensterben der sowjetischen Kriegsgefangenen bekannt. Die deutsche Forschung, das Bild der riesigen Feldgefangenenlager der Ostfront vor Augen, ging davon aus, daß das Heer der Millionen Toten namenlos und unerkannt geblieben sei. Die Wehrmacht, unvorbereitet und am Schicksal der „Ostvölker" zunächst nicht interessiert, habe im Gegensatz zur Behandlung der westlichen Gegner die meisten sowjetischen Gefangenen nicht nur an der Front, sondern auch später nach ihrem Eintreffen im Reich (wohin viele zum Arbeitseinsatz gebracht wurden) nicht namentlich erfaßt und einem anonymen Massentod ausgeliefert.

Die detaillierten Heeresdienstvorschriften über die Behandlung Gefangener seien im Ostfeldzug außer Kraft gesetzt, jedenfalls nicht beachtet worden. Die Frage, wie viele sowjetische Gefangene in die deutschen Lager eingeliefert wurden und wie viele starben, konnte daher nicht beantwortet werden. Die Opfer erschienen meist als anonyme Masse, und auch in der Sowjetunion blieb das Thema weithin tabuisiert. Die fehlende Datengrundlage ließ die Gesamtdimension des Geschehens trotz einer Reihe neuerer deutscher Regional- und Lokalstudien über einzelne Lager und Arbeitskommandos unzugänglich bleiben. In der Diskussion verleitete das entweder zu einem relativierenden Herunterspielen oder zu einem durch überhöhte Zahlen Glaubwürdigkeit einbüßenden „Antifaschismus der großen Zahl", zumal an den örtlichen Gedenkstätten und Mahnmalen. Zwei deutsche Zeithistoriker legen nun verläßliche Zahlen und Dokumente vor (Rolf Keller und Reinhard Otto, „Das Massensterben der sowjetischen Kriegsgefangenen und die Wehrmachtbürokratie. Unterlagen zur Registrierung der sowjetischen Kriegsgefangenen 1941 bis 1945 in deutschen und sowjetischen Institutionen", in. Militärgeschichtliche Mitteilungen, 58. Jg., Heft 1, R. Oldenbourg Verlag, München 1998). In dem Aufsatz, der sich unter anderem auf die soeben in der Schriftenreihe der Vierteljahreshefte für Zeitgeschichte als Buch erschienene Dissertation von Reinhard Otto, „Wehrmacht, Gestapo und sowjetische Kriegsgefangene im Reichsgebiet 1941/42", stützt, gelingt es den Autoren, einen großen und bisher verloren geglaubten Wehrmachtsaktenbestand, der nahezu vollständig im Zentralarchiv des Verteidigungsministeriums der Russischen Föderation (ZAMO) in Podolsk wiederaufgefunden wurde, auszuwerten. Es handelt sich um die zentrale Kriegsgefangenenregistratur der ehemaligen Wehrmachts-Auskunftsstelle (WASt) des OKW. Dort sind auch noch Lagerregistraturen erhalten.

Während die Gefangenen zunächst in Erdlöchern und ohne Witterungsschutz hausen mußten, kaum Nahrung erhielten und von Epidemien dahingerafft wurden (geschätzt werden weit über eine Million Tote allein bis zum Frühjahr 1942 östlich der Reichsgrenze), erfaßten Wehrmachtsdienststellen ab Juli/August 1941 die in Lager innerhalb des Reiches verbrachten Gefangenen namentlich in lagereigenen Registraturen und parallel dazu in der Berliner Zentralkartei der WASt. Deren Bestand enthält auch eine Personalkartei der Verstorbenen in 3222 nach dem Krieg in der Sowjetunion zusammengestellten (inhaltlich ungeordneten und auch nicht alphabetisierten) Aktenbänden. Sie zeigen, daß in allen erfaßten Lagern vorschriftsmäßig registriert wurde, mit Namen, Geburtsort und Geburtsdatum, äußeren Kennzeichen, Dienstgrad und Truppenteil, Daten der Gefangennahme, Lichtbildern und Fingerabdrücken: Jeder Gefangene ließe sich danach wiederfinden. Aus die Statistik der Lagerbelegung, der Transporte, des Arbeitseinsatzes in der Kriegswirtschaft und der Überlebensdauer kann aus diesem Datenfundus ermittelt werden.

Darüber hinaus erfassen die wiedergefundenen Dokumentenbestände der Lagerregistraturen auch die Todesfälle und sogar die Grablegen. Entgegen der bisherigen Vorstellung, die verhungerten oder ermordeten sowjetischen Gefangenen seien anonym und unbekannt in – im Militärjargon euphemistisch-zynisch „Kameradengräber" betitelten – Massengräbern verscharrt worden, läßt sich nunmehr auch die einzelne Ruhestätte jedes Toten bestimmen. Die Bürokratie funktionierte auch innerhalb des Grauens. Die Registerführer hinkten dabei angesichts des Massensterbens mit der Erfassung und Weitermeldung teilweise bis zu einem halben Jahr hinterher. Anfangs blieben sogar die örtlichen deutschen zivilen Standesbeamten für die Beurkundung der Todesfälle zuständig. Ihre Überlastung führte dazu, daß sie mit Erlaß vom 27. Juni 1942 von dieser Verpflichtung entbunden wurden.

Die Autoren sind davon überzeugt, daß sich nunmehr die Zahl der Opfer sachlich und zuverlässiger erfassen lassen wird, die scheinbar namenlosen Verstorbenen können aus der Anonymität des Vergessens befreit werden, das individuelle Schicksal läßt sich rekonstruieren, ihre Identität wird ihnen zurückgegeben. Voraussetzung dafür ist freilich eine Erschließung der bisher nur in Rußland zugänglichen und inhaltlich ungeordneten, riesigen deutschen Aktenbestände. Dieses wissenschaftliche und politische Anliegen läßt sich jedoch ohne personelle und finanzielle Unterstützung der – gerade im Archivbereich notleidenden – russischen Seite nicht verwirklichen.

ALEXANDER EICHENER

Eichener, Alexander
Verstrickte Wehrmacht. Neue Daten zur Behandlung sowjetischer Kriegsgefangener, in: Frankfurter Allgemeine Zeitung, 6.1.1999

Айхенер Александер
Причастный вермахт. Новые данные об обращении с советскими военнопленными. В: Франкфуртер Альгемайне Цайтунг, 6.1.1999

| Botschaft der Bundesrepublik Deutschland Minsk | Посольство Федеративной Республики Германия в Минске |

| Adresse: Ulza Sacharova 26 220034 Minsk | Telefon: 284-87-14 284-42-17 213-37-52 | Telefax: 2368552 | Telex: 252273 Kennung: aamin by |

PRESSEMITTEILUNG
ПРЕСС-РЕЛИЗ

№ 11
25.04.2002

29.04.2002 между немецким фондом „Саксонские мемориалы в память о жертвах политической тирании" из Дрездена и Национальным центром по архивам и делопроизводству Республики Беларусь а также Комитетом государственной безопасности Республики Беларусь будут подписаны договоры о сотрудничестве. Церемония подписания состоится в присутствии Посла Федеративной Республики Германия в Республике Беларусь д-ра Хельмута Фрика а также представителя Народного Союза Германии по уходу за военными могилами.

Соглашения между немецким фондом и белорусскими властями способствуют осуществлению важного международного исследовательского проекта. Его цель заключается в том, чтобы с одной стороны выяснить судьбы советских военнопленных в Германии, с другой стороны – судьбы немецких военнопленных и интернированных лиц в советских местах лишения свободы во время Второй мировой войны и после нее и представить результаты исследования международной общественности. Этот проект поддерживается федеральным правительством уже с 1999 года. С подписанием договоров о сотрудничестве в нем будут принимать участие наряду с российскими и немецкими архивами, исследовательскими учреждениями и ведомствами также и белорусские учреждения. Проект имеет особое научное и гуманитарное значение. Данные договоры будут осуществляться в рамках сотрудничества Народного Союза Германии по уходу за военными могилами с соответствующими белорусскими ведомствами. Во время торжественного открытия представительства Народного Союза в Минске в марте 2002 г. президент Ланге представил проект белорусской общественности.

Договоры предусматривают, что белорусские ведомства предоставят соответствующие архивные материалы для работы над данным проектом. Доступ к материалам и разработанным на их основе данным получат таким образом через фонд „Саксонские мемориалы" все участвующие в проекте с немецкой стороны исследовательские учреждения, архивы и институты (наряду с Народным Союзом Германии по уходу за военными могилами также Федеральный архив, служба поиска Немецкого Красного Креста, Институт современной истории). Кроме того, с согласия договаривающихся сторон доступ к материалам может быть предоставлен и другим заинтересованным представителям научных кругов.

Leidensweg
Die Wehrmacht führte Buch über russische Kriegsgefangene

Mehr als ein halbes Jahrhundert nach Kriegsende schickt sich ein deutsch-russisches Historikerteam an, die Gräber ehemaliger Kriegsgefangenenlager zu öffnen und das Schicksal hunderttausender sowjetischer Soldaten der Anonymität zu entreißen. Von September an wird im Zentralarchiv des Verteidigungsministeriums der Russischen Föderation in Podolsk bei Moskau damit begonnen, einen Bestand aufzuarbeiten, dessen Existenz bis zu seiner Entdeckung vor drei Jahren im Westen heftig umstritten war: Jener Teil der zentralen Kriegsgefangenenregistratur der ehemaligen Wehrmachtsauskunftsstelle (WASt), der nach ersten Schätzungen mehr als eine halbe Million Rotarmisten verzeichnet hat (F.A.Z. Geisteswissenschaften vom 6. Januar 1999).

Über ihr Kollektivschicksal besteht seit Christian Streits 1978 erschienener Studie „Keine Kameraden. Die Wehrmacht und die sowjetischen Kriegsgefangenen 1941 bis 1945" kein Zweifel. Sie wurden so behandelt, wie es Hitler ihnen am 30. März 1941 vorbestimmt hatte: „Der Kommunist ist vorher kein Kamerad und nachher kein Kamerad. Es handelt sich um einen Vernichtungskampf. Wir führen nicht Krieg, um den Feind zu konservieren." In den „Russenlagern" des OKW starben die Insassen vor allem im Winter 1941/42 massenhaft an Hunger und Seuchen, wenn sie nicht gleich erschossen wurden. Allein im Stalag 311 Bergen-Belsen kamen innerhalb eines halben Jahres nach Beginn des „Unternehmens Barbarossa" elftausend sowjetische Kriegsgefangene um. Ihre Leichen wurden meist in Massengräbern verscharrt, so daß es bisher weder gesicherte Angaben über die Zahl der Opfer noch über ihre Identität gab – die Gesamtzahl wird auf zwei Millionen geschätzt.

Ihrem ideologischen Eifer warf die Wehrmacht ein völkerrechtliches Mäntelchen über. Sie rechtfertigte ihr mörderisches Vorgehen mit dem Hinweis, gefangene Sowjetsoldaten könnten keine Behandlung nach der Genfer Konvention beanspruchen, weil die Sowjetunion dieses Abkommen nicht unterzeichnet habe. Aus dem gleichen Grund glaubte man nach 1945, daß es genauere Aufzeichnungen nicht gegeben hätte. Denn nur, wer der Genfer Konvention von 1929 beigetreten war, sah sich im Kriegsfall zur Registrierung seiner Gefangenen verpflichtet, um deren Schicksal nach Beendigung des Konflikts offenlegen zu können. Doch offen-sichtlich wurde die Gründlichkeit der Wehrmacht unterschätzt. Die in Podolsk aufgefundenen Personalunterlagen nennen nämlich nicht nur Namen, Herkunft und Beruf der Gefangenen, sie dokumentieren auch detailliert ihren Leidensweg von „Arbeitseinsätzen" über „Sonderbehandlungen" bis zur Begräbnisstelle.

Doch wenn die Forscher ihr zunächst auf zwei Jahre befristetes Pilotprojekt starten, werden sie auch jene Fäden zu entwirren haben, die nationalsozialistische und stalinistische Barbarei so grauenhaft verknüpfen. Bei den sechzigtausend Gefangenen, deren Schicksal bis 2002 geklärt und in Form einer Datenbank dokumentiert werden soll, handelt es sich vorwiegend um Offiziere, die, wenn sie nicht in deutschen Stalags starben, in den Gulags des sowjetischen NKWD ermordet wurden. Bekanntlich hatte Stalin jeden aus deutscher Kriegsgefangenschaft heimkehrenden Offizier zum potentiellen Vaterlandsverräter gestempelt und damit für vogelfrei erklärt – ein Verdikt, von dem erst Rußlands Präsident Jelzin Mitte der neunziger Jahre abrückte. Seither werden russische wie deutsche Stellen mit den Anfragen von Angehörigen offiziell vermißter Soldaten bestürmt.

Diesen endlich Auskunft über den Verbleib ihrer Söhne, Brüder oder Väter zu geben, ist neben der Erschließung neuer Forschungsquellen das Hauptanliegen des Gemeinschaftsprojekts. Es wird auf russischer Seite von der „Assoziation Militärgedenkstätten", auf deutscher Seite von der Stiftung Sächsischer Gedenkstätten koordiniert und von den Ländern Sachsen, Nordrhein-Westfalen und Niedersachsen getragen. Mit den Beständen in Podolsk dürften sich die Historiker indes nicht zufriedengeben. Erste Stichproben haben ergeben, daß in den Unterlagen über die sechzigtausend Offiziere höhere Dienstgrade auffällig selten verzeichnet sind. Es liegt daher nahe, erklärte Projektleiter Klaus-Dieter Müller gegenüber dieser Zeitung, daß weitere Akten in anderen russischen Archiven, etwa dem des KGB, verschwunden seien. Daß sich auch deren Pforten öffnen, sieht die von der deutsch-sowjetischen Historikerkommission abgeschlossene Vereinbarung zwar ausdrücklich vor. Ob die russische Seite die Verpflichtung aber erfüllt, ist durchaus ungewiß.
FRANK EBBINGHAUS

Pressemitteilung
Botschaft der Bundesrepublik Deutschland, Minsk 25.4.2002

Пресс-Релиз
Посольство Федеративной Республики Германия в Минске, 25.4.2002

Ebbinghaus, Frank
Leidensweg. Die Wehrmacht führte Buch über russische Kriegsgefangene, in: Frankfurter Allgemeine Zeitung 12.8.2000.

Эббингхауз Франк
Хождени по мукам. Вермахт вел учет русских военнопленных. В: Франкфуртер Альгемайне Цайтунг, 12.8.2000

Pressespiegel (Ausgewählt)

Bollig, Peter
Licht ins Dunkel der Ungewissheit bringen. Lemgoer erforscht für deutsch-russisches Projekt das Schicksal sowjetischer Kriegsgefangener, in: Westfalen-Blatt, 5.1.2001.

Das Grab des Eugen Nowikow
Lemgoer Historiker entschlüsselt das Schicksal sowjetischer Kriegsgefangener, in: Lippische Landes-Zeitung, 5.1.2001.

Die Suche nach Namen
in: Frankfurter Rundschau, 22.6.2001 (dpa).

Engelbrecht, Peter
„Arme Teufel" mussten sterben. Spurensuche in der Region: Russische Kriegsgefangene „ausgesondert" und ermordet, in: Nordbayerischer Kurier, 21.11.2000.

Kohler, Friedemann
Geste der Versöhnung über die Gräben. Schicksale russischer Kriegsgefangener aus dem Zweiten Weltkrieg vor der Aufklärung, in: Dresdner Neueste Nachrichten 21.9.2000.

Lückermann, Ulrike
Vergessene Opfer: Sowjetische Kriegsgefangene in Deutschland und neue Möglichkeiten, ihr Schicksal zu klären, in: NDR info, Das Forum/Thema Zeitgeschichte, 21.12.2002.

Lützkendorf, Hans
Wo blieb Michael Komlew? Unterlagen über Kriegsgefangene wieder aufgetaucht, in: Stimme und Weg, 1/2001

Lysenko, Boris
Der Deutsche unter uns, in: Izvestija 4.5.2000.

Maksimova, Ella
Bei den Kriegsgräbern. Nichtfeierliche Anmerkungen am Vorabend des 9.5., in: Izvestija, 7.5.1999;
Wir wissen, wie die unbekannten Soldaten gerufen wurden. Ein Projekt, was vom Kultusministerium der BRD finanziert wird, hat begonnen, in: Izvestija 23.9.2000.

Ovčerenko, Elena
Der Kanzler der Bundesrepublik Deutschland schenkt unserem Präsidenten ein Buch, in: Komsomol'skaja pravda, April 2002.

Обзор печати (избранные публикации)

Боллиг Петер
Пролить свет в темноту неизвестности. Житель г.Лемго исследует судьбу советских военнопленных в рамках немецко-русского проекта. В: Вестфален-Блатт, 5.1.2001

Могила Евгения Новикова
Историк из города Лемго расскрывает судьбу советских военнопленных. В: Липпише Ландес-Цайтунг, 5.1.2001

Поиск имен
В: Франкфуртер Рундшау, 22.6.2001

Энгельбрехт Петер
„Черти бедные" были обречены на смерть. Поиск следов в регионе: Русские военнопленные „Отсортированы" и уничтожены. В: Нордбайришер Курьер, 21.11.2000

Колер Фридеманн
Символ примирения над могилами. Судьбы русских военнопленных Второй мировой войны начинают выясняться. В: Дрезднер Нойесте Нахрихтен, 21.9.2000

Люкерманн Ульрике
Забытые жертвы: Советские военнопленные в Германии и новые возможности выяснения их судеб. В: НДР инфо, Дас Форум/Тема Цайтгешихте, 21.12.2002

Лютцкендорф Ганс
Что случилось с Михаилом Комлевым? Документы о военнопленных вновь обнаружены. В: Штимме унд Вег, 1/2001

Лысенко Борис
Немец среди нас. В: Известия, 4.5.2000

Максимова Элла
У могил войны. Непраздничные заметки накануне 9 мая. В: Известия, 7.5.1999

Мы узнаем, как звали неизвестных солдат. Проект, оплачиваемый Министерством культуры ФРГ, начал осуществляться. В: Известия, 23.9.2000

Овчеренко Елена
Канцлер Федеративной Республики Германии дарит нашему Президенту книгу. В: Комсомольская Правда, апрель 2002

Burchard, Amory

Wo sind sie geblieben? Vergessene Opfer des NS-Völkermordes.
Die Schicksale sowjetischer Kriegsgefangener werden erforscht, in:
Der Tagesspiegel, 13. 5. 2002

Бурхард Аморы

Где они остались? Забытые жертвы национал-социалистической
политики уничтожения народов. Исследуются судьбы советских
военнопленных. В: Дер Тагесшпигель, 13. 5. 2002

Burger, Reiner

Erst Zwangsarbeiter, dann Deserteur. Gedenkstätte für
sowjetische Kriegsgefangene, in: Frankfurter Allgemeine
Zeitung, 5. 8. 2003

Бургер Райнер

В прошлом насильно угнанный на понeвольный труд,
затем - дезертир. Мемориал советских военнопленных. В: Франкфуртер Альгемайне Цайтунг, 5. 8. 2003

Autorenverzeichnis

Christoforov, Vasilij
Dr. jur., Jahrgang 1954, Leiter der Verwaltung für Registrierung und Archivbestände des Föderalen Sicherheitsdienstes der Russischen Föderation

Haase, Norbert
Dr. phil., Jahrgang 1960, Geschäftsführer der Stiftung Sächsische Gedenkstätten

Haritonow, Alexander
Dr. phil., Jahrgang 1959, wissenschaftlicher Mitarbeiter der Stiftung Sächsische Gedenkstätten, verantwortlicher Mitarbeiter im Gesamtprojekt „Sowjetische und Deutsche Kriegsgefangene und Internierte"

Keller, Rolf
Jahrgang 1956, Referent bei der Niedersächsischen Landeszentrale für politische Bildung, Leitung „Zentralnachweis zur Geschichte von Widerstand und Verfolgung 1933–1945 auf dem Gebiet des Landes Niedersachsen", zuständig für die Förderung der regionalen Gedenkstättenarbeit in Niedersachsen, wissenschaftlicher Leiter des Teilprojekts „Sowjetische Kriegsgefangene"

Lange, Ute
Jahrgang 1951, Sachbearbeiterin in der Dokumentationsstelle der Stiftung Sächsische Gedenkstätten

Klimovič, Nikolaj
Jahrgang 1947, Leiter des Zentralarchivs des Komitees für Staatssicherheit der Republik Belarus

Список авторов

Христофоров Василий
К.ю.н., 1954 года рождения, начальник управления регистрации и архивных фондов Федеральной службы безопасности Российской Федерации

Хаазе Норберт
Д-р фил., 1960 года рождения, заведующий Объединением Саксонские мемориалы

Харитонов Александр
Д-р фил., 1959 года рождения, старший научный сотрудник Объединения Саксонские мемориалы, ответственный сотрудник общего проекта „Советские и немецкие военнопленные и интернированные"

Келлер Рольф
1956 года рождения, референт Нижнесаксонского Центра по политическому просвещению, руководитель „Документационного центра по истории сопротивления и преследований 1933–1945 на территории земли Нижняя Саксония", ответственный за поддержку региональной мемориальной работы в Нижней Саксонии, научный руководитель подпроекта „Советские военнопленные"

Ланге Уте
1951 года рождения, ведущая делами в Документационном центре Объединения Саксонские мемориалы

Климович Николай
1947 года рождения, руководитель Центрального архива Комитета государственной безопасности Республики Беларусь

Müller, Klaus-Dieter
Dr. phil., Jahrgang 1955, Leiter der Dokumentationsstelle der
Stiftung Sächsische Gedenkstätten, Leiter des Gesamtprojekts
„Sowjetische und Deutsche Kriegsgefangene und Internierte"

Nagel, Jens
Jahrgang 1966, Wissenschaftlicher Leiter der Gedenkstätte
Ehrenhain Zeithain, wissenschaftlicher Mitarbeiter im Teilprojekt
„Sowjetische Kriegsgefangene"

Otto, Reinhard
Dr. phil., Jahrgang 1950, Leiter der Dokumentationsstelle Stalag
326 Senne, vom Ministerium für Schule, Jugend und Familie des
Landes Nordrhein-Westfalen für die Leitung im Teilprojekt „Sowje-
tische Kriegsgefangene" freigestellt, wissenschaftlicher Leiter des
Teilprojekts „Sowjetische Kriegsgefangene"

Scheder, Wolfgang
Jahrgang 1950, Mitarbeiter der Stiftung Sächsische Gedenk-
stätten, Sachbearbeiter im Gesamtprojekt „Sowjetische und
Deutsche Kriegsgefangene und Internierte"

Valachanovič, Igor'
Dr. phil., Jahrgang 1971, leitender wissenschaftlicher Mitarbeiter
des Zentralarchivs des Kommitees für Staatssicherheit der
Republik Belarus

Weiss, Christina
Dr. phil., Jahrgang 1953, Staatsministerin beim Bundeskanzler,
Beauftragte der Bundesregierung für Kultur und Medien

Мюллер Клаус-Дитер
Д-р фил., 1955 года рождения, руководитель Документационного центра Объединения Саксонские мемориалы, руководитель общего проекта „Советские и немецкие военнопленные
и интернированные"

Нагель Йенс
1966 года рождения, научный руководитель мемориала
Цайтхайн, научный сотрудник подпроекта „Советские
военнопленные"

Отто Райнхард
Д-р фил., 1950 года рождения, руководитель Документационного
центра Шталаг 326 Зенне, освобожден Министерством по делам
школы, молодежи и семьи земли Северный Рейн-Вестфалия для
руководства подпроекта „Советские военнопленные", научный
руководитель подпроекта „Советские военнопленные"

Шедер Вольфганг
1950 года рождения, сотрудник Объединения Саксонские
мемориалы, ведущий делами общего проекта „Советские и
немецкие военнопленные и интернированные"

Валаханович Игорь
К.ф.н., 1971 года рождения, старший научный сотрудник
Центрального архива Комитета государственной безопасности
Республики Беларусь

Вайсс Кристина
Д-р фил., 1953 года Государственный министр при Федеральном
канцлере,
Уполномоченная Федерального правительства по культуре и
средствам массовой информации

Abkürzungsverzeichnis

AMM	Alliierte Militärmission
BA/MA	Bundesarchiv/Militärarchiv
BKM	Beauftragte der Bundesregierung für Kultur und Medien
BMI	Bundesministerium des Innern
CA MO	Zentralarchiv des Ministeriums für Verteidigung
CD-ROM	Compact Disk
DD	Deutsche Dienststelle (siehe auch WASt)
DDR	Deutsche Demokratische Republik
DRK	Deutsches Rotes Kreuz
Dulag	Durchgangslager
EDV	Elektronische Datenverarbeitung
EM	Erkennungsmarke
FSB	Föderaler Sicherheitsdienst
GARF	Staatsarchiv der Russischen Föderation
Gestapo	Geheime Staatspolizei
GUPVI	Hauptverwaltung für Kriegsgefangene und Internierte
ITS	Internationaler Suchdienst Arolsen
Kdo	Kommando
KGB	Kommitee für Staatssicherheit
KZ	Konzentrationslager
Laz.	Lazarett
MVD	Ministerium für innere Angelegenheiten
NKWD	Volkskommissariat für innere Angelegenheiten
NRW	Nordrhein-Westfalen

Список сокращений

СВМ	Союзная Военная Миссия
БА/МА	Федеральный архив/Военный архив
БКМ	Уполномоченная Федерального правительства по культуре и средствам массовой информации
БМИ	Федеральное министерство внутренних дел
ЦАМО	Центральный архив Министерства обороны
CD-ROM	компактный диск
ССВ	Справочная служба вермахта (см. также ВАСт)
ГДР	Германская Демократическая Республика
НКК	Немецкий Красный Крест
дулаг	пересылочный лагерь
ЭДВ	электронная обработка данных
НОМ	номер опознавательной марки
ФСБ	Федеральная служба безопасности
ГАРФ	Государственный архив Российской Федерации
гестапо	Тайная государственная полиция (Рейха)
ГУПВИ	Главное управление по делам военнопленных и интернированных
ИТС	Интернациональная служба поиска Арольсен
кда	команда
КГБ	Комитет государственной безопасности
КЛ	концентрационный лагерь
госп.	госпиталь
МВД	Министерство внутренних дел
НКВД	Народный комиссариат внутренних дел
СРВ	Северный Рейн/Вестфалия

NS	Nationalsozialismus/nationalsozialistisch	НС	национал-социализм/национал-социалистический
Oflag	Offizierslager	офлаг	офицерский лагерь
OKH	Oberkommando des Heeres	ОКХ	Верховное коммандование армии
OKW	Oberkommando der Wehrmacht	ОКВ	Верховное коммандование вермахта
PK	Personalkarte	ПК	персональная карточка
RF	Russische Föderation	РФ	Российская Федерация
RGANI	Russisches Staatliches Archiv für neueste Geschichte	РГАНИ	Российский государственный архив новейшей истории
RGASPI	Russisches Staatliches Archiv für sozialpolitische Geschichte	РГАСПИ	Российский государственный архив социально-политической истории
RGVA	Russisches Staatliches Militärarchiv	РГВА	Российский государственный военный архив
ROSArchiv	Föderaler Archivdienst der Russischen Föderation	Росархив	Российская государственная архивная служба
SBZ	Sowjetische Besatzungszone	СОЗ	Советская оккупационная зона
SD	Sicherheitsdienst (der SS)	СД	Служба безопасности (СС)
SMA	Sowjetische Militäradministration	СВА	Советская военная администрация
SMAD	Sowjetische Militäradministration in Deutschland	СВАГ	Советская военная администрация в Германии
SMERŠ	Militärischer Sicherheitsdienst (Tod den Spionen)	СМЕРШ	военная служба безопасности (Смерть шпионам)
SS	Schutzstaffel	СС	Защитный отряд
SSR	Sozialistische Sowjetrepublik	ССР	Советская Социалистическая Республика
Stalag	(Mannschafts-)Stammlager	шталаг	лагерь для рядового состава
Stapo	Staatspolizei	Стапо	Государственная полиция
StSG	Stiftung Sächsische Gedenkstätten	ОСМ	Объединение Саксонские Мемориалы
TBC	Tuberkulose	ТБК	туберкулез
UdSSR	Union der Sozialistischen Sowjetrepubliken	СССР	Союз Советских Социалистических Республик
VDK	Volksbund Deutsche Kriegsgräberfürsorge	НСВМ	Народный Союз Германии по уходу за военными могилами
WASt	Wehrmachtauskunftstelle	ВАСт	Справочная служба вермахта
ZIOS KGB	Zentrum für Information und gesellschaftliche Verbindungen des KGB	ЦИОС КГБ	Центр информации и общественных связей КГБ

Quellen- und Bildnachweis

Bundespresseamt: 31
Deutsche Dienststelle (WASt): 107, 111
Gedenkstätte Bergen-Belsen: 57, 135
Gedenkstätte Ehrenhain Zeithain: 61, 69
Gedenkstätte Stalag 326 (VI K) Stukenbrock-Senne: 107, 111, 115
Hauptinformationszentrum des Innenministeriums der Russischen
Föderation: 167
Informationszentrum des Innenministeriums der Republik Komi:
171
Russisches Staatliches Militärarchiv: 151, 167, 171
robarchitects (Petra Steiner): 63
Sächsisches Hauptstaatsarchiv Dresden: 79, 81, 83, 85

Staatsarchiv der Russischen Föderation: 79
Stiftung Sächsische Gedenkstätten: 23, 29, 31, 33, 137, 139
Zentralarchiv des Föderalen Sicherheitsdienstes der Russischen
Föderation: 143, 147
Zentralarchiv des Komitees für Staatssicherheit der Republik
Belarus: 89, 91, 95, 97, 99, 101, 103, 123, 151, 153, 155, 157,
167, 169
Zentralarchiv des Verteidigungsministeriums der Russischen Föde-
ration: 29, 33, 37, 43, 47, 49, 63, 67, 69, 107, 123, 125, 127, 129,
137, 141, 142, 143, 145, 146, 147, 149

Источники документов и фотографий

Федеральное ведомство печати: 31
Немецкая служба (ВАСт): 107, 111
Мемориал Берген-Бельзен: 57, 135
Мемориал Цайтхайн: 61, 69
Мемориал шталаг 326 (VI K) Штукенброк-Зенне: 107, 111, 115
Главный информационный центр Министерства внутренних дел
Российской Федерации: 167
Информационный центр Министерства внутренних дел
Республики Коми: 171
Российский государственный военный архив: 151, 167, 171
робархитектс (Петра Щтайнер): 63
Саксонский главный государственный архив г. Дрезден: 79, 81,
83, 85
Государственный архив Российской Федерации: 79
Объединение Саксонские мемориалы: 23, 29, 31, 33, 137, 139
Центральный архив Федеральной службы безопасности
Российской Федерации: 143, 147
Центральный архив Комитета государственной безопасности
Республики Беларусь: 89, 91, 95, 97, 99, 101, 103, 123, 151, 153,
155, 157, 167, 169
Центральный архив Министерства обороны Российской
Федерации: 29, 33, 37, 43, 47, 49, 63, 67, 69, 107, 123, 125, 127,
129, 137, 141, 142, 143, 145, 146, 147, 149